인재를
만드는

공간의
비밀

인재를 만드는 공간의 비밀

지은이 김아름·박소현
펴낸이 임상진
펴낸곳 (주)넥서스

초판 1쇄 발행 2022년 5월 2일
초판 2쇄 발행 2022년 5월 6일

출판신고 1992년 4월 3일 제311-2002-2호
10880 경기도 파주시 지목로 5 (신촌동)
Tel (02)330-5500 Fax (02)330-5555

ISBN 979-11-6683-258-1   03320

www.nexusbook.com

인재를 만드는 만드는 공간의 비밀

엔데믹 전환', 이제 출근합니다

김아름 × 박소현 지음

넥서스BIZ

프롤로그

"유튜브를 해야 하는데…"로 시작한 회의가 심상치 않았습니다. 사람들 만나고 취재하고 신문에 기사 쓰는 일을 한 지 13년째였던 필자와 10년 차였던 후배가 난데없이 부장으로부터 유튜브 채널 운영 압박을 받은 지 1년은 된 것 같았던 어느날, 정보기술(IT) 기업들의 구내식당 먹방을 찍어 유튜브에 내보내는 아이디어를 냈는데 덜컥 채택이 되어 당황했습니다. 기획, 섭외, 촬영까지 논스톱으로 진행하며 좌충우돌, 종횡무진, 청천벽력과도 같은 일들을 수없이 겪으며 결국 유튜브 채널을 운영하게 됐습니다.

"부장이 시켜서 만든 TV, 부시TV"

판교, 강남 등지의 인터넷 기업, 게임사, 스타트업들을 스마트폰 하나 들고 누볐습니다. 다닐 때마다 너무나도 좋은 사옥들에 눈이 휘둥그레졌습니다. 그렇게 부시TV를 2019년부터 2020년까지 1년여간 찍으며 영상이 쌓였지만 크게 히트하지는 못했습니다. 결국 촬영을 접게 됐지만 애정을 가지고 만든 영상이 빛을 보지 못한 것보다 나의 1년이 그냥 사장되는 것 같아 아쉬웠습니다. 또 우리나라에도 구글캠퍼스 같은 훌륭한 기업들이 있다는 걸 혼자 알기엔 너무 아까웠습니다. 이런 업무 환경이 가져오는 효율성에 대해 한번 더 짚어내고 싶었습니다. 아쉬운 기억을 되짚어 의미 있는 결과물을 내고 싶었습니다.

그래서 책으로 우리의 부시TV를 남기기로 했습니다. 이 책의 3장과 4장에서 우리가 다녔던 기업들의 모습을 다뤘습니다.

책을 쓰다 보니 2021년 스타트업 생태계와 IT씬에서 겪은 크고 작은 일들도 함께 다루지 않을 수 없었습니다. 특히 코로나19라는 유례없는 상황 속에서도 오피스 시장이 계속해서 성장해 나갈 수밖에 없는 원인과 앞으로 오게 될 새로운 사옥에 대해서도 언급했습니다. 직원들끼리 "라면 먹고 갈래?"를 외치는 회사, 출근하고 싶은 회사, 주변에 자랑하고 싶은 회사를 다니면 업무 능률도 훨씬 오르고 인재가 모여들기 마련이라는 이 당연한 사실을 널리 전하고 싶습니다. 사옥과 인재의 밀접한 연관성은 두 번 강조해도 모자라지 않음을 다시 한 번 느끼며 혁신 사옥이 꼭 필요한 이들에게 이 책을 통해 조금이나마 도움이 됐으면 좋겠습니다.

김아름·박소현

CONTENTS

PART
5

지금
구인·구직 중인
당신에게

GOOD
COMPANY

CHANGE
OF SCENE

코로나19 팬데믹은 회사 풍경을 크게 바꾸었다.

사무실은 텅 비었고 국내외 출장은 금지됐으며, 단체 회의·회식,

집합교육 등은 비대면(언택트) 방식으로 빠르게 전환시켰다.

직원들의 일상은 180도 달라졌다. 처음에 어색했던 화상회의도

이제는 익숙해졌다.

PART

1

코로나19가 가져온

업무 환경 변화

1

앞당겨진
원격근무 시대

코로나19 팬데믹은 회사 풍경을 크게 바꾸었다. 사무실은 텅 비었고 국내외 출장은 금지됐으며, 단체 회의·회식, 집합교육 등을 비대면(언택트) 방식으로 빠르게 전환시켰다. 직원들의 일상 또한 180도 달라졌다. 처음에 어색했던 화상회의도 이제는 익숙해졌다.

대기업에 다니는 워킹맘 A씨는 2020년 9월부터 재택근무 중이다. 코로나 시대 이전과 가장 크게 달라진 점은 확 줄어든 출퇴근 시간이다. 매일 왕복 1시간씩 도로에서 허비하는 대신 육아에 더 신경 쓸 수 있게 됐다. 하지만 일과 가정의 경계가 사라진 만큼 업무시간이 늘었다고 느꼈다. 점심시간 등 사무실이었다면 마음 놓고 쉬었을 시간에도 컴퓨터 앞에 앉아 업무를 처리하고 있는 자신의 모습을 발견했기 때문이다.

처음엔 제가 일하는 모습을 상사가 체크할 수 없는 상황에 불안감을 느꼈어요.
'나는 열심히 일하고 있는데 놀고 있다고 평가하면 어떡하지' 하는 걱정 때문이죠. 하지만 반년 정도 원격근무를 경험하면서 저만의 시간관리 노하우가 생겼고, 자연히 그런 압박감은 많이 해소됐습니다.

또 다른 대기업에서 근무 중인 B씨는 일주일에 한두 번 회사로 출근한다. 평소엔 집에서 메신저 등을 통해 비대면 인프라로 업무에 임한다. 팀원들과 통화도 더 자주 하게 됐다. 다만 끈끈했던 동료애는 코로나 시대 이전보다 약해졌다고 한다. 그는 "매일같이 얼굴을 마주 보고 일하던 동료들을 못 보니 정서적 유대감 형성이 어려워졌다"고 말했다.

기업들은 채용 프로세스도 전면 비대면으로 전환했다. 삼성전자는 2020년 필기시험 'GSAT'를 온라인으로 실시했다. LG전자 디자인경영센터의 경우 필기시험·면접은 물론 인턴십 과정까지 전부 온라인으로 진행했다. 2021년 대기업들은 대규모 인원이 강당에 모여 진행하던 시무식도 전 임직원 대상 이메일, 영상 메시지 전송 등 비대면 방식으로 대체했다.

코로나19는 수많은 생명을 앗아간 무서운 바이러스지만 비대면 산업의 텃밭을 일구는 계기가 됐다는 이면도 있다. 그동안 실험적으로 일부 기업에서 진행되고 있던 화상회의가 코로나19로 재택근무가 자리 잡으면서 보편화 추세에 접어들었다.

코로나19 전에는 '줌', 구글 '미트', 마이크로소프트(MS) '팀즈', 시스코 '웹엑스', 아마존 '차임', '슬랙' 등 해외 서비스들이 나와 있었지만 일부 특정 필요한 시장에만 국한하여 사용됐다는 점을 생각하면 코로나19가 이 서비스들의 상용화를 이룩했다고 해도 과언이 아니다.

코로나19가 창궐해 번성하던 2020년 화상회의 글로벌 선두기업

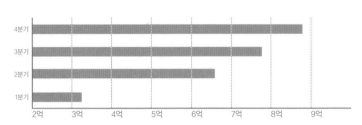

1분기 총 매출 3억 2천 8백 2십만 달러, 전년 동기 대비 169% 증가
2분기 총 매출 6억 6천 3백 5십만 달러, 전년 동기 대비 355% 증가
3분기 총 매출 7억 7천 7백 2십만 달러, 전년 동기 대비 367% 증가
4분기 총 매출 8억 8천 2백 5십만 달러, 전년 동기 대비 369% 증가

줌 성장률 그래프(2021 회계연도)

'줌'의 수익은 9억 9570만 달러(약 1조 1140억 원)를 기록하며 전년(1억 130만 달러) 대비 9배 이상 확대되는 기염을 토했다. 10인 이상 규모 기업 고객은 약 43만 3700개로 전년 동기 대비 약 485%나 늘었다. 연간 매출에서 10만 달러 이상을 기여한 고객은 1644개로 전년 동기 대비 약 156% 증가했다.

이처럼 화상회의 솔루션 하나로 엄청난 성장이 일어나자 정보기술(IT) 기업들이 앞다퉈 이 시장에 뛰어들며 산업의 지각변동이 일어나고 있다. 고객관계관리(CRM) 업계 1위인 세일즈포스는 기업용 메신저 업체 '슬랙'을 우리 돈으로 30조 원 넘게 주고 인수했다.

기존 서비스에서 한 단계 업그레이드되며 시시각각 변모하고 있는 역동적인 시장이 됐다.

'원조' 화상회의 프로그램인 시스코의 '웹엑스'는 '새 웹엑스'를 공개했다. 새 웹엑스에는 잡음 제거, 스크립트, 화면캡션, 음성명령, 즉석 미팅 등 새로운 기능이 추가됐다.

MS는 2020년 12월 자사 화상회의 서비스 스카이프 최신 버전에 '투게더 모드'를 도입했다. 회의실 그림 배경에 화상회의를 적용할 수 있게 되면서 오프라인에서 회의하는 것 같은 느낌을 준다. 이 기능은 '팀즈'에서는 2020년 7월부터 적용되고 있었다. 팀즈 투게더 모드는 기존 사각분할 화면보다 업무 피로도를 줄이는 것으로 조사됐다.

국내 화상회의 솔루션 기업들도 한국 시장에 맞는 최적화된 상품을 내놓고 승부수를 띄워 경쟁 구도를 형성하고 있다. 글로벌 기업의 경우 문제가 터졌을 때 대응 속도가 느릴 수밖에 없지만 국내 기업은 즉각 조치를 해줄 수 있다는 점이 가장 큰 경쟁력이다.

네이버는 2020년 10월 업무용 메신저 서비스 '라인웍스'의 명칭을 '네이버웍스'로 변경하고 공격적인 영업에 돌입했다. 카카오는 2020년 9월 종합 업무 플랫폼 '카카오워크'를 출시하고 국내 협업툴로서의 입지를 다지고 있다. NHN의 협업 플랫폼 'NHN두레이'는 실적 상승을 견인한 효자 사업이 됐다. 한글과컴퓨터는 최근 업무 협업 플랫폼 '한컴웍스'를 선보이며 시장에 출사표를 던졌다. SK텔레콤도 2020년 8월 '미더스'를 출시하며 지속적인 업데이트를 통해 확장성과 범용성을 늘리고 있다.

지하철역에는 '공유 화상회의실'까지 등장했다. 알서포트는 자사 이동식 화상회의실 '콜라박스'를 용산역에 시범 운영했다. 공유 화상회의실은 공유 경제 모델에 비대면 기술을 결합한 새로운 서비스로 화상회의, 원격근무가 새로운 일상이 될 포스트 코로나 시대를 대비하는 상징적인 사례였다.

미국 시장조사업체 글로벌 마켓 인사이트는 화상회의 서비스 시장이 2019년 약 16조 7000억 원에서 2026년 약 59조 7000억 원 규모로 크게 성장할 것으로 전망했다.

새로운 트렌드?
'메타버스 사옥' 등장

마크 저커버그 페이스북 최고경영자(CEO)는 향후 10년 내에 직원 50%가 재택근무를 할 것이라 예측했다. 이후 혹자는 전통적인 개념의 사옥은 곧 사라질 것이라며 오피스 시장의 위축을 예언하기도 했다.

실제 오피스 없이 운영되는 회사도 있다. 글로벌 소프트웨어 개발 협력 플랫폼회사 '깃랩'은 전 세계 직원 1300명이 전원 원격으로 근무한다. 깃랩의 공동창업자 디미트리 자포르제츠는 2011년 우크라이나에서 소프트웨어 개발에서 협업할 수 있는 툴을 만들고 오픈소스로 제공했다. 2016년 네덜란드에서 시드 시브랜디 깃랩 공동창업자이자 최고경영자가 이를 발견하고 하나의 서비스로 판매할 기회가 있다고 생각했다. 이 둘의 원격근무에서 회사가 출발해 전 세계 65개국에서 직원 모두 사무실 없이 일하게 됐다.

국내에서도 재택근무가 자리 잡자 재택근무만으로도 경영이 가능할지 과감하게 테스트를 단행하는 기업이 생겨났다. 부동산 정보 제공업체 직방의 350여 명의 임직원은 매일 메타버스(metaverse, 현실과 가상이 혼합된 세계) 가상 오피스로 출근한다. 가상 공간에서 자신의 얼굴을 한 아바타에 접속하면 회사 건물 앞에 서 있게 된다고 한다. 방향키를 조작해 로비를 지나 엘리베이터를 타고, 층수를 눌러 자신의 책상을 찾아가고 다른 아바타와 가까워지면 화상으로 연결된다. 2주에 한 번 전 직원이 무작위로 가상 모임을 하도록 해 단절감 방지에 신경 쓰는 세심함도 보였다.

직방은 2021년 2월 서울 강남역의 GT타워 4~5층에서 방을 빼며 코로나19 지속 여부와 상관없이 완전한 원격근무를 실시하기로 했다. 모든 직원에게 재택근무 지원금으로 1인당 100만 원을 지급하기도 했다. 직방 측은 "회사가 앱 기반의 무형 서비스를 제공하는데, 굳이 모여서 일할 필요가 없다는 교훈을 팬데믹을 통해 얻었다"고 했다.

메타버스 사옥은 IT 업계뿐 아니라 금융투자업계로까지 번지고 있다. 트러스톤자산운용은 메타버스 플랫폼 '게더타운' 내부에 자사 직원들이 근무하는 성수동 사옥(트러스톤빌딩)을 통째로 본뜬 가상 공간을 마련했다. 빌딩 외관과 1층 로비는 물론 층별 사무실 및 컨퍼런스 홀을 두루 갖춘 이른바 '트러스톤 메타버스 사무실'이다. 트러스톤 메타버스 사무실 내부는 팀별 집무실이나 회의실, 휴게실 등 현실세계 업무 공간과 똑같이 구성돼 있다. 재택·원격근무를 하는 직원들은 각자 가상 아바타를 통해 사무실로 출근, 자신의 자리에 앉아 업무를 보다가도 회의가 필요할 때 다른 팀원과 영상으로 자유롭게 소통할 수 있다.

트러스톤자산운용 관계자는 "이달 초 80여 명의 임직원이 메타버스 사무실에 모여 송년회를 가졌는데 대부분 재밌고 신선하다는 반응을 보였다"며 "다가오는 신년회는 물론 기자간담회나 기업설명회 등 대외업무에도 메타버스 사무실을 적극 활용할 계획"이라고 말했다. 이어 "향후 직원들이 재택·원격근무를 할 때도 메타버스 사무실을 이용하게 될 것"이라고 덧붙였다.

기업의 '탈오피스화'
왜 위험한가?

이 같은 메타버스 사옥이 완전히 기업의 공간을 대체할 수 있을지에
대해서는 회의적인 의견이 많다. 메타버스 사옥 근무를 짧게 경험했다
고 소개한 이효석 소풍벤처스 디렉터를 만나 메타버스 사옥의 지속가
능성에 대한 이야기를 나눴다. 그는 메타버스 사옥으로 100% 업무가
이뤄지는 것은 '불가능한 일'이라고 주장한다.

메타버스 사옥의 장점과 단점에 대해 이 디렉터는 아래와 같이 말했다.

장점은 개인도 원격근무를 할 수 있다는 거예요. 꼭 집에서 근무해서 좋다기보다
는 어디서든 근무할 수 있는 게 좋았어요. 우리나라는 변화가 덜하지만 땅덩어리
가 넓은 미국은 코로나19 이후 원격근무가 뉴노멀로 자리 잡았죠. '위드 코로나'
가 된다고 해도 부분적으로 원격근무는 유지될 거예요. 온라인으로 연결된 상태
에서도 일할 수 있다는 걸 코로나19를 겪으면서 배웠으니까요. 원격근무를 기본
값으로 삼는다는 건 직원 입장에서는 매력적이죠. 채용이 수월한 측면도 있고요.

메타버스 근무를 하면 출퇴근을 고려해 꼭 서울에 살 필요가 없어,
부담 없이 서울이 아닌 곳에 집을 구할 수 있고 워케이션도 가능하다.
강원도 리조트에서 업무를 끝낸 다음 강원도를 즐길 수 있게 되는 것
이다. 제주도, 부산 등 고향집에 내려가는 사람도 있다. 서울에서 어렵

게 월세 내며 버티고 있었는데 고향 가서 일하고 돈을 모을 수 있게 된 것은 분명히 강점이다.

이는 반대로 단점과도 이어진다. 서로 떨어져 있어서 좋은데 서로 떨어져 있어서 명확한 한계가 있다. 이상적으로는 좋은데 부정적인 이슈가 발생하기 시작하면 문제가 된다. 회사에 위기 상황이 생겼거나 애플리케이션이나 상품에 이슈가 발생해서 온라인 소통만으로 해결이 안 될 때 빨리 모일 수가 없고, 모이는 데 리소스가 많이 든다. 우리가 줌으로 이야기할 때를 생각해보자. 한 명이 말하는 걸 모두가 경청해야 한다. 오프라인에서는 끼어들기도 하고 앞에서 누가 이야기할 때 둘이 속삭이거나 필담하면서 소규모로 토크를 할 수도 있는데 줌에서는 이 기능을 제공하지 않는다. 원격회의는 프로그램 자체가 한 명이 말하면 경청해야 하는 걸로 세팅된다. 결국에는 리더급은 말을 하고 나머지는 경청하는 일방적인 방식으로만 소통하게 되고 쌍방향 소통이 불가하다. 다자 간의 소통이 가능한 툴이 현재까지는 없다. 거기까지 미처 고려하지 못한 툴이다. 코로나19 때문에 어쩔 수 없이 급격하게 메타버스를 도입하면서 이런 문제에 대한 고민이 없었던 것이다.

메타버스 사옥에서 근무하면서 특별히 불편했던 점에 대해 그는 "메타버스에서는 근무시간 내내 동료의 앞 얼굴을 마주봐야 해요. 마이크와 스피커를 켜 놓다보면 상사의 만성비염이 신경 쓰이거나 동료의 혼잣말이 거슬릴 수 있죠."라고 토로했다.

불편하다는 이유로 카메라를 끄도록 허용하면 더 큰 문제가 생긴다. 어떤 직원과 일을 함께 해야 할 때 전화하고 문자하고 "몇 시에 들어오세요" 이런 걸 물어봐야 하는 번거로움이 생긴다. 상사에게 "언제 접속

하세요" 하기도 어렵다. 상사와 연락이 두절되면 찾느라고, 기다리느
라고 시간이 낭비된다. 원격으로 연결돼 있느냐가 메타버스의 핵심인
데 그게 어려웠다. 결국 해답은 '모두가 메타버스에 접속을 해있는다'
가 된다. 그러면 문제가 없을까? 카메라를 계속 켜놓아야 하니 당연히
부담이 된다. 내 얼굴이 상대방 카메라에 계속 뜨는 것이다. 누가, 언제,
어디서 나의 얼굴과 표정을 지켜보고 있을지 모르니 표정관리까지 신
경써야 한다. 기존 오피스에서는 대각선이나 옆에 앉아 있거나 해서
굳이 불러서 이야기를 나누지 않는 이상 실제로 얼굴을 정면으로 응시
할 일이 없었다.

　브레인스토밍을 하다가 텐션이 높아졌다고 가정해보자. 목소리가
높아지거나 얼굴이 붉어진 사람이 카메라에 얼굴을 들이대면서 이야
기를 할 때 청자들에게 심리적으로나 감정적으로 오프라인 소통과는
다른 경험을 준다. 더 위협적이 된다고 생각한다. 얼굴이 큼직하게 떠
있는데 텐션이 높은 상황에서 정면으로 들이대는 것처럼 이야기하는
장면을 봐야 하는 것이라서 공격적인 미디어를 시청하는 것 같은 사
용자경험을 하게 되는 것이다. 또 오프라인 오피스에서 상사가 직원
을 갈군다면 요즘같이 폭언 감수성이 예민한 시대에는 다른 사람들 눈
치가 보이기 마련이다. 무슨 이야기를 하는지 들리니까 다른 사람들이
관여해 해결할 수도 있다. 하지만 메타버스 사옥 툴에서 갈굼을 당하
는 상황은 공포가 극대화된다. 소리가 단절되기 때문에 무슨 말이 오
가는지는 모르지만 아바타가 움직여 가는 건 다른 사람들에게 보이기
때문에 모멸감마저 든다.

　대인관계에 있어서도 영향이 있다. 이와 관련하여 소풍벤처스 이효

석 디렉터는 아래와 같은 우려를 내비친다.

소통의 방식이라는 건 다양하죠. 꼭 한국이라서 그런 게 아니라 동서고금을 막론하고 같이 밥을 먹고 커피를 마시는 게 중요하지 않나요. 식, 음료를 공유하면서 이야기를 편하게 나누는 것이 메타버스 상에서는 어려워요. 그것을 하지 말자고 메타버스를 하는 것이니까요. 그래서 메타버스 사옥을 운영하는 기업에서 그런 걸 권장하기도 어렵죠. 한다고 해도 한 달에 한 번 하기도 힘들어요. 그런 걸 하기 힘든 사람들이 모인 곳이기 때문이에요. 메타버스 근무가 가능한 회사들은 이를 내세워 인재를 채용해요. 그게 최우선 순위인 사람들이 입사하는 거죠. 다른 사람들이랑 팀웍을 발휘하려고 오는 게 아니라 자기 집에서 잘 지내려고 오는 거예요. 그런 사람들에게도 어쨌든 대면 커뮤니케이션이 필요한 시간이 오는데도 대면 커뮤니케이션을 포기하는 경우가 많아요. 대인관계나 커뮤니케이션을 기꺼이 포기할 수 있는 사람들이기 때문이죠. 대면 커뮤니케이션을 원하는 사람이 요청한다고 해도 "원격으로 하자"며 거절하곤 했어요.

업무는 확실히 늦어진다. 이메일 커뮤니케이션이 많아지기 때문이다. 메타버스에도 오프라인처럼 대면 커뮤니케이션을 원격으로 하라고 이야기하지만 앞서 언급한 UI의 부담스러움과 불편함 때문에 텍스트 커뮤니케이션을 선호하게 된다. 오프라인 오피스였다면 옆 팀에 한마디만 하면 되는데 메타버스에서는 아바타를 이동해서 가서 화면에 서로 띄우고 이야기해야 하고 또 부재중일 가능성이 있어 연결이 어렵다.

캘린더도 수십 명 단위까지만 공유가 가능하고 전사적으로는 안 되니 확인할 수가 없다. 메신저, 이메일 등으로만 소통하다 보면 미스커 뮤니케이션을 유발하는 경우도 있다. 글에 명확하게 요구하는 것에 대해서 쓸 수 있는 사람이 생각보다 많지 않다. 또 이메일 스레드가 수십 개로 늘어나고 '그때 이야기한 그 이메일 어디갔지' 하게 되는 경우가 허다하다. 심지어 '툴에 지배당한다'는 생각이 들 정도다. 툴에서 만나니까 그 기능들에 맞춰서 행동하게 된다. 툴의 능숙도도 사람마다 다르기 때문에 이에 따른 편차가 생긴다.

그는 메타버스 사옥이 자리 잡기 위해서 필요한 것으로 교육 및 조직문화 정비를 꼽았다.

개인적으로는 분명히 장점이 있고 부분적인 효용성이 있다고 생각해요. 또 위드 코로나 시대가 와도 100% 대면근무로 돌아가진 않을 거예요. 메타버스 사옥은 그 측면에서 가능성이 있는 분야라고 생각되지만 이게 가능하려면 우리가 오프라인에서 고민했던 것만큼 인사철학, 조직문화에 대한 고민이 있어야 해요. 그런 것이 없으면 메타버스 근무는 부서 간의 칸막이를 높일 가능성이 크다고 봐요. 메타버스 상황에서 동료들이 어떤 상황인가 파악이 안 되니 이메일을 보내고 회신이 언제 올지 기다리는 비효율성들이 쌓이다 보니 부서 간 협력을 최소화하게 되죠. 결국 '이 일은 안 해야겠다', '이 이슈를 제기하지 말아야지', '누군가 이야기하겠지' 등 보신주의에 빠져들어요. 허들이 많고 번거로워지니까 '시키는 거나 편하게 해야지' 하는 생각에 지배당하죠. 탑다운 방식으로 시키는 걸 하고 개발해내는 분위기의 직종이라면 가능할 것 같아요. 브레인스토밍, 사업개발, 디벨롭을 빠르게 하고 전원이 모여서 문제 해결을 해나가는 스타트업 같은 조직이라면 어렵지 않을까요.

재택근무에 따른
리스크는 없을까?

실제 재택근무를 해본 적 있는 기업들은 재택근무의 한계를 체감하게 됐다. 장점도 있지만 단점이 더 크다는 주장이 나온다.

첫 번째로 업무에 완벽하게 집중하기 어렵다. 업무 중에 바로 누울 수 있는 침대가 있어 여차하면 그냥 누워버리기 쉽다. 또 업무 모드로 돌입하려다 지저분한 집이 눈에 들어오면 갑자기 청소를 시작할 수도 있다. 그래서 근태관리가 제대로 이뤄지기 어렵다. 실제 금융감독원 직원이 재택근무 중 수차례 집을 벗어나 피부 관리 업체에서 마사지를 받는 사건으로 징계를 받았다는 소식이 전해지기도 했다.

집에 어린 아이들이 있는 경우 상황은 더 심각해진다. 워킹맘 C씨는 "집에서 아이들 삼시세끼 밥을 차려주고 온라인 수업 등을 위해 시스템을 조절해야 해서 눈코 뜰 새 없이 바빠 업무에도 집중하기 힘들다"라고 토로했다.

두 번째로 보안 문제가 있다. 상대적으로 보안이 취약한 개인용 컴퓨터(PC)로 외부에서 업무를 하다 보니 사이버 공격이 쉽다. 한국인터넷진흥원(KISA)이 발표한 '2020년 사이버 위협 동향 보고서'에 따르면 재택근무 시 사이버 위협 사례 경험에 대해 과반수(51.57%)가 해킹 및 악성 코드 감염 경험이 있거나 의심되는 정황이 있다고 응답했다.

KISA의 한 관계자는 "재택근무가 가져올 대표적 보안 이슈로는 재택·원격근무에 이용되는 원격 단말기의 해킹 등 보안 위험에 따른 기업의 랜섬웨어 감염이나 정보 유출 등이 있다"고 지적했다.

PC 등 사용자 단말기가 보안에 취약해 악성 코드에 감염될 경우 해커의 회사 내부망 침투로 인해 피해가 확산될 수 있고 또 원격근무에 사용되는 와이파이 장비 등 네트워크 환경을 통해 통신 내용 및 데이터가 유출될 수 있다는 것이다.

글로벌 보안 기업 어베스트의 경우 지난 2019년 10월 해커가 원격근무에 이용되는 직원의 VPN 계정 정보를 획득해 기업 내부망에 접근한 후 해당 기업의 특정 소프트웨어 제품의 변조를 시도하기도 했다.

기업들이 클라우드와 연결된 노트북 등 디바이스에 대한 보안을 강화하자 해커들은 영상 회의 시스템으로 눈길을 돌리고 있다. 영상 회의 접속 시 화상 카메라와 마이크는 참가자 정보 및 회의 내용을 전달하는 통로 역할을 수행하고 있고 각종 회사 자료들이 회의용으로 공유되면서 해커들의 새로운 먹잇감이 되고 있는 것이다.

국내 대학 온라인 강의에서는 수강생이 아닌 비인가 사용자가 들어와 교수를 비방하는 등 수업을 방해하는 행위를 하기도 했다. 미국에서도 재택근무로 화상회의 플랫폼 줌을 통한 해킹이 이어지자 '줌'과 폭격을 의미하는 영어 단어인 '바밍'을 합친 '줌 바밍'이라는 신조어가 만들어지기도 했다. 이에 미국 연방수사국(FBI)은 줌 사용자들에게 모든 회의를 비공개로 하고, 해킹을 우려해 화면 공유를 피할 것을 당부하는 등 줌 폭격 주의보를 내렸고 영국 국방부와 미국 전기자동차 업체 테슬라는 보안 문제로 줌 사용을 금지하기도 했다.

줌을 겨냥한 해킹대회에서는 잇따라 취약점이 발견되고 있다. 윈도와 맥 운영체제(OS)에서 줌을 사용하고 있는 이들은 각별한 주의가 필요하다는 진단이 나온다. 보안업체 멀웨어바이츠에 따르면 2021년 4월 열린 해킹 대회 '폰투온'에서 화이트 해커가 줌을 노린 원격코드 실행(RCE) 제로데이의 취약점을 찾아냈다.

원격코드 실행은 외부 공격자가 사용자 PC 등 기기에서 각종 악성 행위를 감행할 수 있도록 해주는 취약점이다. 주로 피해자 개인정보 탈취, 시스템·네트워크 침입 등의 추가 공격을 위한 초기 침투 방법으로 쓰인다.

폰투온 측 실험결과, 이번 취약점으로 줌 사용자 PC에 원격으로 침투해 계산기 프로그램을 강제로 실행할 수 있었다. 줌 윈도와 맥 버전만 영향을 받을 뿐 줌 웹브라우저 버전은 안전하기 때문에 보안 패치가 배포되기 전까지 줌 사용자들은 브라우저 버전을 이용해야 한다고 권고하기도 했다.

줌을 대상으로 한 취약점은 2020년 4월에도 발견됐으며, 당시 해커들이 이를 인터넷 상에서 판매하고 있는 정황도 확인된 바 있다.

우리나라에서는 재택근무 중 업무시간에 피부관리실을 이용한 직원에게 금감원이 징계 조치를 내리는 일이 있었는데 당시 징계 사유가 '보안 사항 위반' 명목이었다. 재택근무지가 아니라 일반 사업장에서 업무용 컴퓨터로 공적인 업무를 수행해 보안 사항이 노출될 위험을 초래했다는 것이다. 그런데 사실 피부 관리실이 내 집보다 보안에 더 취약한가에 대한 점에는 의구심이 들 수밖에 없다. 내 집과 피부관리실 둘 다 보안에 취약하기 때문에 이를 방지하기 위한 새로운 도구가 필요한 것이다.

기술 유출을 막는 것을 가장 최우선으로 생각하는 삼성전자와 같은 기업들은 회사 내부 자료를 사진 찍어 유출할까 봐 들어갈 때 모든 직원이 개인 휴대폰 카메라에 테이프를 붙인다. 회사 내에서 작업한 어떠한 자료도 외부로 반출될 수 없기 때문이다. 이 같은 대기업에 근무하는 직원들에게도 재택근무가 표면적으로 실시됐지만 보안 때문에 집에서 할 수 있는 업무들이 적고 불편해서 차라리 출근을 하는 경우가 많다는 이야기가 심심치 않게 들린다.

세 번째로 화상회의나 전화만으로는 내 의도가 상대방에게 충분히 전달되지 못한다. 또 상대방의 뉘앙스도 잘 캐치하기 어렵다. 한번 만나서 이야기하면 해결될 일들이 여러 번의 화상회의와 수십 통의 전화로 이뤄지다 보니 오해가 생기고 이 과정에서 잘못된 업무방향이 설정되기도 한다. 시간도 갑절로 든다. 실제 재택근무로 인해 일하는 시간이 코로나19 이전보다 늘어난 것으로 나타났다. 마이크로소프트가 한국을 포함한 31개국의 재택근무 직장인을 대상으로 조사한 결과, 회의시간은 2배 이상 늘었고 이메일 발송량도 400억 개 이상 증가했다.

네 번째로 업무가 삶과 분리되지 못해 오히려 직원들의 스트레스가 더 쌓이는 경우가 생기고 있다. 일과 가정의 경계가 사라진 만큼 업무가 삶에 스며드는 상황이 닥친 것이다. 앞서 언급했던 워킹맘 A씨의 사례를 보면 점심시간과 퇴근시간 이후에도 마음 놓고 쉬지 못하고 컴퓨터 앞에 앉아 업무를 처리해서 피로도가 상승했다.

다섯 번째, 직원들의 고립감 문제가 떠올랐다. 고립감 증가는 업무만족도를 낮춰 생산성에 부정적 영향을 미칠 소지가 있다는 지적이다. 혼자 집에서 일하다 보니 의사소통에 단절이 생기고 고립감, 외로움, 우울함을 호소하는 직원들도 늘어나는 상황이다.

여섯 번째, 신입사원 교육이 제대로 진행되지 못한다. 메신저나 화상 회의 등으로 일을 가르치면 일을 글로 배우게 돼 실전에서 맥이 끊어진다. 교육 시간도 갑절은 늘어난다. 신입사원 입장에서도 업무에 미숙하기 때문에 재택근무 시 업무 학습, 수행 등에 어려움을 겪을 우려가 있다.

잡코리아가 알바몬과 함께 '비대면 첫 출근'을 주제로 설문조사를 실시한 결과, 3분의 1이 '회사와 업무에 적응하기도 전에 재택근무를 경험해 무엇을 어떻게 해야 할지 난감했다'고 답변했다. 전례 없는 근무환경에 놓였던 '언택트 신입사원'들은 재택근무에 대해 다소 부정적인 반응이 높았다. 불편함을 느낀 이유로는, '업무 관련 문의나 타 부서에 협조를 구할 때 어려움이 있었다(33.3%)'가 1위로 꼽힌 가운데 '대면 피드백을 받을 수 없어서 답답했다(27.6%)' '재택근무를 위한 시스템이 제대로 마련되어 있지 않았다(17.1%)' 등이 뒤를 이었다.

일곱 번째로 출근하기를 원하는 관리자들과 재택근무를 하고 싶은 직원들 사이에 알 수 없는 갈등의 골이 생기는 경우도 허다하다. 블라인드 등의 직장인 커뮤니티에는 출근을 종용하는 관리자의 불합리함을 지적하는 수많은 글이 올라오고 있다. 직원들은 이 시국에도 출근을 하라고 하는 걸 보면 관리자가 자신들을 믿지 못하는 것이라고 생각한다. 기업들도 성과 위주로 직원들을 평가·관리하기 때문에 오히려 노동강도가 세지고 이는 곧 업무만족도를 떨어뜨리는 결과를 가져온다. 재택근무 중인 직원이 PC 앞에서 5분 이상 자리를 비우지 못하도록 지속적으로 체크하는 프로그램 등 감시 솔루션까지 도입하는 회사가 생겨나면서 노동 인권문제도 대두된다.

여덟 번째로 도망가는 집토끼를 잡을 수 없다. 재택근무 상황에서는 조직에 속해 있다는 '본딩' 의식이 결여되기 때문에 직원들의 이탈을

야기한다. 또 출근하지 않아도 되니 다른 회사로 면접을 보러가는 것도 비교적 쉬워졌다. 줄어든 출퇴근 시간, 직장 내 눈치가 덜 보이는 환경 등을 활용해 이직 준비에 나서는 2030이 급격하게 늘어나고 있는 것이다.

실제 직장인 3명 중 1명은 코로나19 유행 기간 동안 재택 근무 중 이직 준비를 해본 것으로 나타났다. 취업 플랫폼 잡코리아가 2021년 7월 직장인 752명을 대상으로 진행한 설문조사에 따르면, 33.1%가 재택근무 중 이직 준비를 해본 경험이 있다고 답했다. 이유로는 '사무실 근무 때보다 직장 내 눈치가 덜 보여서(54.2%)'가 가장 높은 응답률을 보였고, '업무 집중도가 올라가면서 업무가 빨리 끝나서(20.5%)'가 뒤를 이었다.

롭 팔존 푸르덴셜 파이낸셜 부회장은 "직원 개개인이 조직과 단절되면서 퇴사 또는 이직 결정을 내리기 더 쉬워질 것"이라며 "재택근무를 시작한 후 많은 직원이 채용관계자나 지인들로부터 이직 제안을 쏟아지게 받고 있다"고 했다.

아홉 번째로 회사에서 제공하는 복지를 누릴 수 없다. 구내식당, 헬스시설 등 회사의 복지제도가 무용지물이 돼 버렸다. 비좁은 집에서 회사에서보다 좋지 않은 장비로 쉴 새 없이 일해야 하는데 출근을 했다면 회사에서 비용을 내는 고급스러운 식사 등 누릴 수 있는 것이 훨씬 많다.

열 번째로 회사 입장에서도 재택근무를 진행하려면 진입비용이 발생한다. 직원들에게 각종 장비를 구비해주는 등 비용을 지출해야 한다. 이후 해당 장비, 시스템, 솔루션 등의 관리 문제도 발생한다.

2020년 3월 페이스북은 전 직원에게 1000달러의 보너스를 지급하면서 직원들이 재택근무 환경 구축 등 코로나19로 인한 소비 증가에 대비하도록 도왔다. 구글 역시 2020년 5월 비슷한 이유로 1000달러의 보너스를 지급했다.

미국의 기업들은 특별 수당을 통해 코로나19 시대에 직원들에게 추가적인 지출을 해야 했다. 우버이츠와 같은 음식 배달 앱의 이용권을 직원들에게 식사비 대신 제공하기도 했다. 씨티그룹과 JP모건 등은 1년차 애널리스트들의 연봉을 1만 5000달러부터 10만 달러까지 인상해야 했다. 마이크로소프트는 코로나19 위로금 명목으로 전 직원에게 1인당 1500달러를 지급했다.

이런 이유들로 100% 재택근무로 대체하는 것은 불가능하다는 게 중론이다. 기업들은 이제 서서히 재택근무의 효용성에 대해 문제제기를 하기 시작했다.

위에서 살펴본 재택근무로 인해 발생하는 문제를 정리하면 다음과 같다.

재택근무에 따르는 리스크 10

1— 업무에 집중하기 어렵다.

2— 보안 이슈가 발생할 수 있다.

3— 커뮤니케이션에 오해가 생기는 경우가 있다.

4— 업무와 삶이 분리되지 못해 스트레스를 야기한다.

5— 직원들이 고립감을 느낀다.

6— 신입사원 교육이 어렵다.

7— 관리자들의 직원들에 대한 불신이 커진다.

8— 이직이 늘어난다.

9— 사무실 복지를 누릴 수 없다.

10— 재택근무 시스템을 위한 회사의 지출이 발생한다.

2

이제, 출근합니다

장기간 재택근무가 이어지면서 이에 대해 부정적인 인식을 갖고 있는 CEO들이 생겨나기 시작했다. 이들은 잇따라 재택근무 반대 기조를 보이고 있다. 미국 동영상 서비스 업체 넷플릭스 창업자 리드 헤이스 팅스는 지난 2020년 9월 "재택근무에는 이렇다 할 그 어떤 장점도 없 다"고 혹평했다. 그는 "새로운 발상을 떠올리려면 구성원끼리 둘러 앉 아 토론을 해야 하는데 재택근무를 하면 서로 모이기가 어렵다"며 "전 세계적으로 보더라도 딱히 득 될 게 없다"고 말했다.

이어 "경영 활동을 스포츠에 견주었을 때 감독 입장에서 생각해보면 '선수가 체육관에 얼마나 머무르느냐'보다는 '얼마나 잘 뛰는지'가 더 중요할 수 있다"면서도 "그러나 골똘히 생각해보면 엘리트 선수가 되 기 위해선 일단 체육관에 꽤 오랜 시간 머물러야 하지 않겠나"고 덧붙 였다.

헤이스팅스는 재택근무로 인해 업무 생산성이 갈수록 줄어들 수밖 에 없는 만큼 조만간 재택근무 확산 움직임이 사그라들 것이라고 전망 했다.

사티아 나델라 마이크로소프트 CEO도 재택근무 비관론자로 나섰다. 그는 코로나19 사태 이후 재택근무 움직임이 확산되자 "직원들이 회의실에서 옆 사람과 회의 전 2분 정도 잡담하는 시간을 빼앗기고 있다"고 우려했다. 이런 잡담 속에서 나오는 수많은 아이디어가 사장되고 있다는 것이다. 그는 이 같은 현실을 '창의성을 무심코 얻을 수 있는 계기'가 없어지고 있는 것으로 해석했다.

이미 애플 공동창업자 故 스티브 잡스는 재택근무에 대해 부정적 의견을 내비쳤다. 그는 "이메일과 인터넷 채팅만으로 아이디어를 개발할 수 있다는 건 미친 소리"라며 "창의성은 즉흥적인 만남과 임의로 이뤄지는 토론에서 나온다"고 강조했다.

실제 국내 기업 45%가 "재택근무로 생산성이 떨어졌다"고 평가하고 있다는 소식도 전해졌다. 취업포털 사람인이 기업 355개사를 대상으로 실시한 '재택근무 생산성 현황' 조사에 따르면 재택근무를 실시하는 기업 중 45%는 재택근무로 생산성이 크게 떨어졌다고 밝혔다.

재택근무에 따른 어려움으로는 '직원 간의 소통 어려움'이 40.4%로 1위를 차지했다. 이어 △'업무 파악 및 계획 수립' 35.8% △'위기, 이슈 발생 시 빠른 대응 어려움' 32.1% △'성과·실적 관리' 29.4% △'근태 관리' 29.4% △'재택근무 시스템·인프라 구축과 운영' 23.9% 등이었다.

특히 직원들 간 협력이 중요하며 즉각적인 의사소통이 이뤄져야 하는 기업에서 재택근무를 시행하면 업무에 필요한 인프라를 갖추고 관리하는 데 지나치게 높은 비용을 투자해야 하는 문제도 떠올랐다. 또 재택근무가 근무 태만을 부추길 수도 있는 만큼 직원들의 관리·감독에 불필요한 에너지를 쏟아부어야 하는 것도 최대 단점이다.

한국은행은 '코로나19 사태로 인한 재택근무 확산: 쟁점과 평가' 보고서를 통해 재택근무로 인해 구성원 간 유기적 의사소통이 줄어들고 지켜보면서 배울 수 있는 기회를 상실하게 될 수 있다는 점을 재택근무의 문제점으로 꼽았다. 대면 상호작용 과정을 통해 직원들의 창의성이 증대될 수 있고 업무에 미숙한 신입 직원의 경우 업무를 효과적으로 학습·수행할 수 있으나 재택근무로는 이러한 효과를 볼 수 없다는 분석이다.

이 보고서는 경영진 입장에서는 관리·감독에 더 많은 시간과 노력이 투입된다는 점에서 재택근무는 각 주체의 생산성 저하를 초래하는 요인이라고 진단했다. 업무 성격상 직원들 간 협력이 중요시되고 즉각적인 의사소통이 이뤄져야 하는 기업에서 재택근무를 시행하면 업무에 필요한 인프라를 갖추고 관리하는 데 지나치게 높은 비용을 투자해야 한다는 얘기다.

전문가들은 재택근무에 따른 업무 인프라를 갖추기 어려운 기업들이 많은 산업 구조일수록 생산성 저하가 두드러질 것이라고 경고하고 있다. IT 인프라가 취약하고 대체 인력이 충분치 않은 중소기업의 경우 생산성이 크게 떨어질 수밖에 없으며 재택근무를 위한 업무 인프라를 갖출 수 있도록 정부 차원의 지원이 선행되어야 한다는 지적이다.

미국 시카고대학은 약 1만 명의 아시아 IT업계 근로자를 대상으로 재택근무 전후 업무 생산성을 비교한 결과 전체 근무 시간이 약 30% 증가했고 시간당 생산성은 20% 저하됐다는 사실이 밝혀졌다. 직원 간에 유의미한 소통이 줄어든 것이 생산성 저하 원인 중 하나였다.

실리콘밸리 기업들도 직원들이 같은 공간에 함께 있어야 협업이 잘 이뤄진다고 느끼기 시작했다. 그동안 기업들이 다양한 복지 혜택을 제공했던 것도 결국 직원들을 최대한 사무실에 오래 머무르게 하기 위한 방안이었다는 것이다. 특히 실리콘밸리 기업들의 혁신 원동력이 자유로운 만남과 토론이라는 주장이다. 이를 위해 재택근무와 화상회의보다는 출근이 필수적인 요소로 떠오르고 있다는 것이다.

2001년부터 2011년까지 구글 CEO였던 에릭 슈미트는 사무실에 투자하는 이유를 "직원들이 집에서가 아니라 바로 회사의 자기 자리에서 일하기를 기대하기 때문"이라고 했다. 정상적인 근무시간에 재택근무를 하는 것은 많은 사람에게 엄청 진화된 문화로 보일지는 몰라도 회사 전체의 활력을 앗아가 버리는 문제를 일으킨다고 진단했다.

실제 아마존, 마이크로소프트, 페이스북 등 재택근무에 앞장섰던 다른 기업들도 직원들의 사무실 복귀를 준비하고 있다.

아마존 CEO 앤디 제시는 2021년 10월 11일 발표에서 개별 팀장에게 직원의 출근 일수를 결정할 재량권을 부여할 것이라고 밝혔다. 앞서 아마존은 9월 초 전 직원의 회사 복귀를 추진했으나 코로나19 델타 변이 확산으로 출근 시점을 미뤘다. 아마존은 복귀한 직원은 적어도 일주일에 3회 이상 출근할 것을 권장했다.

애플 역시 일주일에 3번은 회사로 출근하는 하이브리드 근무를 제시했다. 이미 애플 임원들은 직접 대면해 서로 상호작용을 하는 게 필수적이라고 강경한 자세를 보이며 재택 신청서 대부분을 거절한 것으로 알려졌다. 구성원 간 대면 상호작용 과정에서 기존 직원들이 창의성을 증대시킬 수 있다는 설명이다. 특히 신입직원은 대면 상황에서 더 효과적으로 학습할 수 있는 측면도 있다. 구성원 간 물리적 접근성이 지식 공유와 창의성 발현에 긍정적이라고 평가한 연구 결과도 나온 바 있다.

이에 일부 기업들은 재택근무를 하면서 오프라인으로 직원을 관리하는 작업에 돌입했다. 글로벌 자산운용회사 코닝은 미국 사무실 출근 재개를 연기하면서도 매니저들에게 직원들과 점심이나 저녁 식사를 하게 하는 등 회사와의 연결을 유지할 수 있도록 도울 것을 요구했다.

코닝 CEO 우디 브래드포드는 "회사를 조직이란 큰 틀에서 봐야 한다"며 "아무리 직원 개개인이 집에서 능률적으로 일을 하더라도 사내 문화를 익히고 일을 배워야 할 신입직원들은 (재택근무로 인해) 필요 이상으로 고생한다"고 말했다.

이 같은 여러 문제 때문에 재택근무 자체를 종료하는 기업들도 속속 생겨나고 있다.

골드만삭스, JP모건체이스 등 월가 최고 은행들은 직원들이 사무실로 돌아오길 원하고 있는 것으로 전해진다. 이들은 잇따라 재택근무 중단을 공식 선언했다. 사무실 복귀를 통한 직접적인 상호작용은 많은 사원들이 자신의 직장에 느끼는 불안감을 해소할 것으로 기대하고 있다. 사무실에서 자연스럽게 발생하는 교육과 멘토링, 동지애가 재택근무에서는 일어나지 않았다는 지적이다.

JP모건 CEO 제이미 다이먼은 "재택근무가 활기를 원하는 사람들에게 효과가 없다"며 "젊은이들에게 적합하지 않다"고 주장했다. 골드만삭스 CEO 데이비드 솔로몬은 재택근무를 최대한 빨리 바로잡아야 하는 '일탈'이라고 칭했을 정도다. 그는 한 가상 금융 서비스 콘퍼런스에서 재택근무에 대해 "혁신적이고 협동적인 문화를 가진 우리에게는 이상적이지도, 새롭지도 않은 것"이라며 "이는 '뉴노멀'이 아니라 가능한 한 빨리 고쳐야 하는 일탈에 불과하다"고 일축했다.

또한 "신입사원들이 올해 여름 또다시 원격으로 입사하는 상황을 원하지 않는다. 이들이 직접적인 멘토링을 받지 못하는 점이 우려된다"면서 이 점을 언급했다.

최근 공식적으로 재택근무를 종료하는 움직임도 나왔다. 2021년 6월, 골드만삭스는 미국 직원들에게 보낸 서신에서 6월 14일까지 사무실에 복귀할 것을 지시했다. 영국 법인에 대해서는 21일까지 사무실로 복귀할 계획을 세우라고 통지했다.

공간을 보면 경영이 보인다
_오피스가 필요한 이유

사옥을 이렇게 잘 만들어 놓으면 뭐하나요. 직원들이 없는데요. 맛있는 구내식당도, 오락시설도 텅텅 비어 있네요. 출근을 하면 회사에 애사심이 더 생길 텐데 재택근무를 하니 직원들이 회사가 얼마나 좋았었는지 점점 기억을 잃어가는 것 같아요.

판교 유수 IT 기업의 홍보실장 D씨는 아쉽다고 했다. 사옥에는 여러 의미가 담겨 있다. 직원들은 출근을 하고 그 기업의 사옥에서 특정한 경영철학과 함께 숨 쉬고 성과를 만들어낼 수 있다.

사무실에서 동료들과 연대감을 느끼며 일하면 이직을 고려할 가능성도 적어진다.

건축가 유현준 교수는 사옥에서 직원들과의 관계 속에서 성과를 창출하고 있기 때문에 영향력이 크다고 했다. 대부분의 사옥은 공간 자체가 권력과 위계질서를 만들어내고 보이지 않게 직원들을 조정하는 기능을 하고 있다. 예를 들어 말단 직원은 문 가까이에, 부장님은 부하 직원들이 일하는 모습을 지켜볼 수 있도록 창을 등진 위치에, 지위가 높을수록 높은 층에, 직원식당은 지하나 꼭대기에 설계하는 식이다. 특히 그 안에서 직원과 기업이 다양한 가치를 만들 수 있도록 도와주는 사옥이 좋은 사옥이라고 평가했다. 사옥의 공간구조는 그 기업이 존재하는 한 지속적으로 조직 문화, 직원, 의사결정 생산성 등에 지대한 영향을 미치기 때문에 기업의 미래를 만드는 중요한 요소다.

그는 사옥은 단순히 건물이 아니며 성과를 높이는 경영 요소로 접근하는 마인드가 필요하다고 조언한다. 구성원 간의 커뮤니케이션, 생산성, 직원 만족도 등을 높여주는 '퀄리티'가 중요하다고 강조했다. 공간 퀄리티가 높으면 경쟁력이나 생산성도 그만큼 높아진다. 예를 들어 일하다가도 쉽게 바깥 공기와 햇빛을 쬘 수 있도록 하면 작업 능률도 오르고 건강에도 좋기 때문에 내부에 작은 정원을 꾸밀 수 있는 공간을 만들거나 천정이나 벽에 큰 창을 만들어 자연채광을 최대한 끌어들이는 것도 도움이 된다. 사옥 내 전망이 가장 좋은 곳은 회의 공간으로 사용하는 것이 효과적이다. 그렇게 되면 조직 구성원 간의 관계가 유연해지며 성과 창출에 유용하다는 설명이다.

미국 노동력 개발 센터 조사에 따르면 사람들은 자신의 직무 관련

지식을 30% 정도만 공식적인 교육 프로그램을 통해 배우며 나머지는 커피자판기 앞이나 식당에서 휴식 중에 동료들로부터 배운다고 한다.

사옥은 기업들의 경영철학과 시스템을 내세울 수 있는 홍보의 장이기도 하다. 회사의 사업규모와 경영철학을 대변할 수 있는 공간인 것이다. 기업의 혁신 가치가 사옥을 통해 투영되고 또 기업의 경제적 가치까지 반영되고 있다. 세상을 이끄는 혁신적인 아이디어가 사옥에서 생겨나고, 기업의 역량 역시 사옥을 통해 오롯이 나타나고 있다.

기업 고유의 정체성을 '사옥'이라는 상징물을 통해 외부로 가장 잘 표현할 수 있는 것이다.

3

제조업과 플랫폼 기업의
사옥은 달라야 할까?

유튜브 촬영을 위해 판교와 강남의 IT기업과 스타트업을 누비던 시절, 섭외를 위해 여기저기 전화를 돌렸다. 국내 굴지의 제조 대기업도 접촉을 했었는데 당시 해당 기업의 홍보실에서는 기 방영된 우리 유튜브 콘텐츠를 보고 난색을 표했다.

소프트웨어 기업들과 제조기업의 사옥은 다릅니다. 앞서 방영됐던 좋은 사옥들과 우리 회사가 너무 비교될 것 같아 솔직히 자신이 없습니다.

흔히 우리가 사무실이라고 하면 떠오르는 이미지의 전통 사옥은 드라마 〈미생〉의 배경이 됐던 분위기다. 넓은 공간에 적당한 높이의 칸막이가 설치돼 있고 각자 자신의 자리에 앉아서 일을 한다.

이 칸막이가 있는 사무실은 1990년대에 등장했다. 이전까지만 해도 사무실에서 일하는 노동자, 소위 말하는 화이트칼라는 전체 노동인구의 5%가 채 되지 않았다. 그러다 1920년대부터 대도시를 중심으로 사무직 근로자가 폭발적으로 늘어나면서 업무를 지시하고 체계적으로 관리·감독할 수 있는 효율적인 공간이 필요해졌다. 이런 지식 노동 시대의 개막과 함께 등장한 것이 우리가 알고 있는 한 사람씩 들어갈 수 있도록 칸막이가 있는 사무실, 즉 큐비클 시스템의 대형오피스다.

큐비클 시스템의 디자인은 업무에 집중하기 좋고 생산성을 높일 수 있도록 섬세하게 설계되었다. 정해진 면적 안에 효율적으로 가구와 사람을 배치한다. 프라이버시도 적당이 보호해준다. 기존 사무실에 대한 고정관념을 무너뜨린 큐비클 시스템은 오피스의 혁명이라고 불릴 정도로 당시로서는 획기적인 시도였다.

100년 가까이 이용되던 큐비클 사무실은 2000년대에 들어 다시 변하기 시작한다. 2차 오피스 혁명이 시작된 것이다. 서로 얼굴을 보며 언제든지 대화를 나눌 수 있고 아이디어를 공유할 수 있도록 한 것이다.

일에만 집중할 수 있도록 디자인된 큐비클 오피스는 이제 그 틀을 벗어나 창의적인 공간으로 변하기 시작했다. 여기서 눈여겨볼 것은 큐비클 시스템에서는 어떤 사람이 일하는지가 중요하지 않다는 점이다. 즉 사람이 아닌, 효율성만 따진 공간이다. 하지만 최근의 스타트업 사무실이나 공유 오피스의 공간 특성을 보면 사람이 보이기 시작한다. 생각해보면 사무실이라고 해서 일만 하지는 않는다. 회의할 공간도 필요하지만 커피를 마시며 사람들과 담소를 나눌 곳도 있어야 하고 혼자서 생각하거나 쉴 곳도 있어야 한다. 앉아서 일할 수도 있지만 서서 일하거나 걸어 다니면서 일할 수도 있다.

제조업은 제품을 생산하고, 플랫폼 기업은 서비스를 생산하는 게 큰

ENDEMIC

차이이듯 플랫폼 시대는 아이디어로 승부하고 빠르게 아이디어를 현
실화해야 하기 때문에 공간이라는 것이 수평적이고 소위 '헤쳐모여'가
가능하게 만들어져야 하는 것이다. 수평적이고 빠른 의사결정 방식 등
일하는 방식이 사옥에도 그대로 반영되고 있다.

　이는 사옥의 위치와도 연관이 있다. 제조업 시대의 사옥 위치는 공
장과 협력업체 등을 자유롭게 드나들 수 있는 공단지역이나 제조물자
들의 물류가 원활한 고속도로 등이 잘 발달된 곳에 자리 잡고 있다. 삼
성전자가 수원으로, 화성으로, 평택으로 간 이유다. SK하이닉스는 무
려 이천으로 갔다. 이는 사원들을 고려하지 않고 기업 입장에서 최대
효용성만 추구한 결과다.

　플랫폼 기업들은 회사 입장보다는 사람과 좋은 서비스를 위해 위치
를 결정한다. 플랫폼 기업들은 직원들이 많이 살고, 선호하는 지역이
어디인지를 중요하게 생각한다. 사옥의 위치와 관련해서는 앞으로 자
세히 다루게 될 것이다.

　이 같은 제조 기업들의 사옥도 이제는 변화해야 하는 시점에 직면했
다. 디지털 트랜스포메이션 바람이 불면서 제조업과 플랫폼 기업의 경
계가 허물어지는 시대가 도래했다. 모든 기업이 IT 기업이라고 해도
과언이 아니다. 기업들이 인터넷, 모바일 시대 전환에 사활을 걸면서
전통 제조 기업이라는 의미는 퇴색되고 있다. 이들 기업의 정체성에
변화가 일어나면서 자연스럽게 사옥도 변화해야 하는 상황이다. 이들
제조 기업들은 다시 사옥을 짓든지, 디지털 트랜스포메이션을 수행하
는 조직을 분리시켜 새사옥에 입주시키든지 하는 방식으로 공간에 대
한 고민을 계속 하고 있다.

시작은
구글플렉스였다

기업의 사옥은 미국의 구글플렉스 이전과 이후로 나뉜다고 해도 과언이 아닐 것이다. 개방적이고 유연한 디자인으로 유명한 구글플렉스에서는 기본적인 복리후생은 물론 최고급 식당과 체육관, 마사지실 등 직원들이 필요한 모든 것을 제공받을 수 있어 '일하는 사람의 천국'으로 불린다. 회사의 모든 시설이 직원들의 생활 패턴에 맞춰 설계, 운영되는 것으로 집중 조명되기도 했다. 2~3층짜리 저층 건물로 구성된 구글플렉스 밖에는 야외탁자와 울창한 나무, 산책로가 있고 건물 내부는 칸막이로 나눠진 공간이 아니라 탁 트인 공간이라서 창의력이 절로 샘솟는다는 것이다. 하루에 3번 무료로 음식이 제공되며 언제든 간식을 먹으며 일을 할 수 있고 수영장과 오락실, 마사지실 등에서 휴식을 취할 수도 있는 자유분방한 환경은 일의 능률을 극대화하는 데 최적의 조력자였다.

이 같은 구글플렉스에는 구글만의 아이덴티티가 담겨 있다. 구글의 경영철학은 개인의 열정과 팀의 상호작용, 이 두 가지로 축약된다. 직원들이 행복하게 일할 때 최대의 성과를 낼 수 있다는 것이다. 특히 소통을 강조하고 있다. 구글은 금요일 저녁마다 'TGIF' 행사를 갖고 직원들이 사내 카페에 모여 배부르게 먹고 마신다.

구글플렉스는 이런 직원들의 상호작용을 촉진하는 방향으로 설계됐다. 자유로운 에너지와 창의적인 발상을 돕기 위해 감성을 자극하는 공간으로 디자인했다는 것이다. 사무실을 캠퍼스라고 부르며 직원들이 상상력과 창의력을 발휘할 수 있는 물건으로 채워 넣었다. 실제 기술자나 과학자가 긴 복도를 걸어가다 보면 동료와 마주치거나 다른 사무실로 들어갈 수밖에 없게 만들어졌다. 이 같은 소통의 강조는 성과로도 이어진다. 구글의 성공한 사업인 '애드센스'는 어느 날 사무실에서 다른 팀과 당구를 치던 엔지니어 몇 명이 발명한 것이다.

전 구글 CEO 에릭 슈미트는 팔을 내밀어 누군가의 어깨를 두드릴 수 있다면 상호소통과 아이디어의 교류를 방해할 것이 없다고 했다. 칸막이 방으로 구성된 전통 사무실 배치는 지속적으로 정숙을 유지하게 설계돼 있어 각 집단 사이에 상호작용을 막는 '후진적인 문화'라고 지적했다. 떠들썩하고 에너지가 넘치는 가운데 붐비는 사무실에서 상호작용을 극대화하는 상태가 정상이라는 것이다. 구글이 새 사옥에 직원들을 모으기 위해 사옥에서 축구경기를 하게 한 일화는 유명하다.

빽빽하게 채워진 칸막이 사무실에는 누가 들어가야 할까? 이런 시설은 특히 직무의 연관성이 깊은 부서에 중요하다. 직원들이 하는 일에 따라 분리된 곳은 많다. 제품 담당 관리자가 여기 앉아 있다면 현장 기술자는 맞은편 건물에 있는 식이다. 이런 배치가 전통적인 제품 담당 관리자에게는 통할지도 모르지만 인터넷 시대 제품 관리자에게는 부적합하다. 디자인팀과 기술진이 협력해 우수한 제품을 만들도록 다양한 방법을 개발하려면 제품의 라이프사이클을 꿰뚫고 제품의 로드맵을 정하거나 소비자의 목소리를 대변하기도 하며 담당 부서와 경영진 등 전체적인 소통이 이루어지도록 전통적인 행정사무의 뒷받침이 필요하다. 이 과정을 잘 해내기 위해 제품관리자는 담당 기술진과 함께 일하고 먹으며 생활할 필요가 있다.

"어떤 직원도 음식에서 60미터 넘게 떨어져 있으면 안 된다."

구글 창업자 세르게이 브린의 철학이다. 구글은 사내 식당 외에도 낮잠 공간, 미용실, 카센터, 세탁소, 전기차 대여시설, 현금자동입출금기도 지원한다. 이는 직원들이 바깥에 나가지 않아도 회사에서 의식주를 해결할 수 있게 해 오롯이 근무에만 집중하도록 하자는 취지다. 집과 사무실 이외 제3의 공간을 제공함으로써 직원의 숨통을 틔워주는 역할도 한다.

구글이 이 같은 복지 정책을 유지하는 데 적잖은 비용이 들긴 하지만 이로 인해 향상되는 업무 생산성이 더 큰 것으로 내부적으로 분석하고 있다. 직원들의 애사심과 공동체 의식이 강해지는 효과도 있다.

구글의 인사담당 수석 부사장 라즐로 복은 "책상에 오래 앉아 있다고 성과로 연결되지는 않는다. 노동시간 대비 생산성을 높이는 방안은 매우 다양한데 기업들이 이 부분에 주목해야 한다"고 말했다.

우리나라도
'세기의 사옥' 짓기 열풍

구글플렉스 이후로 애플, 페이스북 등 실리콘밸리에서 '세기의 사옥'을 경쟁적으로 올리더니 이 기조가 국내에도 번지기 시작했다. 주로 구글과 같은 국내 IT 기업들에서 적극적으로 사옥의 중요성을 깨닫고 바꿔나가는 움직임이 포착됐다.

1990년대 닷컴 열풍과 2000년대 벤처 붐을 넘나들며 우리나라 IT산업은 테헤란로를 중심으로 싹트고 열매 맺으며 성장해왔다. 테헤란로는 실리콘밸리에서 글로벌 IT 공룡들이 탄생한 것에 착안해 '테헤란

밸리'로 지칭되며 국내 IT 산업의 상징으로 떠올랐다. 네이버, 다음커
뮤니케이션, 엔씨소프트, 넥슨, 안랩 등 국내 벤처 1세대는 모두 테헤
란밸리에서 첫발을 뗐다.

이후 테헤란로의 벤처열풍은 더 저렴한 임대료와 편리한 교통을 가
진 성남시로 이동한다. SK, 삼성SDS 등 성남에 각종 연구시설과 창업
보육센터 등이 들어서기 시작했다. 성남시는 벤처기업 육성촉진지구
로 135만 평을 지정하며 판교 벤처단지와 연계를 도모했다. 외국인 투
자기업과 다국적 기업의 연구개발센터, 벤처기업 등이 입주하면 고
용··기술··유통··금융을 한꺼번에 지원했다. 각종 인센티브를 제공하는
데 기업 입장에서 이동을 안 할 이유가 없었다.

네이버는 2010년 '그린팩토리'를 설립하고 이전하면서 구글 못지
않은 본격적인 복지 제도를 선보였다. 그린팩토리는 지상 28층, 지하 7
층 16만 6207m² 규모로 분당을 대표하는 빌딩으로 꼽힌다. 주차장은
지하 7층까지 있다. '네이버=초록창' 콘셉트를 적극 활용해 외관부터
지역주민에 공개되는 1층 로비와 도서관 등에 네이버의 상징인 초록
색을 적극적으로 담았다.

다음(DAUM)은 2012년 본사를 제주도로 옮겼다.

창의적인 일을 하려면 좋은 근무환경이 필요하다. 직원들이 만원 버스와 지하철
출퇴근 없이 10분 안에 여유롭게 회사에 오고, 근무 시간 중간에 바다가 보이는
휴게실에서 쉰다면 창의적 아이디어가 샘솟을 것이다.

당시 이재웅 창업주의 설명이다. 다음은 '스페이스닷원', '스페이스

닷투'와 같이 사옥에 이름을 부여하며 구글플렉스처럼 회사의 아이덴티티를 사옥에 담았다.

다음과 카카오의 합병 이후, 제주 본사는 카카오 본사로 쓰이고 있지만 대부분의 직원들은 판교 오피스에서 근무하고 있다. 카카오는 아이위랩이란 이름으로 역삼동에서 10명 남짓한 인원의 벤처기업으로 시작했다. 이후 늘어나는 직원을 감당하지 못해 2012년 9월 판교H스퀘어를 임차해서 사용하게 됐다. 애초 카카오는 2000여 명의 합병 직원을 수용할 만한 수도권 근무지로 강남, 서초 등지를 알아봤으나 입주 조건이 맞지 않아 판교로 바꾼 것으로 전해진다.

네이버가 성남 사옥 시대를 열고 얼마 지나지 않아 판교 테크노밸리에 순차적으로 엔씨소프트, 넥슨, NHN, 네오위즈 등 당대 굴지의 벤처기업들이 대거 본사를 옮겨오며 사옥을 지으면서 '누가 얼마나 훌륭하게 짓는지'가 기업들의 숙제가 됐다. 이들 사옥도 구글플렉스 못지않게 멋진 모습으로 자리하고 있다.

구내식당 점심이
회사의 매출을 만든다

진정한 의미의 직원 복지를 실현하기 위한 가장 중요한 복지로 먹는 것을 꼽을 수 있을 것이다. 기업들은 식당에 엄청난 공을 들이며 직원들의 건강 챙길 수 있도록 기획, 운영되고 있다.

그중 특히 밥이 잘나오기로 유명한 곳은 게임사 '데브시스터즈'다. 데브시스터즈의 구내식당에는 호텔 출신 셰프가 근무하며 직원들의 질 높은 끼니를 책임지고 있다. 지난 2015년 방영된 MBC 다큐스페셜 〈회사가 차려주는 밥상〉 편에 출연한 데브시스터즈 식당은 모든 직장인의 부러움을 샀다. 당시 방송에서는 아침부터 샌드위치, 커피, 음료, 과일을 무제한으로 제공하고 점심에는 생물 오징어를 이용한 리조또가 나오고 웨이트리스가 서빙까지 하는 데브시스터즈 구내 식당 모습이 그려졌다.

그러나 데브시스터즈는 한동안 마음고생이 심했다. 상장했던 2014년까지는 모바일 게임 〈쿠키런〉의 흥행으로 실적이 오르다가 이후 매출액과 영업이익, 당기순이익 모두 급격히 나빠지면서 몇 년간 적자를 면치 못했다. 2015년부터 영업손실이 41억 원, 2016년 121억 원, 2017년 148억 원, 2018년 123억 원, 2019년 222억 원, 2020년 61억 원을 기록했다. 직원들 복지에만 신경 쓰고 회사경영은 뒷전이라는 주주들의 원성이 자자했다.

필자들이 유튜브 영상 촬영차 판교, 강남 등지의 오피스를 누비던 2019~2020년에 그 유명한 데브시스터즈의 구내식당을 섭외하고 싶었다. 그러나 업계에서 모두 말렸다. 적자가 계속되는 상황에서 직원복지가 좋다는 사실이 외부에 알려져봐야 좋을 게 없다는 이유에서다. 결국 지레 겁을 먹고 시도조차 하지 않았는데, 2021년 들어 대반전이 일어났다. 데브시스터즈의 뚝심있는 직원복지 철학이 결국 빛을 발한 것이다. 〈쿠키런〉 지식재산권(IP)을 세상에 내놓은 지 8년 만에 사상 최대치의 영업이익을 기록했다. 2021년 데브시스터즈는 지난 6년간의 만년 적자를 탈출해 563억 원의 영업이익을 기록했다. 이는 그동안 발생한 적자를 만회하고도 남는 규모다. 데브시스터즈가 성공 신화를 쓴 것은 직원들이 게임 개발에만 몰두할 수 있도록 복지에 힘을 준 것이 크게 기여했다는 평가다. 직원들이 최대한의 역량을 발휘할 수 있도록 환경을 조성했고 피로감을 줄이는 데 집중했다. 중간에 크고 작은 비난들을 감수하면서도 직원 복지에 집중했던 데브시스터즈 경영진의 선택은 의미 있는 승리였다.

성장하는 기업들은 사옥을 지을 때부터 구내식당을 가장 중요한 포인트로 삼고 심혈을 기울이는 모습을 보이고 있다. 단순한 한 끼 식사가 아니라 업무를 하는 공간에서 즐거움을 찾는 차원으로 인식을 하게 됐다는 분석이다. 엔씨소프트의 삼성동 시절 구내식당은 임차건물에 있어서 작고 아담했다. 2013년 판교로 이전하면서 전 식당 대비 질 좋은 식사를 제공하자는 경영진의 의지가 높았다. 실제 직원들의 식사에 지원을 아끼지 않는 편이다. 건강하고 맛있는 식사를 넘어서 '새로운 경험을 줄 수 있는 식당이 되자'라는 포부다. 필자가 방문했던 엔씨소프트의 구내식당은 백화점 푸드코트를 방불케 했다. 한식, 중식, 분식… 골고루 다양한 메뉴를 선택할 수 있었다. 특히 야외 테이블까지 갖춰 여유를 가지고 점심식사를 음미하는 기쁨도 누릴 수 있다.

펄어비스 구내식당의 경우 다른 회사들보다 단가를 높게 책정해 고품질의 식사를 무료로 제공하고 있다. 인테리어도 흡사 모던한 레스토랑처럼 꾸몄다.

NHN의 구내식당에서는 닭 한 마리가 통째로 제공됐다. NHN의 경우 자사의 결제서비스인 '페이코'로 식대를 지원하고 있다. 실제 구내식당에서도 페이코로만 결제가 가능하며 인근 외부 식당에서도 페이코 결제로 식사를 할 수 있다.

넥슨, 스마일게이트에서는 구내식당 내부에 있는 룸에서 촬영했는데 구내식당에 프라이빗한 룸까지 갖춰 있어 놀라웠다. 이런 프라이빗 룸에서 직원들과 함께 식사를 할 수 있는 기회가 생긴다면 업무가 저절로 해결될 것 같았다. 물론 개인주의 시대에 혼밥족이 늘고 있지만 그룹이 함께해야 하는 공동 작업 등에는 이런 식당 룸이 필수다. 자칫 딱딱해질 수 있는 미팅에 식사가 곁들여지면 조금 더 부드러운 분위기 속에서 일의 실마리가 풀리기도 하기 때문이다.

구내식당이 갖춰지지 않은 회사들의 경우 색다른 방식으로 직원들에게 끼니를 제공했다. 카카오에는 무한리필 되는 식빵이 있었다. 카카오게임즈에는 서울 한강 편의점에 있는 (그것보다 더 좋은) 라면기계가 있었다. 신라면, 너구리, 스낵면 등 3분이면 '취저' 라면을 골라서 회사로 배달 오는 푸짐한 점심 도시락과 함께 먹으면 구내식당 있는 회사가 부럽지 않다. 아이디어스 역시 라면 끓이는 기계가 구비돼 있었다.

크래프톤 판교 오피스에는 구내식당이 없었지만 매일 구내식당을 배달해주는 스타트업 서비스 '플레이팅'을 통해 직원들에게 고급 뷔페를 제공했다. 역삼 오피스에서는 구내식당이라고 하기에는 너무 좋은, 체감하기에는 5성급 호텔 식사가 부럽지 않은 훌륭한 수준의 식사를 제공 중이다. 전망도 기가 막힌 35층에 위치한 구내식당 'KITCHEN 35'에서는 아침, 점심, 저녁을 모두 제공한다. 자칫 발생할 수 있는 혼잡도를 최소화하기 위해 아일랜드 타입의 오픈 키친을 적용하고 한식, 일품, 샐러드, 기타 테이크아웃 등 메뉴를 자유롭게 선택할 수 있도록 동선을 고려했다. 또 구성원이 직접 간단한 라면, 컵밥 등을 조리할 수 있는 Self-Cook Zone도 마련했다.

©크래프톤

크래프톤 역삼 오피스 구내식당

한국인에게 '밥'은 그 어떤 민족보다 더욱 큰 의미를 가지고 있다. "언제 밥 한 끼 먹자"라는 말은 하나의 관용어구로 널리 사용될 정도다. 친목을 도모하는 데 밥만 한 것도 없다. 따뜻한 밥을 함께하는 것은 안 될 일도 되게 하는 마법의 주문이 될 수 있다. 여러 사람이 밥을 함께 먹으면서 친해지고 그 친밀감을 통해 진행되는 업무가 수월해지는 것은 당연한 이치다.

이와는 별개로 새로운 트렌드도 보이고 있다. 샐러드를 자리까지 배달해주는 서비스도 인기를 끌고 있다. 식당에서 밥을 먹는 대신 자리에서 샐러드를 먹는 직원들이 많아졌다. 공동체주의보다는 개인주의 성향이 더 우세해지면서 점심식사를 자리에서 해결하고 남는 시간에 자기계발에 몰두하는 경향이 더 짙어졌기 때문이다. 《90년대생 소비 트렌드 2020》(곽나래, 더퀘스트)에서는 개인적인 성향을 지닌 90년대 생들이 이전 세대보다 더 많이 혼밥을 하고 있다고 분석했다. 많은 기업이 이들 세대를 위한 맞춤형 1인 샐러드, 도시락 키트 등을 제공하며 직원들의 끼니를 책임지고 있다.

구내식당으로 인해 매출이 늘었다고 단정지을 수는 없겠지만 분명한 건 회사가 직원들의 건강에 관심을 기울이고 있다는 사실을 직원들이 체감할 수 있다는 것이다. 이는 직원들의 애사심을 고취시키고 업무 능력 향상의 결과로 이어질 수 있다.

실제 'IBM 기업 가치 연구소'가 전 세계 CEO를 대상으로 실시한 설문 조사에 따르면 매출 성장률이 상위 20%에 속하는 실적이 우수한 기업들의 CEO는 코로나 이후 기업 성장을 위해 '인재', '기술', '파트너'를 우선시하고 있다고 답했다. IBM 서비스 수석 부사장 마크 포스터는 "코로나 사태로 인해 많은 리더가 '사람'처럼 기업에 필수적인 요소에 초점을 맞추게 됐다"라며 "직원들의 고용주에 대한 기대치도 크게 달라졌다. 리더들이 민첩하게 일할 수 있는 기술을 제공하고 직원복지를 우선시하고 공감 능력이 높은 리더십 모델을 채택하며 유연하고 포용성 있는 문화를 유지하기를 요구할 수 있다"고 강조했다.

조사 대상 중 실적 우수 기업 CEO의 77%가 단기 수익성에 영향을 주더라도 직원 복지를 우선할 계획이라고 답변한 반면, 실적 저조 기업 CEO의 39%만이 같은 답변을 해 선도적인 기업 리더들은 지금 이 순간 그들의 직원에게 집중하고 있음을 알 수 있다.

SHARED OFFICE

공유 오피스를 우리 기업 사옥처럼 쓸 수 있는 곳이 있다면 어떨까.
이 같은 '커스텀 오피스'를 차별화 전략으로 내세운 국내 토종 공유
오피스 스파크플러스에는 글로벌기업인 IBM뿐만 아니라 베스핀글로벌,
메쉬코리아, 마이리얼트립, 토스랩, 코드스테이츠, 화해 등 내로라하는
스타트업이 입주해 사옥처럼 공유 오피스를 자유롭게 쓰고 있다.

PART
2

오피스 시장의 몰락?

NO!

1

대기업을 사로잡은
거점 오피스

저커버그조차도 향후 10년 내 '100%'가 재택근무를 할 것이라고 장
담하지 못한 것은 어쨌든 직접 만나서 해결해야 할 일들이 분명히 존
재하기 때문이다. 앞서 짚어본 재택근무의 부정적인 영향들을 극복하
기 위해서는 소규모 팀 단위 회의 장소 등이 필요하다. 모든 사람이 동
일한 사무 공간에 모여서 일하는 전통적인 사무실의 개념이 포스트 코
로나 시대를 맞아 완전히 변화하게 됐다는 설명이다. 기업들이 소규모
팀 단위로 사무 공간을 분산시키고 있기 때문에 고도화된 스마트 오피
스 시장이 급부상하는 모습이다. 모여서 시너지를 내야 할 때는 큰 공
간을 확보할 수 있고 분산된 인력들이 만들어내는 데이터들의 보안성
도 지켜줄 수 있는 신개념 사무실이 떠오르고 있다. 이는 '거점 오피스'
확산세와 맞물려 있다.

재택근무를 하게 되면 각 가정 내부에서 독립적인 공간을 확보하기
어렵거나 개인 장비의 성능 차가 있어 업무 효율성이 떨어지는 경우가
있었는데 거점 오피스가 이 같은 위험요소의 대안이 될 수 있다는 분

석이다. 또 재택근무의 장점을 살리면서 의사소통의 부재로 인한 문제점을 보완해 생산성을 높일 수 있는 대안으로 거점 오피스가 떠오르고 있다는 설명이다.

실제 기업들의 거점 오피스 도입이 유행처럼 번지고 있다. 중앙통제 구조에서 분산형 근무 형태로 바뀌면서 의사결정 시스템을 단순화하고 효율성을 높인다는 계획이다.

국내에서는 SK텔레콤이 사옥을 떠나 집 근처 10~20분 거리의 '거점 오피스'에서 일할 수 있도록 하겠다고 2020년 발표했다. SK텔레콤의 인프라를 통해 직원들끼리 디지털로 더 단단하게 결합할 수 있다는 구상이다. 2022년 1월 현재 서울 서대문·종로, 경기도 분당·판교에 사옥이 있는데 서울 강남·송파·강서 경기도 일산 등 6곳에 추가로 거점 오피스를 만들어 운영할 예정이다.

KT는 2022년 1월 기준 광화문, 분당, 일산, 석촌, 여의도 등 5곳에 거점에 오피스를 운영하고 있다.

현대자동차도 2021년 '거점 오피스'를 오픈했다. 코로나19로 비대면 업무 방식에 대한 요구가 커진 게 발단이 됐다. 업무 효율성 증대뿐 아니라 평소 만날 수 없었던 다양한 직군 간 자연스러운 만남을 유도해 화학적 융합을 시도한다는 복안이다. 현대차는 2022년 1월 기준 본사 외에 서울 종로구 계동사옥·용산구 원효로사옥·동작구 대방사옥·강동구 성내사옥·인천 부평구 삼산사옥·경기 안양사옥·의왕연구소·판교 크래프톤 타워 등 8곳에 거점 오피스 '에이치 워크 스테이션'을 운영하고 있다. 에이치 워크 스테이션은 실시간 온라인 예약 시스템을 통해 자유롭게 좌석을 이용할 수 있고 회의실, 폰 부스, 라운지

©SKT | ©KT

위_ SKT 거점 오피스 | 아래_ KT 거점 오피스

©현대자동차

현대자동차 거점 오피스

등 다양한 사무·휴식 공간을 갖췄다.

기존 사업장 외에 임직원이 선택할 수 있는 또 다른 업무 공간으로 업무 효율은 유지하면서 근무환경 만족도를 높이는 새로운 일하는 방식을 제시했다는 평가다. 오피스 근무의 장점은 살리고, 재택근무의 단점을 보완했다.

거점 오피스 바람은 금융권으로도 확장되고 있다. 미래에셋증권은 코로나19 장기화 속 원격근무의 적응력을 높이기 위해 거점 오피스 운영에 나섰다. 이미 지난 2020년부터 필수인력 보호 차원에서 구성한 '세이프티 존'을 운영했던 미래에셋증권은 재택근무의 분산효과와 오피스의 업무 효율성 보완을 통한 비대면 경쟁력을 강화하기 위해 거점 오피스를 운영키로 결정했다. 재택-회사-거점을 잇는 실험적 '하이브리드형 근무' 형태로 본사 직원의 약 45%가 서울·경기 서부권에 거주한다는 점을 고려해 서울 홍대입구역 인근 공유 오피스를 임대, 본사와 동일한 IT·보안 환경을 구축한 거점형 오피스를 꾸렸다.

원거리에서 출퇴근하는 임직원이 효율적으로 일할 수 있도록 주요 거점에 근무지를 제공하는 거점 오피스를 이미 운영하고 있던 한화생명은 한발 더 나아가 직원의 창의적 아이디어를 촉진하기 위해 원격근무지 제도를 도입했다. 새로 도입한 리모트 워크 플레이스는 본사 63빌딩 등 현재 일터를 벗어나 색다른 곳에서 근무하며 아이디어를 발굴하는 업무방식이다. 첫 번째 리모트 워크 플레이스는 서핑의 성지로 떠오른 강원도 양양에 있는 브리드호텔이었다. 한화생명은 브리드호텔 한 층 전체를 업무 공간으로 활용하며 옥상정원과 도서관형 카페도 직원들이 자유롭게 이용할 수 있게 했다. 요가, 명상, 트래킹 등 힐링프로그램도 제공했다. 양양 워크 플레이스를 운영한 결과 창의적 사고와 업무효율에 긍정적인 효과를 낸 것으로 한화생명은 평가했다. 한화생명은 앞으로 제주도나 정선 등을 워크 플레이스로 추가하고 연간 1300명이 활용할 수 있게 할 계획이다.

롯데쇼핑 헤드쿼터(HQ)도 2020년 7월 1일부터 거점 오피스를 도입했다. 기획전략본부, 지원본부, 재무총괄본부 등 롯데쇼핑 각 사업부에 포진해 있던 스태프 인력을 한데 모은 조직인 롯데쇼핑HQ는 수도권 일대 5곳에 '스마트 오피스'를 마련했다. 롯데백화점 노원점, 일산점, 인천터미널점, 평촌점, 빅마켓 영등포점(인재개발원)까지 총 5개 거점에 225석을 준비했다. 사용 대상은 롯데쇼핑HQ와 롯데백화점, 마트, 슈퍼, 롭스, e커머스 각 사업부 본사 직원 3000여 명이다. 지점별로 일부 좌석에는 노트북을 비치해 이용 직원의 편의를 도모했다.

쿠팡은 개발자 직원을 대상으로 2020년 6월부터 거점 오피스를 운영하고 있으며 기존 잠실 사무실 외에 판교 테크노밸리 중심가에 개발자들을 위한 '쿠팡 스마트 워크 스테이션'을 오픈했다.

쿠팡 스마트 워크 스테이션은 최대 100명이 동시에 업무를 볼 수 있는 규모로 업무 효율을 위해 오픈형 구조로 설계됐다. 신규 오피스에는 전 좌석 높이 조절이 가능한 모션 데스크와 최신형 모니터, 화상 회의가 가능한 회의실을 비롯해 개발자들의 일과 휴식을 위한 공간이 마련됐다.

글로벌 여가 플랫폼 기업 야놀자는 2021년 6월 상시 원격근무제를 무기한 시행하면서 거점 오피스를 도입했다. 야놀자는 '테크 올인' 비전을 선포하며 글로벌 기준에 부합하는 신규 시스템 도입, 연구개발(R&D)에 대한 투자 및 역량 강화, 글로벌 인재 유치 등을 적극 추진한다고 선언했다. 새롭게 시행하는 상시 원격근무제 역시 글로벌 테크 기업으로서 도약하기 위한 변화의 일환으로 기획했다. 이는 안전하고 효율적인 근무환경 구축을 넘어, 일하기 좋은 문화 조성에 의의가 있다. 임직원의 집중과 몰입을 위해 집과 사무실, 거점 오피스 등 개인 및 조직별로 근무 장소를 선택해 근무할 수 있다. 근무 장소의 범위도 확대한다. 개인 업무 특성에 맞춰 보다 다양한 근무 환경을 제공하기 위해 서울 시내 및 근교의 주요 지역에 거점 오피스를 신설하고 타 도시에서 근무하며 휴식도 취할 수 있는 워케이션 제도도 마련할 계획이다.

대기업들의 거점 오피스 구축 성공 사례가 늘어감에 따라 급성장 중인 스타트업과 심지어 공공기관에서도 문의가 급증하는 상황이다.

거점 오피스는 단순히 코로나19로 인한 분산근무라는 목적에서 더 나아가 MZ세대 인재를 끌어오기 위한 하나의 방책이 될 수 있다. 삼성전자는 2021년 12월 '실리콘밸리식 혁신 인사제도'를 내놓고 주요 거점에 공유 오피스를 운영한다는 내용을 발표했다.

실제 이 같은 거점 오피스에 대해 일선 직원들은 긍정적인 반응을 보이고 있다. 취업포털 인크루트가 2050 직장인 1057명을 대상으로 '거점근무 인식 및 도입 희망'에 대해 설문 조사한 결과 88.6%가 거점근무를 '희망한다'고 밝혔다. 희망한다고 응답한 사람들이 가장 많이 꼽은 이유는 출퇴근 시간 감소 기대(24.9%)였다. 이어 원하는 곳, 원하는 시간에 업무 가능(22.7%)과 업무 효율성 강화(13.8%), 코로나로부터 안심(13.3%) 등으로 나타났다. 반면 '희망하지 않는다'는 사람들 가운데는 사무실 출근이나 다를 것이 없다(18.6%)는 응답이 가장 많았고, 오피스 분위기 저하 및 업무 효율에 의문(17.5%), 직장 동료 간 유대감 저하(14.6%), 대면·협업할 때 일일이 소집 불편(13.9%) 등도 있었다.

또 본사 근무와 재택근무, 거점근무 가운데서도 거점근무를 가장 선호하는 것으로 나타났다. 설문 참여자가 생각하는 가장 이상적인 근무 형태에 대한 질문에 과반수가 거점근무(55.3%)를 택했고 재택근무(37.9%)와 본사 근무(6.8%) 순이었다. 거점근무를 선택한 사람들은 출퇴근 스트레스 감소를 큰 장점이자 이유로 꼽았고 전체 중 26.8%가 동일 응답했다. 재택근무를 선택한 사람들은 팀 눈치 보지 않고 자유롭게 업무 가능(19.5%)과 코로나로부터 안심(19.3%) 등을 이유로 들었다. 또 본사 근무를 선택한 이들 중 21.0%는 업무 집중도가 가장 좋아 서라고 답했고 회의 소집에 수월하다(16.5%)는 이유도 들었다.

인사 담당자나 경영실무자의 경우 거점근무 도입이 '필요하다'는 51.2%, '필요하지 않다'는 48.8%로 직장인 설문과는 달리 반반 정도 로 입장이 나뉘었다. '필요하다'고 응답한 이들 또한 직장인 설문과 같 이 출퇴근 시간 감소 가능(32.1%)을 가장 많이 꼽았고 업무 효율화 (18.9%), 수도권 외 지역인재 채용 가능(15.1%) 등을 이유로 들었다. 반면 '도입이 필요하지 않다'는 입장은 회사 및 업종 특성상 실현하기 가 어렵다(23.8%), 업무 보고와 피드백이 쉽지 않을 것(23.8%) 등 현실 적인 상황을 주된 이유로 들었다.

역설적이게도 코로나19 이후로 거점 오피스 등 스마트하게 일할 수 있는 공간에 대한 수요가 그 어느 때보다 늘어나고 있기 때문에 진화 된 업무 공간에 대한 관심은 더욱 높아지고 있다.

인터넷에서 정보를 습득하고 SNS나 화상 통화를 통해 다른 사람들과 연결될 수 있다 하더라도, 사람들은 추가로 오프라인 공간에서 다양한 사람을 만나는 것을 포기하지 않을 것이다.

_《공간의 미래》(유현준, 을유문화사)

2

거점 오피스 바람 타고
동반 성장, 공유 오피스

기업들의 비대면 근무 확산에 따라 거점 오피스가 부각되면서 가장 활황을 누리는 업체는 따로 있다. 바로 공유 오피스 시장이다. 원격근무가 일상이 되면서 집과 회사의 장점을 결합한 거점 오피스로서 공유 오피스의 가치가 부각된 것이다. 사실 공유 오피스는 2020년 상반기만 해도 숙박 및 항공, 여행업 등과 함께 대표적 코로나19 타격 업종으로 꼽혔다. 이후 상당수 직장인이 재택근무를 경험하고 원격근무가 일상화되면서 공유 오피스 업계에는 새 기회가 열렸다. 기업들이 소규모 팀 단위로 사무 공간을 분산시키며 거점 오피스 시장이 급부상하자 공유 오피스는 부활했고 비상하고 있다. 실제 위워크는 2021년 뉴욕증시 상장에 성공했고 패스트파이브, 스파크플러스 등 국내 토종 공유 오피스 업체들도 투자 유치에 잇따라 성공하며 IPO에 박차를 가하고 있는 모습이다.

 기업들이 따로 거점 오피스를 운영하기에는 시간과 장소 등 여러 어려움이 있는데 공유 오피스가 이를 한방에 해결해주면서 중견, 중소,

스타트업뿐 아니라 대기업까지 공유 오피스 입주를 선호하는 추세를 보이고 있다.

코로나19 이전에는 직원 수 10~20명 미만의 스타트업과 중소 업체들이 공유 오피스의 주요 고객이었어요. 코로나19 이후 공유 오피스를 거점 사무실로 활용하려는 대기업 및 중견기업이 크게 늘어났습니다.

국내 토종 공유 오피스 패스트파이브 관계자에 따르면 코로나19 이후 패스트파이브를 거점 오피스로 쓰는 대기업이 많아졌다. 최근에는 삼성, 엘지에서도 거점 오피스 문의가 들어오고 있다고 한다. 패스트파이브 홈페이지에 따르면 롯데칠성음료, 현대자동차, 포스코에너지, KT, 카카오엔터프라이즈, 아식스 등 7개 기업이 이용하고 있는 것으로 확인됐다(2021년 11월 16일 기준).

매출도 껑충 뛰었다. 2018년 210억 1600만 원이던 매출액이 2019년 425억 5000만 원, 2020년 607억 4000만 원으로 세 배나 성장했다. 지점 수도 2018년 18개에서 2021년 11월 38개로 크게 늘었다.

글로벌 상업용 부동산 서비스기업 CBRE가 발간한 '유연한 미래-업무 환경 변화 및 오피스 시장 수요 전망' 보고서에 따르면 코로나19 사태 확산 이후 공유 오피스 멤버십 문의와 임차 수요가 증가한 것으로 조사됐다. 코로나19 확산 억제를 위한 사회적 거리두기에 따라 기업 내 분산 근무 수요의 증가로 단기간 내 업무 공간 활용이 쉬운 공유 오피스에 대한 수요로 이어졌다는 분석이다.

글로벌 부동산 서비스 기업 세빌스코리아도 '한국 공유 오피스' 보고서를 통해 국내 공유 오피스 시장의 임차대상이 중소·중견기업, 외국기업의 한국지사에서 대기업으로 확대된 것으로 분석했다. 재택근무의 업무 효율성 문제를 보완할 수 있는 방법으로 거점 오피스를 활용한 근거리 출근제도를 도입하는 회사가 늘어났는데 이러한 수요를 공유 오피스가 흡수했다는 것이다.

보고서는 "보증금이 일반 오피스보다 적고 임대차 계약을 유연하게 조정할 수 있는 장점도 경기불황에 대한 불안 심리와 맞물리면서 수요 증가를 불러일으킨 요인"이라며 "사무실을 새로 임차하는 데 필수적인 인테리어 비용과 사무집기 구입 및 대여 등의 부대비용이 별도로 들지 않는다는 점도 장점"이라고 분석했다.

세빌스코리아는 "코로나19 등 예상치 못한 위기를 겪으며 기업들의 오피스 수요는 위성 오피스, 거점 오피스 등으로 다양해지고 분화할 것"이라면서 "상업용 부동산 시장이 수 년 전부터 임차 우위의 시장으로 변화함에 따라 임차인이 필요로 하는 서비스를 누가 더 잘 제공하는지에 따라 공유 오피스의 명암이 갈릴 것"으로 전망했다.

특히 공유 오피스가 상업용 부동산 시장의 활황기를 이끌고 있다는 분석까지 나오고 있다.

공실률을 낮추기 위해 빌딩 전체를 공유 오피스로 채우는 사례도 늘고 있다. 2021년 들어 서울에서 새로 문을 연 공유 오피스 중 상당수가 중소형 빌딩에 들어섰다. 공유 오피스 업체가 직접 건물 리모델링을 한 뒤 임대와 관리까지 맡는다. 건물주에게 고정 임차료를 내지 않고, 수익을 일정 비율로 나누는 방식으로 계약한다. 공유 오피스 업체 패스트파이브가 2020년 2월 서울 강남구 삼성동의 한 꼬마 빌딩에 이런 방식을 처음 도입했다. 건물이 통째로 공실 상태였던 이 건물은 패스트파이브 '삼성4호점'으로 리모델링한 지 2개월 만에 공실률 0%가 됐다. 코로나19로 커진 공실 리스크를 공유 오피스가 헷징(hedging)해주고 있다는 것이다.

공유 오피스 입점 후 빌딩 가격이 오른 사례도 있다. 배우 소지섭 씨가 2018년 매입했다가 1년 만에 되판 서울 강남구 역삼동 빌딩은 패스트파이브 입주 후 공실률이 대폭 낮아져 몸값이 수십억 원 넘게 오른 것으로 전해진다.

"우리 회사도 공유 오피스처럼 만들어주세요"

패스트파이브 홍보실 관계자에 따르면 최근 "우리 공간도 패스트파이브처럼 만들고 싶은데 해줄 수 있느냐"는 문의가 많다고 한다. 공유 오피스가 소위 '힙한' 업무 공간으로 떠오르자 자신들의 오피스도 공유 오피스처럼 만들고자 하는 움직임이 이는 것이다.

이에 패스트파이브는 아예 관련 서비스를 내놨다. 사무실 공간에 대한 직원들의 눈높이는 높아가는데 전문 인력을 두기는 부담스럽고 기존 인력이 맡기에는 품이 많이 들기 때문에 이를 상품화해서 전담하는 것이다.

패스트파이브는 2021년 3월부터 '모버스(구 오피스 솔루션)' 비즈니스를 시작했다. 사무실 중개부터 인테리어시공, 운영까지 턴키로 패스트파이브가 도맡아 책임져주는 이 서비스에 대해 기업들의 반응

©패스트파이브

공유 오피스 패스트파이브 공용 공간

도 좋다. 3월 첫달 매출은 3000~4000만 원에 그쳤지만 2021년 11월에는 월매출이 20억 원 가까이 뛰었다. 상담 중인 기업도 1000곳 이상이다.

성인교육 콘텐츠 기업 데이원컴퍼니는 패스트파이브를 이용하다가 모버스 서비스까지 이용하게 된 케이스다.

오피스를 관리·운영하는 데만 사람이 1~2명 필요했어요. 또 건물과 마찰 겪는 게 피곤했죠. 쓰레기 처리 문제 등 이런 모든 것을 대행해주니까 너무 편리해요.

데이원컴퍼니 이강민 대표의 말이다. 데이원컴퍼니는 지금까지 이사를 8번 다녔다. 총무팀에서 가장 피곤한 일이 건물주나 경비실 직원들을 관리하는 일이었다. 부딪힐 일이 생각보다 많았는데 이 모든 걸 모버스에서 대신해주니 훨씬 편안해졌다는 전언이다.

이 대표는 "모버스 이용료는 아주 저렴하진 않지만 비싸지도 않다고 생각한다"라며 "총무인력 2명의 업무를 대신해주는 것"이라고 말했다. 담당 인력을 채용해야 한다면 모티베이팅, 임금 협상 등을 고민해야 하지만 모버스를 도입해 대체 채용을 한 셈이다.

그는 "커리어패스나 비전을 제시하지 못하는 직종의 사람을 데리고 일하는 게 가장 힘든 일"이라며 "오피스 관리직은 사람을 뽑았을 때 '3년 뒤 이렇게 성장할 거야'와 같은 이야기를 못한다. 핵심 비즈니스도 아닌데 항상 인력이 나가고 들어오는 일이 생기며 답이 나오지 않는 문제를 갖고 있는 것 같았다"라고 회상했다.

이 대표는 패스트파이브에 입주하면서 오피스의 중요성을 체감했다고 했다. 패스트파이브에 들어가 '매니지드 오피스'를 경험하고 나니 직원들의 눈이 높아졌다. 스낵바, 커피, 깔끔한 화장실, 넓고 쾌적한 라운지 등의 환경을 직원들이 경험하고 만족도가 높다 보니 과거로 돌아갈 순 없다는 것이다.

공유 오피스를 쓸 때는 공용 공간이다 보니 공간 디자인이나 배치가 최대한 좁은 공간에 많은 사람이 들어갈 수 있게 잡혀 있어 여러모로 힘든 부분이 있었다. 팀별로 한 공간에 자리하고 싶었는데 공유 오피스에는 딱 맞는 공간이 없었기 때문에 자리가 모자라서 다른 층으로 가야 한다든지 옆 센터로 가는 일이 생겼다. 규모가 변하니 생기는 문제였다.

패스트파이브의 오피스 운영이 마음에 들었기 때문에 데이원컴퍼니는 직접 사무실 임차계약을 맺고 모버스 서비스를 도입하기로 했다. 데이원컴퍼니가 원하는 방식으로 사무실을 꾸밀 수 있으면서도 구체적인 실현은 모버스가 대신해주는 맞춤 서비스였다.

이 대표는 "마음먹고 대규모로 인테리어를 해볼 수 있는 경험이 회사 생애 안에서 많지 않다"라며 "8년 차 회사지만 인테리어를 제대로 해서 옮긴 경험은 없었다. 막상 신경 쓰려고 보니 어디부터 해야 하는지 감이 안 잡혔다"고 토로했다. 그는 "방향성은 있는데 어떻게 구현할지 모르겠더라"라며 "좋아 보이는 레퍼런스 사진만 모버스 쪽에 넘겼고 그걸 보고 건물 전체적인 톤앤매너 가안을 잡아오고, 피드백하고 변경하는 과정을 꽤 오래 가지면서 데이원컴퍼니의 콘셉트를 잡을 수 있었다"고 설명했다.

이처럼 공유 오피스 업계가 기업의 거점 오피스 도입 전반을 다루는 서비스를 잇따라 내놓으며 하나의 신사업으로 자리매김하고 있는 모습이다.

패스트파이브 외에도 공유 오피스 스파크플러스는 고정 사무실로 출근하지 않아도 되는 '워크 애니웨어' 환경을 조성했다. 사무환경 구축부터 관리까지 전문가가 함께하며 그동안 사무실 임대에서 어려운 요소였던 부동산, 시공, 인프라, 운영 등의 문제를 원스톱으로 해결한다. 특히 인원에 따라 제공되는 프라이빗 데스크, 프라이빗 오피스, 커스텀 오피스 등 맞춤형 상품이 인기를 모으고 있다.

공유 오피스 스테이지나인이 운영하는 'N 오피스'도 각광받고 있다. N 오피스는 기업 맞춤 부동산 탐색부터 공간 컨설팅, 인테리어, 시공,

오피스 관리까지 전 과정을 원스톱으로 해결해준다. 여기에 자체 개발한 IT 솔루션을 제공해 운영의 편리함을 더했다. 스테이지나인은 프리랜서와 외근자를 위한 서브 브랜드 '플로우나인'과 '다이브나인'도 론칭할 계획을 전했다.

호텔, 지하철, 전화국, 은행까지
공유 오피스로 변신

공유 오피스에 대한 수요가 늘자 호텔이나 지하철 역사까지 공유 업무 공간으로 활용하는 추세가 확산되고 있다. 폐쇄 은행점포까지 공유 오피스 시장의 새로운 거점으로 떠오르고 있다.

서울 프린스호텔은 객실 일부를 프라이빗 업무 공간인 공유 오피스로 개조했다. 코로나19로 인해 호텔 이용률이 저조한 가운데 비어 있는 호텔 객실을 수요가 많은 공유 오피스 형태로 변경해 부가수익을 창출한다는 전략이다. 특히 해당 객실은 공유 테이블 플랫폼 드랍인(dropin)을 통해 간편하게 시간 단위로 이용할 수 있는 점이 특징이다.

서울 지하철 역사 내에도 유휴상가 공간에도 공유 오피스가 등장했다. 스파크플러스는 서울교통공사가 발주한 공유 오피스 사업을 수주해 직주근접 공유 오피스 구축에 나섰다. 영등포구청역(2·5호선 환승역), 공덕역(5·6·경의중앙선·공항철도 환승역), 왕십리역(2·5·경의중앙선·수인분당선 환승역), 마들역(7호선) 등 4개소 총 임대면적 951m² 규모다. 해당 오피스들은 고정 근무를 위한 데스크형 공간이 아닌 필요한 일정에 따라 자유로운 사용이 가능한 라운지형 공간으로 조성된다.

공유 오피스 시장이 떠오르자 통신사들도 손을 뻗치고 있다. 단순히 공유 오피스 사업만 하는 것이 아니라 기업에 오피스 공간을 빌려주면서 원격 접속, 클라우드, 데이터 관리, 보안 등 기업 간 거래(B2B) 서비스를 함께 제공하는 식으로 통신·IT 분야 새 먹거리를 확보한다는 계획이다. 많은 데이터를 기존보다 더 빠르게 처리할 수 있는 5세대(5G) 이동통신 인프라 활용도를 높이기에 최적화된 사업이라는 설명이다.

SK텔레콤은 2021년 7월 1일 한국프롭테크포럼 특별회원으로 가입했다. 또한 2021년 공유 오피스 기업 스파크플러스의 최대주주에 등극하기도 했다. 2021년 11월 인적 분할을 통해 신설한 투자전문기업 SK스퀘어 산하에 스파크플러스를 두게 됐다.

이미 KT도 한국프롭테크포럼 특별회원으로 가입돼 있다. KT에스테이트는 공유 오피스 집무실을 운영하는 알리콘과 손잡고 전국 전화국 등 KT 유휴자산을 활용한 '분산 오피스 사업'에 진출했다. KT에스테이트가 관리하는 KT고양타워에 첫 사업장을 오픈하고 본격적인 사업에 나섰다. 대부분의 공유 오피스가 서울 도심 및 주요 업무지구에 위치한 데 반해, 주거 단지가 밀집된 일산에 위치해 직주근접의 효과가 뛰어나다는 것이 차별점이다. KT에스테이트와 알리콘은 추가 출점을 검토 중이다.

특히 시대의 변화에 따라 생겨난 유휴공간을 활용하려는 시도는 더욱 가속화될 것으로 보인다. 최근 KB경영연구소는 '포스트 코로나 시대 공유 오피스의 현재와 미래' 보고서를 통해 유연근무제의 일상화로 공유 오피스가 주거지역 인근까지 진출할 것으로 예상되는 만큼 은행 등의 폐쇄 점포를 공유 오피스로 전환하는 방안에 대해 검토·고려할

©스파크플러스

지하철 역사 내부에 위치한 공유 오피스 스파크플러스

필요가 있다고 제안했다. 비대면 거래 증가로 은행 지점 폐쇄가 가속화 됨에 따라 유휴 점포의 일부를 공유 오피스로 전환해 임직원과 지역 주 민에게 제공 시 그룹 부동산 자산관리에 보탬이 될 것이라는 전망이다.

공유 오피스도
사옥이 될 수 있다

'공유'의 상징 공유 오피스. 공유 오피스를 우리 기업 사옥처럼 쓸 수 있는 곳이 있다면 어떨까. 이 같은 '커스텀 오피스'를 차별화 전략으로 내세운 국내 토종 공유 오피스 스파크플러스에는 글로벌기업 IBM뿐 만 아니라 베스핀글로벌, 메쉬코리아, 마이리얼트립, 토스랩, 코드스테이츠, 화해 등 내로라하는 스타트업이 입주해 사옥처럼 공유 오피스를 자유롭게 쓰고 있다. 김대현 토스랩 대표와 코드스테이츠 오피스 담당 매니저에게 커스텀 오피스를 사용하는 이유를 직접 물었다.

협업 업무툴 '잔디'를 서비스하는 김대현 토스랩 대표는 커스텀 오피스의 장점으로 높은 업무 몰입도를 단번에 꼽았다.

스타트업인 만큼 업무몰입이 중요합니다. 일단 사무환경이나 공간 부분에서 전문가가 신경을 써주는 것이 (업무몰입 등)에 크게 도움이 됩니다.

이 말은 공유 오피스 모두에 해당할 수 있다. 공유 오피스의 단점 중 하나가 회의실 예약 경쟁인데, 커스텀 오피스를 사용하면 그 기업만의 독자적인 업무 공간이 보장된다. 필요할 때 전용 회의실을 언제든 사용할 수 있고 직원들의 휴게 공간 역시 보장된다.

우리가 원하는 대로 자유롭게 변형해 공간 활용이 가능할 뿐 아니라 외부에서 방문했을 때 회사의 아이덴티티를 느낄 수 있도록 로고나 장치물을 배치해 '아 이 회사를 방문했구나'라는 느낌을 충분히 전달할 수 있습니다.

김 대표는 급성장하는 스타트업 입장에서 공유 오피스를 사옥으로 쓸 때의 메리트에 대해서도 설명했다. 토스랩의 경우 임직원이 30명일 때 입주했지만 (2021년 12월 기준) 임직원 숫자가 두 배 늘었다. 그는 "우리처럼 빠르게 성장하는 기업의 경우 사무 공간을 설정할 때 인원 변화, 환경 변화에 따라 자체적인 사무실을 구비할 때 변화에 대응하는 속도가 느리다"면서 "공유 오피스에 있으면 좌석을 늘리거나 공간 변화를 줄 때 빠르고 신속한 변화를 줄 수 있다"고 했다. 그러면서 "커스텀 오피스를 쓰려면 임직원 수 40~50명이 될 때가 적합한 것 같다"고 덧붙였다.

전용 회의실이 2개가 있어도 크루(임직원)가 80명이니 퀵미팅을 하거나 회의를 할 때 바로 사용이 어려웠는데 이제 전용 회의실이 6개나 있어 충분히 사용할 수 있고 회의가 끝나면 바로 바로 사용할 수 있어서 불편함이 많이 해소됐어요.

코드스테이츠가 2021년 5월 스파크플러스 강남2호점에서 커스텀 오피스를 사용하기 시작한 이유를 오피스 매니저는 위와 같이 설명했다. 코드스테이츠는 위워크, 패스트파이브, 스파크플러스 등 모든 공유 오피스에 입주해서 일해봤다. 그만큼 각 공유 오피스의 장단점을 모두 꿰고 있다. 코드스테이츠는 임직원이 약 80명으로 급성장할 시기에 커스텀 오피스 입주를 결정했다.

1차적인 이유는 임직원이 급속도로 늘어나서였다. 코드스테이츠는 임직원 2명으로 출발해 1년 사이에 160명이 됐다. 현재 사옥에 입주한 지 7개월 사이에도 신규 입사자가 80명이나 된다.

그래서 '우리만의 공간'이 필요했다. 공유 오피스는 라운지가 아주 넓지만 여러 기업이 함께 쓴다. 커스텀 오피스는 스타트업의 규모에 따라 1층을 통째로 쓴다면 사실상 단독 사옥처럼 사용할 수 있다. 오피스 매니저는 "전용 공간에서 오는 소속감, 우리 공간이라는 직원 간 유대감을 가질 수 있는 공간으로 이동하고자 했다"고 말했다.

코드스테이츠는 우리만의 공간이라는 회사의 정체성을 돋보이게 하기 위해 유리창에 코드스테이츠 띠를 붙이고 포스터를 만들어서 라운지에도 붙였다.

사옥이나 다름없으니 이벤트나 행사 개최도 자유롭게 하고 있다. 오피스 매니저는 "이사 이벤트를 열 때 다과, 음료를 비치하고 한쪽 벽면에 풍선을 붙여놓고 즐거운 시간을 보냈다"면서 "공용공간을 사용하면 아무리 가벼운 이벤트라도 다른 입주사에서 소음 관련 클레임을 걸 수도 있어 아무래도 조심스럽다"고 말했다. 향후 위드코로나 진행 상황에 따라 크루가 함께 모여 타운홀 미팅을 열거나 오프라인에서도 교육을 진행할 계획도 있다.

무엇보다 좋은 점은 원하는 시간, 원하는 장소에서 회의를 할 수 있어 회의실 예약을 위해 경쟁하거나 사용시간에 제약이 사라졌다는 것이다. 전용 회의실은 앞서 언급한 것처럼 2개에서 6개로 늘어났고, 공유 오피스에서 회의실을 예약할 때 더 이상 크레딧(일종의 포인트)이 차감되지 않는다.

청소 등 사옥 관리를 공유 오피스 업체인 스파크플러스가 해준다는 것도 큰 메리트로 꼽힌다. 특히 커스텀 오피스 입주와 동시에 오피스 매니저와 이른바 '핫라인'으로 연결되는 담당자를 배치해서 불편한 사항을 바로 해결하고 해결된 사항도 알려준다. 오피스 매니저는 "냉난방 시스템의 경우 겨울에 따뜻한 바람이 나오면 너무 더울 수 있는데 스파크플러스가 건물 측 담당자에게 바로 얘기해서 빠르게 대응한다"면서 "(덕분에) 12월이지만 냉방을 사용하고 있다"고 말했다. 건물과 직접 협의할 일도 공유 오피스 업체가 대신하니 업무에 더 몰입할 수

©패스트파이브

패스트파이브 여의도점 라운지.
자칫 버려질 공간을 파티션과 조경, 조명을 활용해
효과적으로 독립된 코너로 디자인한 사례

있는 환경이 자연스럽게 조성된다.

공유 오피스와 사업적으로 윈윈할 수 있는 부분도 있다. 코드스테이츠는 일종의 직무교육 플랫폼인데 교육 수료생을 입주사에 연결해 구직자에게는 취업, 입주사에게는 채용의 기회를 제공하고 있다.

3

지금 공유 오피스를 가야 할지
고민하는 당신에게

"혹시 사무실을 자주 옮기고 계신가요?"

20인 이하의 소규모 스타트업들은 귀찮고 힘들어도 사무실을 정착할 수 없는 사연이 있다. 기업의 성장만큼 빠르게 임직원이 늘어나서 업무 공간이 부족하거나 재계약 기간에 높아진 임대료로 이사할 수밖에 없는 상황이나 빠른 시일 내에 목돈이 필요해서 보증금을 급히 줄여야 하는 상황 등 때문이다.

공유 오피스를 선택하면 그런 경험을 하지 않아도 된다. 스타트업의 조건에 맞춘 서비스와 환경을 합리적인 가격으로 이용할 수 있는 공유 오피스에서는 오히려 더 오랫동안 정착해 사업을 하고 성장해 나갈 수 있다.

공유 오피스의 비용이 부담스럽다고 느끼는 경우가 많은데 실제 이 것저것 따져보면 공유 오피스가 직접 사무실을 빌리고 관리하는 비용보다 저렴하다. 수천만 원에 달하는 월세 10개월치 보증금과 사무실 중개 수수료, 이사할 때마다 새로 사는 사무가구와 인테리어 비용에 돈을 쓰고 나면 사업 확장에 투자할 돈은 수중에서 사라져 있다.

공유 오피스 가격의 장점은 보증금은 5분의 1만 내면 되고 월 회원료만 내면 인테리어비, 사무가구 비용 등 초기비용뿐만 아니라 관리비, 냉난방비, 네트워크비 등 부가적으로 나가는 월 비용이 없다. 그래서 비용관리 스트레스도 없다.

한번 공유 오피스에 입주하고 나면 과거 지출했던 비용들이 아깝다는 사실을 깨닫고 결과적으로 공유 오피스를 이용하는 것이 이익이라는 생각에 계속 정착하게 된다.

강남역, 테헤란로, 을지로, 성수, 홍대…

이름만 들어도 임대료가 비쌀 것 같은 핫플레이스에는 소규모 기업들을 위한 사무실이 많지 않다. 사무실이 있다고 해도 이면 도로에 위치해 있거나 컨디션이 만족스럽지 못한 경우가 많을 것이다. 하지만 공유 오피스는 누구나 아는 지하철 역세권에 위치한 관리 잘 되는 건물에서 20인 이하 소규모 기업들을 위한 사무공간과 서비스를 제공하고 있다. VC(벤처캐피털리스트)가 많은 테헤란로나 대기업 거래처가 많은 을지로 등은 사업을 성장시키기에 더없이 좋은 환경이다. 강남역, 광화문, 시청은 서울 전역과 경기도 출퇴근이 용이해 직원 모두 만족하는 위치다. 비록 규모가 작은 기업이라도 공유 오피스에서 이런 지리적 장점을 누리면서 안정적으로 사업할 수 있다.

20인 이하 스타트업은 초기 비용 절감을 위해 여유 없이 사무실을 딱 맞게 쓰는 경우가 많다. 점차 기업이 성장하고, 매출이 늘면서 임직원 수가 갑자기 늘어나는 경험을 하게 될 때 늘어나는 임직원 수만큼 확장이 필요한 사무 공간을 찾아 매번 많은 시간과 돈을 들여 검토하

강남 임대 사무실 20평 연간 지출 비용	
초기 비용	
중계 수수료	280만 원
보증금	3000만 원
인테리어	2000만 원
사무가구	180만 원
냉장고, 커피머신, 전자레인지, 제빙기	300만 원
월 고정 비용	
임대료	250만 원
관리비(냉난방비 포함)	16만 원
운영 비용	
보안	14만 원
네트워크	10만 원
복합기렌탈	10만 원
복사용지 등 비품	5만 원
음료, 간식	60만 원
정수기, 비데렌탈	3만 5,000원
기타 소모품	15만 원
청소인건비	20만 원
합계	
초기 비용 포함	1억 602만 원
초기 비용 제외	4천8백4십2만 원

공유 오피스 6인실 연간 지출 비용	
초기 비용	
중계 수수료	0원
보증금	540만 원
인테리어	0원
사무가구	0원
냉장고, 커피머신, 전자레인지, 제빙기	0원
월 고정 비용	
임대료	270만 원
관리비(냉난방비 포함)	0
운영 비용	
보안	0원
네트워크	0원
복합기렌탈	0원
복사용지 등 비품	0원
음료, 간식	0원
정수기, 비데렌탈	0원
기타 소모품	0원
청소인건비	0원
합계	
초기 비용 포함	3천7백8십만 원
초기 비용 제외	3천2백4십만 원

공유 오피스 비용 비교표, 출처: 패스트파이브

게 된다. 그 사이에 늘어난 직원들은 공용 테이블에서 업무를 하는 등 직원들이 업무에 불편함을 느끼게 된다. 이 상황이 벌어지고 나면 이미 너무 늦어버린 것이다. 그 과정에서 대표와 직원들은 실무에 집중할 수 있는 시간을 빼앗기고, 이사 비용이나 주소지 변경 비용 등 각종 비용이 갑자기 발생하게 된다.

공유 오피스에 입주한다면 이런 변화에 유연하고 빠르게 대응이 가능하다. 복잡한 절차도 없다. 전담 매니저와 상담을 통해 사무실 이동과 확장을 추가 비용 없이 편하게 진행할 수 있다.

특히 코로나19로 인해 사무 공간 관리와 운영의 중요성이 더욱 부각되고 있는 상황에서 예방 방역 활동, 외부 출입자 관리, 확진자 발생에 따른 대처 등 20인 이하 규모의 기업이 하기 어려운 대응 업무까지 관리해준다. 또 화장실, 사무실 청소와 탕비실 관리 등 소규모 스타트업들의 실무 직원들이 담당하기엔 번거롭고 불필요한 업무도 대신해준다. 주기적인 방역은 물론이고 업무 공간, 공용 공간 청소와 식음료 서비스 등 공유 오피스에서만 경험할 수 있는 공간 관리 서비스를 통해 하나의 경영지원팀을 운영하는 효과를 누릴 수 있다.

처음에 단기적으로 이용해 보려다가 위의 장점들 때문에 많은 기업들이 재계약해 오랫동안 공유 오피스에 자리 잡고 있는 경우가 많은 것으로 나타났다.

공유 오피스
'맥주탭'의 효과

"커피, 맥주, 시리얼 무한대!"
24시간 맥주를 제공하는 서비스가 공유 오피스의 상징처럼 자리 잡았다. 맥주가 업무에 도움을 줄까? 공유 오피스에는 왜 맥주탭이 자리하고 있을까?

처음 맥주탭을 도입한 곳은 위워크다. 공유 오피스 업계에서는 위워

크의 맥주탭을 다른 공유 오피스들도 도입하면서 '공유 오피스=무한
대 맥주'라는 공식이 형성됐다고 설명했다. 위워크는 "Make a life, not
a living (생계를 위한 일이 아닌, 삶을 만들어 나갈 수 있도록)"이라는 캐치
프레이즈를 가지고 사람들의 일하는 방식, 일의 미래를 바꿔나가고 있
다. 일하는 방식에 대한 질문을 던진 기업인 만큼, 어떤 식으로 사람들
이 일하기를 원하는지에 대한 고민이 모든 부분에 담겨 있다.

위워크는 공용 공간 가운데 메인 라운지에서 다양한 맥주, 차 서비
스를 입주해 있는 멤버들에게 제공했다. 이는 위워크의 공간 디자인
철학과도 어느 정도 맞닿아 있는 부분이다. 우선 공용 라운지 내에는
맥주탭과 차, 커피 등을 음용할 수 있는 키친 형태의 시설과 업무와 휴
식을 동시에 할 수 있는 다양한 형태의 테이블, 책상, 소파, 폰부스 등이
배치돼 있는데 이는 업무에 필요한 '창의성'이 단순히 딱딱한 사무실
분위기보다는 보다 자유롭고 편안한 업무 환경에서 나온다는 철학을
바탕으로 설계된 것이다. 또 각 지역(국가)의 브루잉 브랜드들과의 파
트너십으로 해당 지역에서만 맛볼 수 있거나 특화된 맥주 서비스를 제
공했다.

다만 코로나19가 유행하기 시작한 뒤 2020년 중반 이후 미국, 영국
을 비롯한 많은 국가에서 현재 맥주탭 서비스를 중단한 상태다. 우리
나라도 2021년 11월 초까지 맥주탭 서비스를 중단하다 11월 '위드 코
로나' 시작과 함께 국내 19개 지점에서 4~6시 사이에만 맥주탭 서비
스를 제공하고 있다. 다른 나라에서 맥주탭 서비스를 중단한 데는 팬
데믹이 가장 큰 영향을 미쳤다. 보통 입주 멤버들이 맥주탭 서비스를
이용할 때에는 1인보다는 적어도 2~3인 이상이 모여 맥주를 마시게

되는데 아무래도 '사회적 거리두기'를 전체 위워크 공간에 적용했던 상황에서는 안전상의 이유로 제한을 둘 수밖에 없었다는 설명이다.

다른 나라보다 특히 한국에서 맥주탭 서비스가 유독 사랑받고 있다는 재미있는 조사 결과가 나왔다. 멤버들이 가장 중요하게 생각하는 '위워크만의 커뮤니티·어메니티 서비스' 조사에서 커피·차·맥주 서비스 등이 항상 상위권에 들어간다는 것이다. 입주해 있는 대기업이나 규모가 큰 외국계 기업은 물론 스타트업, 소규모 기업 멤버들에게도 이 같은 다양한 어메니티 서비스들이 곧 직원들에 대한 복지 서비스로 연결되기 때문에 국내 위워크 지점들의 멤버 서비스 순위 중 언제나 높은 순위에 드는 항목으로 꼽히고 있는 것으로 위워크는 분석했다.

위워크는 '메달리아'라는 글로벌 고객 만족도 조사 서비스를 활용해 국내 19개 전체 지점에서 매월 입주 멤버들의 만족도 조사를 하고 있다. 국내 공유 오피스 업체 중에는 유일무이한 이 조사에서 언제나 음료에 대한 어메니티 서비스 중요성이 강조된 결과가 나오고 있다고 한다. 이 때문에 다른 국가들에서 맥주탭 운영을 중단했을 때에도 한국만이 코로나19로 잠정 중단했을 뿐 아예 없애지는 않았다는 전언이다.

에스프레소 머신의 경우 지난해 중반까지 운영시간이 9시부터 오후 4시까지였으나 이른 시간에 업무를 시작하는 사람이 많고 늦은 시간까지 일하는 사람도 많아 오전 8시부터 오후 6시로 운영 시간을 연장하기도 했다. 한국인의 근면함이 엿보이는 대목이다. 에스프레소 머신 시간 연장으로 매월 조사하는 만족도 조사에서 큰 폭으로 점수가 올랐고 개별 피드백도 긍정적인 반응이 많았다고 한다.

패스트파이브의 경우 기존에 맥주탭을 도입했다가 뺐다. 그 이유는 맥주탭 이용이 대중적이지 않아서라고 한다. 일부 이용자에게만 인기가 있고 대다수는 사용하지 않는다는 것이다. 특히 코로나19 이후로 저녁 식사 자리가 많이 줄어드는 추세를 보이며 자연스럽게 맥주탭 이용자가 줄어 서비스를 종료하게 됐다고 한다. 대신 '콤부차'를 도입했는데 폭발적인 반응을 보이며 월 평균 약 3500리터가 소비되고 있다고 한다. 이는 커피(2600~3000리터) 소비량을 넘어서는 수치다. 지난해 하반기 맥주를 제공할 때는 월평균 약 800~1000리터가 소비돼 운영하는 입장에서는 맥주보다 원가 측면에서 더욱 부담이 되는 아이템이지만 멤버들에게 대중적으로 인기 있는 서비스라 계속 제공할 계획이라고 한다.

맥주든 콤부차든 종류를 떠나서 근무하고 있는 멤버들의 업무능력 향상을 위해 꼭 필요한 어메니티를 제공하면서 만족도를 높여나가는 모습이다.

다 똑같은
공유 오피스가 아니다

공유 오피스는 다 똑같은 서비스를 제공할까. 당연히 아니다. 공유 오피스를 운영하는 기업별로 전략이 다르다. 당연히 핵심 서비스에도 차이가 있다.

토종 공유 오피스 스파크플러스는 후발주자로 공유 오피스를 사옥으로 사용할 수 있는 '커스텀 오피스'를 차별화 전략으로 내세웠다. 5년 만에 지점 25곳을 운영하는 등 성과가 좋다. 여기에 코로나19로 대다수 기업이 한 번 정도 검토한다는 '거점 오피스' 서비스도 2021년 겨울부터 새롭게 내놨다. 2022년에는 지점 40개까지 열 수 있다는 자신감도 보이고 있다. 글로벌 공유 오피스 '위워크', 자유롭고 세련된 '패스트파이브' 등 선발주자와 비교했을 때 '합리성'이 스파크플러스가 내세우는 주무기다.

커스텀 오피스가 뭘까? 앞서 소개한 공유 오피스를 사옥처럼 사용할 수 있는 서비스로, 공유 오피스와 임대사옥의 장점을 합쳤다고 할 수 있다. 청소나 시설 관리가 필요 없고 공유 오피스 특유의 커뮤니티 서비스를 누리면서도 우리 회사만의 맞춤형 공간을 직접 인테리어하고 전용회의실 등 전용 공간도 자유롭게 쓸 수 있다. 업무몰입도가 중요한 스타트업의 선호도가 높다. 우리만의 기업문화를 구현할 수 있는 것도 큰 장점이다.

이에 베스핀글로벌(클라우드 매니지먼트), 무신사(패션플랫폼), 메쉬코리아(IT 기반 물류플랫폼) 등 유니콘 반열에 올랐거나 앞둔 스타트업도 커스텀 오피스로 스파크플러스에 입주해 있다. 베스핀글로벌은 지난 2017년 임직원 40명일 때 스파크플러스에 입주해 2021년 12월 임직원이 773명으로 급성장했어도 여전히 스파크플러스를 사옥으로 사용하고 있고, 무신사는 이미 임직원 700명 안팎일 때 성수2호점 2개 층을 통째로 임대해서 사옥으로 쓰고 있다.

스파크플러스에 따르면 전체 입주사 778곳 가운데 11인에서 50인 규모의 기업은 124곳, 51인에서 100인 규모의 기업은 24곳, 101인에서 200인 규모의 기업은 21곳으로 집계된다. 특히 시리즈A 등의 투자를 받고 가파른 성장세를 보이는 스타트업이 몰리고 있다. 공유 오피스를 벗어나 단독 사옥을 고민할 단계인 300인 규모 이상의 기업도 8 곳이나 입주해 있다. 베스핀글로벌, 무신사 등이 여기에 속한다.

또 서울 각 지역의 대표 랜드마크 빌딩에 입점해서 빌딩 1층이나 2층에 호텔 같은 라운지 서비스 '인 빌딩 어매니티'를 제공하는 것도 스파크플러스가 내놓은 색다른 전략이다. 현재 서울 여의도 파크원 타워에 여의도점, 종로구 디타워에 광화문점을 열어서 인 빌딩 어매니티 서비스를 시작했다. 2022년 5월에는 송파구 롯데월드 웰빙센터에도 입주한다. 스파크플러스 관계자는 "디타워에서 일하는 약 1만 명이 빌딩 어매니티처럼 사용할 수 있게 하자는 전략"이라면서 "우리는 건물주와 사전에 상의해서 고객에게 단가를 낮춰주는 것을 최우선으로 생각하고 입주했을 때 업무하기 좋은 환경을 제공하는 정책을 운영한다" 고 말했다. 커스텀 오피스 서비스를 개발하고, 업계 최초로 지하철 역사에 공유 오피스를 만들고, 라운지 서비스에서 맥주를 과감히 빼고 아침 식사를 제공한 것도 고객이 업무하기 좋은 환경을 먼저 고민한 결과라는 것이다.

놀라운 점은 스파크플러스의 공실률이다. 지점 25개를 통틀어 평균 공실률이 1%다. 층수를 추가해 오픈하는 홍대점을 제외하면 공실률은 0.5%로 낮아진다. 그러니 서울 강남, 역삼, 선릉, 삼성 등 테헤란로 지점에는 입주할 자리가 전혀 없다. 수십 개의 좌석을 사용하려는 기업은 몇 달을 대기해야 한다. 실제 모 기업은 개발자 약 40명이 근무할 수 있도록 강남역 지점에 좌석이 있는지 문의했는데 3개월을 기다려야 한다는 답변을 받았다.

패스트파이브도 다르지 않다. 패스트파이브 공실률은 3% 미만으로

©파이브스팟 | ©스플라운지

위_카페형 오피스 파이브스팟 | 아래_스플라운지

꾸준히 관리되고 있어 이미 부동산 오피스 시장을 놀라게 했다. 2021 년 3·4분기 서울 중대형 상가 평균 공실률(상업용 부동산 토탈플랫폼 알스퀘어 분석)이 약 9.7%인 것과 비교하면 공유 오피스의 인기가 어느 정도인지 가늠할 수 있다. 건물주 입장에서도 공유 오피스 선호도가 높아졌다.

패스트파이브는 창업 초기부터 꼬마빌딩을 노리는 똑똑한 전략을 써서 공격적으로 몸집을 불렸다. 우선 패스트파이브가 건물주와 함께 투자해서 건물 전체를 보수하고 입주 기업을 모집한다. 패스트파이브는 전체 리모델링부터 입주 기업 모집, 운영, 마케팅 등 총괄 관리까지 담당한다. 그후 건물주와 맺은 파트너십에 따라 건물주와 수익을 나누는 것이다.

건물주 입장에서는 초기 투자비용이 들어도 공실률과 임차인 관리라는 난제 두 개를 패스트파이브가 해결해주고 안정적인 임대수익도 창출할 수 있으니 '일석 삼조'가 된다. 이것이 바로 패스트파이브의 대표 서비스 '빌딩 솔루션'이다. 패스트파이브가 2020년 9월 전 지점 공실률을 조사하니 패스트파이브 입점 전보다 공실률이 약 절반 정도 감소한 것으로 조사되기도 했다.

'토종' 공유 오피스답게 한국 기업 문화에 맞춤형으로 제공하는 서비스도 입주 기업의 호응도가 높다. 가령 패스트파이브는 냉난방을 24시간 가동한다. 야근을 많이 하는 한국 기업문화를 이해해야 운영할 수 있는 디테일한 서비스다. 또 아이가 있는 맞벌이 부부를 고려해 입주사를 위한 직장 어린이집을 운영한다. 이는 글로벌 공유 오피스 기업 서비스에서 기대하기 어려운 부분이다.

이 같은 차별화 전략으로 패스트파이브는 지점 수로 위워크를 제쳤다. 지점 수 기준으로 공유 오피스 업계 1위에 오른 것이다. 지난 2015년에 설립된 패스트파이브 지점은 2021년 12월 기준 38개다. 2020년 매출액은 607억이다. 코로나19 팬데믹 가운데서도 매출액은 전년(2019년)보다 43% 증가했다.

패스트파이브는 2021년 7월 카페와의 경쟁도 선언했다. 카페형 오피스 '파이브스팟'을 내놓고 테헤란로, 광화문과 을지로, 성수 등 업무지역에서 유동인구가 많은 번화가와 주택가까지 영역을 넓혔다. 별다방 등 카페에서 일하는 1인 프리랜서, 1인 기업 수요를 겨냥했다. 파이브스팟은 1호점을 연 지 넉 달 만에 지점을 13곳까지 늘렸다. 멤버십에만 가입하면 어느 지점에서든 자유롭게 이용할 수 있고 시간/일/월 단위로 이용시간을 고를 수 있다. 코딩이나 디자인 작업, 미팅 등 업무목적에 따라 지점을 선택할 수 있게 구성했고, 듀얼 모니터나 개인 락커 등 기업의 소규모 프로젝트팀도 활용하도록 업무 인프라도 갖췄다.

스파크플러스도 같은 듯 다른 '스플라운지'로 주택가를 공략 중이다. 스플라운지는 쉽게 말해 구독형 오피스로, 역시 1인 프리랜서와 1인 기업이 타깃 고객층이다. 자유석으로 운영하되 합리적인 가격 제공에 포커스를 맞췄다. 스파크플러스 내부적으로 '스터디카페보다 가격이 낮아야 한다'는 공감대가 있었다고 한다. 매달 20만 원을 내면 지점 여러 곳에서 자유롭게 사용할 수 있다고 하니 매일 카페에 가는 비용과 비교하면 오히려 싸게 느껴진다. 스플라운지 서비스도 프랜차이즈 카페, 스터디카페를 경쟁사로 볼 수 있다. 스플라운지는 공덕역, 왕십리역, 영등포구청역, 마들역 등 지하철 역사에 있어 접근성을 높이는 동시에 가격을 낮췄다. 사전 예약자 10명 중 8명이 이용기간을 연장해 사용할 정도로 반응이 좋다고 한다.

불과 3년인 2019년, 전 공동설립자이자 최고경영자를 둘러싼 스캔들, 상장 실패 등으로 휘청였던 위워크도 같은 기간 매출액이 20%(765억→924억 원) 늘면서 미국 나스닥 입성에 성공하며 부활의 신호탄을 쐈다.

스파크플러스, 패스트파이브와 마찬가지로 원격근무 보편화와 직원 분산 근무로 기업의 공유 오피스 입주 수요가 급증했다. 코로나19 팬데믹 이전 위워크의 주요 고객은 직원 수 10~20명 미만의 스타트업과 중소업체였다. 하지만 지난해 직원 50인 이상 기업 수를 집계해보니 1500개를 넘어설 정도로 기업 수요가 몰리고 있다.

또 상장을 앞두고 수익성 개선을 위해 공격적인 지점 확대 등 출혈 경쟁을 멈췄다. 위워크 전 세계 매출이 급감하는 가운데 한국에서만 유일하게 매출이 20% 가까이 늘어난 이유다.

아울러 '대관 업무'라는 새로운 먹거리도 찾았다. 위워크는 업무의 창의성을 높이기 위해서 층고가 높고 라운지가 넓다. 서울 18개 지점 중 공용 라운지 면적이 약 231m² (약 70평) 이상인 곳이 13개고, 공용 공간의 층고는 평균 3.8m다. 위워크가 라운지에서 공공기관, 정부 행사, 브랜드 행사, 이벤트 등을 기획한 배경이다. 위워크 여의도점은 국회와 가까운 데다 공용 라운지 크기가 약 343m²(105평)로 무대 연출까지 가능하다. 이곳에서는 공공기관, 정부 행사가 자주 열린다. 위워크 종로타워나 서울스퀘어점에서는 기업 교육과 세미나가 개최된다. TV광고나 지면광고, 드라마 등 촬영장소로 위워크 각 지점이 인기를 끌다 보니 2021년 대관수요는 전년보다 40% 이상 늘었고 2020년 대관매출은 약 80% 급증했다. 이에 위워크에는 각종 대관업무와 파트너십을 담당하는 이벤트 전문가와 커뮤니티팀도 있다. 이들은 행사 준비, 진행, 장소 섭외 등에 있어서 전문적 역량을 발휘하고 있다.

코로나19로 공유 오피스가 흔들릴 것이라는 예상은 이미 깨졌다. 위워크는 한국 시장을 런던 시장 다음으로 큰 2위 시장으로 인정하고 한국만을 위한 현지화 서비스를 위한 지원에 본격적으로 나섰다. 패스트파이브, 스파크플러스도 같은 듯 다른 차별화 전략으로 시장을 업무 공간에서 주거공간으로 확대하고 있어 공유 오피스 시장 경쟁은 2022년에도 치열할 전망이다.

위워크 여의도점

여의도역과 여의도 공원 사이에 위치한 위워크 여의도점은 높은 층고와
셀프로 구매할 수 있는 간식 코너, 협업 업무 공간, 집중 업무 공간 등 다양하게
활용할 수 있는 공간이 많아 사용자의 만족도가 높다.

4

'제2사옥'이
온다

테슬라 CEO 일론 머스크는 2021년 10월 7일 텍사스주 오스틴에서 열린 연례 주주총회에서 텍사스 오스틴으로 본사를 이전한다는 계획을 발표했다. 현재 테슬라 본사는 실리콘밸리 중심도시 캘리포니아주 팰로앨토에 위치해 있는데 높은 가격 때문에 집을 마련하기가 어렵고 많은 직원이 먼 지역에서 통근하는 어려움을 겪고 있다는 것이다.

테슬라는 텍사스에 새로운 공장을 짓고 있기 때문이라고 표면적인 이사 배경을 설명했지만 머스크가 캘리포니아주를 떠나게 된 진짜 이유는 '높은 세율' 때문으로 관측되고 있다. 텍사스 주도인 오스틴은 세금 우대 혜택을 앞세워 지난 수년간 많은 IT 기업 및 스타트업을 적극 유치해왔다.

휴렛팩커드엔터프라이즈(HPE), 오라클, 드롭박스 등이 먼저 실리콘밸리를 떠나 텍사스로 본사를 옮긴 기업들이다. 낮은 세금과 더불어 저렴한 인건비, 물가, 부동산 가격, 적은 규제 등 친 기업적 환경이 이들 기업의 텍사스행을 이끌었다.

애플도 텍사스에 10억 달러(약 1조 1000억 원)를 투자해 새로운 사옥을 짓고 있다. 텍사스 사옥은 2022년에 문을 열 예정이다. 더 나아가 애플은 미국 동부 노스캐롤라이나주에 10억 달러를 투입해 신사옥을 건설할 계획으로 전해졌다. 신사옥 건설 예정지는 노스캐롤라이나주 롤리로 현재 서부 캘리포니아주 쿠퍼티노에 자리 잡고 있는 애플 캠퍼스와 애플 파크에 이어 미국 동부에 새로운 거점을 확보하려는 게 신사옥 건립의 이유다. 애플은 롤리에 신사옥을 올리고 머신러닝, 인공지능 등 소프트웨어 관련 조직을 배치할 계획이다. 직접 고용만 3000명 이상으로 알려졌다. 또 노스캐롤라이나 주립대, 듀크대 등 미국 동부에 위치한 유수 대학에서 우수한 인재를 확보하기 쉽다는 점도 신사옥 건립을 이끌었다. 애플 CEO 팀 쿡과 COO 제프 윌리엄스가 듀크대 MBA 출신이며, 에디 큐 수석 부사장도 듀크대를 졸업했다.

구글 캠퍼스는 더욱 새로워지고 있다. 격리가 가능한 사무실을 개발하고 회의실 구조도 완전히 바꿨다. 야외 사무실까지 마련했다. 구글이 대대적인 사옥 개혁에 나선 건 사무실과 업무 환경을 뜯어고쳐 코로나 시대에 재택근무에 익숙해진 직원들을 다시 사무실로 불러 모으려는 목적이 있다. 2020년부터 1년간 재택근무를 해온 구글은 미국 내 백신 보급 속도가 빨라지면서 2021년 9월부터 사무실을 다시 열었다.

뉴욕타임스에 따르면 구글의 새 사무실은 '팀 포드'라는 1인용 격리 모듈 형태로 만들어졌다. 의자, 책상, 화이트보드, 사물함이 비치됐다. 쉽게 옮기거나 조립할 수 있어 불과 몇 시간이면 사무실 전체를 재배치할 수 있다.

특히 칸막이가 필요한 경우를 대비해 풍선 로봇까지 도입돼 시험 가

©구글

새로워진 구글 사옥의 '캠프파이어' 회의실

동 중이다. 이 로봇은 셀로판 풍선을 부풀려 높은 벽을 만들어준다고 한다. '캠프파이어'라는 이름이 붙은 회의실은 가운데 마이크를 기준으로 회의 참석자와 화상 참석자들이 번갈아 둘러앉는 형태다. 모니터 화면을 사이에 두고 마주 보는 대신 옆자리에 배치해 마치 한자리에 모여 있는 것 같은 느낌을 극대화했다.

코로나 감염을 우려해 실내에 들어오길 꺼리는 직원들을 위해 '캠프 찰스턴'이라는 야외 사무공간을 마련, 와이파이가 전역에서 서비스되고 곳곳에 천막, 테이블, 의자가 배치됐다.

아마존은 버지니아주 알링턴 카운티에 제2본사(HQ2)를 짓는다. 궁극적 목표는 HQ2를 중심으로 '지속가능한 스마트시티'를 만드는 것이다. 기존의 방식대로 기업이 건물을 세우는 데서 끝나지 않고, 직원과 지역민 간 커뮤니티를 구축하고 사무실과 주거 공간이 공존하는 작은 소도시를 만들겠다는 계획이다.

아마존 HQ2 개발사 JBG스미스는 미국 최초 스마트시티를 건설하겠다는 비전을 발표했다. 양사는 2022년까지 아마존 새 본사가 들어서는 4mile(약 6.4km) 구간에 견고한 5G 네트워크를 구축할 예정이다. 5G 접속망은 AI·IoT 기술이 접목된 다양한 시스템을 구현하기 위한 첫 번째 방법이다. 아마존은 알링턴 카운티를 보행자 중심의 통합형 도시 캠퍼스를 설계하겠다는 목표를 갖고 있다.

아마존은 알링턴 카운티 내 2.5ac(약 1만 117m²) 규모의 공공녹지 공간을 살려 22층 높이의 이중 나선 모양의 HQ2를 건설한다. 헬릭스라는 이름의 이 건물은 나선 형태를 따라 산책이 가능한 하이킹 트랙을 만들어 아마존 직원 외 카운티에 거주하는 주민이면 누구나 이용하도록 제공한다.

2개의 외부 산책코스 외에도 아마존은 헬릭스를 이미 시애틀에 자리한 또 다른 본사 '스피어'처럼 지역민을 위한 오픈 스페이스로 구축한다. 또 100% 탄소제로를 달성하는 건물로, 피트실베이니아카운티 내 태양열 농장에서 생산하는 전기 중앙난방과 냉각시스템을 도입한다. 나아가 HQ2의 오피스 빌딩은 리드 플래티넘(LEED Platinum)으로 설계된다. LEED Platinum은 지속 가능한 개발을 위한 최고 인증기관인 미국 그린 빌딩 의원회(U.S. Green Building Council)가 발행한다. 아마존과 함께 버지니아 공대도 알링턴 카운티 일대를 자연친화적이고 개방적인 커뮤니티로 만들기 위해 협조한다. 버지니아 공대는

©아마존

아마존 제2 본사 헬릭스 청사진

65ac(약 26만 3000m²) 규모 부지에 혁신 캠퍼스를 조성할 예정이다.

이 같은 제2사옥 바람은 국내 기업에도 불고 있다. 넷마블이 2021년 신사옥으로 이전을 마쳤고 네이버, 펄어비스가 제2사옥 건립에 박차를 가하고 있다. 엔씨소프트, 크래프톤 등은 부지를 매입하며 제2사옥에서 새로운 꿈을 펼치기 위한 구상을 하고 있다. 카카오는 2022년 새로운 오피스에서 모든 계열사가 모여 시너지를 낼 계획이다. 특히 사옥은 점점 똑똑해지며 인재들을 유혹하고 있다. 이 같은 '혁신 사옥'에서 기업들이 어떤 성장을 이뤄나갈지 기대해본다.

START UP

창업을 할 때 가장 먼저 해야 할 일이 인재를 확보하는 것. 그다음에 정해야 할 것이 사무공간의 결정일 것이다. 아니, 순서는 그 반대가 될 수도 있다. 번듯한 사무공간을 갖춰야 인재도 뽑을 수 있다. 특히 투자를 받아야 하는 스타트업이라면 사무공간의 중요성은 더 커진다.

PART

3

스타트업은 언제
사옥을 고민하는가

1

왜 스타트업은
강남으로 향할까

스타트업은 대부분 강남에 위치해 있다. 돈 한 푼이 아쉬운 스타트업들이 겉멋이 들어서일까. 스타트업 관계자에게 왜 강남에 있는지 물어본 적이 있다. 돌아온 답은 "개발자들의 직주 근접을 위해"였다.

그야말로 '벼락부자'의 시대다. 강남은 돈이 없으면 살 수 없는 소위 '부자동네'인데 많은 개발자들이 어떻게 강남에 살게 되었을까.

2021년 테크기업들의 사상 최대 규모 기업공개(IPO)가 이어지면서 우리사주와 스톡옵션을 통해 수십, 수백억 원의 수익을 챙기는 이른바 '영리치'가 대거 등장했다. 1년 사이 우리사주와 스톡옵션으로 10억원 이상 평가이익을 낸 사람만 1100명에 달한다는 집계도 나왔다.

실제 2021년은 IPO 성공 사례가 줄을 이었다. SK바이오팜, 카카오게임즈, 하이브, SK바이오사이언스, SK아이이테크놀로지, 카카오뱅크, 카카오페이, 크래프톤 등 내로라하는 기술 기반 기업들이 줄상장을 했다. 상장한 기업들이 '따상'(신규 상장 종목이 첫 거래일에 공모가 대비두 배로 시초가가 형성된 뒤 가격제한폭까지 올라 마감하는 것)을 기록하고 주가 상승이 지속되면서 직원들은 돈방석에 앉게 됐다. 이들 기업 직원들이 "얼마를 벌었다더라~" 하는 소문이 돌더니 이내 주변에 수익을 실현해 강남에 아파트를 사는 사례들이 눈에 띄게 늘었다. 수익 실현은 일부 고위직에만 해당되지 않았다. 우리 주변에서 하나둘씩 부자는 생기고 있었다. 이 같은 현상은 지속될 전망이다. LG에너지솔루션, 마켓컬리, 오아시스마켓 등 플랫폼 기반 테크 기업의 상장이 줄줄이 예정돼 있기 때문이다.

기술 기반 기업들의 상장 외에도 개발자들의 몸값은 천정부지로 치솟고 있는 상황이다. 2021년 국내 IT업계에서는 유례없는 개발자 영입 전쟁이 시작됐다. 네카라쿠배당토(네이버·카카오·라인·쿠팡·배민·당근마켓·토스)라는 취업 신조어까지 생길 정도였다. 엔씨소프트·넥슨·크래프톤 등 게임사도 가세하더니 스타트업들까지 잇따라 연봉인상을 내세우며 공격적으로 인재확보에 나섰다.

시작은 넥슨이었다. 넥슨은 2월 신입사원의 초임 연봉을 5000만 원 (개발 직군)으로 상향 조정하고 재직 중인 직원들의 연봉도 800만 원 일괄 인상하는 임금 체계 개편안을 발표했다. 넥슨이 쏘아올린 작은 공의 여파는 컸다. 넥슨에 이어 넷마블이 전직원 연봉 800만 원 인상을 발표하더니 크래프톤은 한술 더떠 '개발자 초봉 6000만 원'을 전격 발표하고 재직 중인 개발자 연봉을 2000만 원씩 인상하기로 했다. 그 외에도 게임빌·컴투스(평균 800만), 스마일게이트(800만), 조이시티 (1000만), 베스파(1200만), 네오위즈(600만), 펄어비스(800만) 등 게임 사들의 연봉인상 바람이 불었다.

게임사뿐만 아니라 스타트업 업계도 연봉인상 대열에 동참했다. 당근마켓은 '개발자 최저 연봉 5000만 원'을 내걸고 스톡옵션 등 최고의 보상을 하겠다는 입장을 밝혔으며 부동산 정보 앱 직방도 '개발자 초봉 6000만 원, 경력 사이닝 보너스 최대 1억 원'을 선언하며 개발자 영입전에 뛰어들었다.

가장 적극적인 움직임을 보인 곳은 토스다. 지난 2016년 말 67명이었던 토스 직원은 2017년 말 118명, 2018년 말 180명, 2019년 말 380명, 2020년 말 780명 수준에서 2021년 상반기 1000명을 넘어섰다. 토스가 경력 직원을 데려올 때 제시하는 대우 수준은 넘사벽으로 알려졌다. 기존 직장 연봉에서 1.5배의 연봉을 주고 스톡옵션도 1억 원 상당 안겨준다.

쿠팡도 불붙은 개발자 대란에 기름을 부었다. 경력 개발자 공채 때 5000만 원의 입사 축하금을 주겠다고 공표하기도 했다. 여기에 엔터테인먼트기업 빅히트까지 가세해 IT 인력을 대거 영입하며 개발자 수요·공급에 큰 파장을 미쳤다.

이 같은 추세는 네이버, 카카오 같은 인터넷 기업에서 게임사로, 스타트업으로 개발자들의 이직이 이어지며 점점 몸값이 높아지는 결과를 이끌어냈다.

우리사주와 스톡옵션 행사에 성공한 직원들과 개발자 대란으로 인한 연봉 수직 상승을 경험한 이들은 새로운 신흥 부의 세력을 형성하게 됐다. 그 결과 부의 축이 판교, 강남 지역으로 집중되는 모습이다. 부를 축적한 개발자들이 윤택한 생활을 누릴 수 있는 판교, 강남 지역에 거주하면서 사옥도 이들 지역을 중심으로 위치하게 되는 경우가 늘어났다는 설명이다. 작은 사무실에서 시작한 스타트업들이 강남으로 향하는 이유다.

뿐만 아니라 스타트업들이 대기업을 몰아내고 강남의 대형 오피스들을 채우는 역전현상까지 발생하고 있다.

당근마켓은 2021년 서울 강남역의 랜드마크인 교보타워로 사무실을 옮겼다. 당근마켓의 사옥 이전이 주목을 받게 된 건 해당 자리가 두산중공업의 자리였기 때문이다. 전통적인 대기업이 떠난 자리를 스타트업이 채운다는 상징적인 의미를 부여할 수 있어 시선이 쏠렸다. 서울 강남 노른자위 땅을 차지할 만큼 IT 스타트업이 한국 경제 중심축으로 떠올랐다는 분석까지 나왔다. 강남 지역의 오피스 공실률 해소에도 스타트업이 한몫하고 있다. 교보타워에는 당근마켓(9600m²), 에이블리(3200m²), 핀테크 기업 더즌(1500m²) 등이 입주하며 공실이 모두 해소됐다.

과거에는 오피스 공실률이 꽤 높아서 렌트프리(월세를 일정 기간 면제해주는 계약조건)를 1년에 2~3개월씩 제공했는데 요즘 강남권역에서는 렌트프리 임대 조건 자체가 사라지고 있는 것으로 전해진다. 최근 강남권역 대형 오피스빌딩 시장이 임대인 우위로 급속도로 변했다는 전언이다. 신규 계약을 하면서 임차인의 인테리어 비용을 지원하는 '테넌트 임프루브먼트'도 강남권역에서는 해당되지 않는 것으로 알려졌다.

2016년만 해도 강남 대형 오피스 빌딩들이 각종 렌트프리를 제공하며 우량 임차인 유치와 공실 해소를 위해 공을 들였다. 당시 강남 접근성이 좋은 판교에 대형 오피스가 준공되며 수요가 분산되었기 때문이다. 그러나 임차 활황으로 판교를 가득 채운 임차 수요가 강남으로 다

©당근마켓

교보타워에 위치한 당근마켓 사무실

시 돌아오며 공급 부족에 시장이 임대 우위로 급격히 전환됐다는 설명이다.

크래프톤과 스마일게이트의 일부 직원들은 판교를 떠나 각각 역삼 센터필드와 오랜지플래닛 등 테헤란로의 떠오르는 오피스 빌딩에 새로운 둥지를 마련했다. 게임 〈던전앤파이터〉가 중국에서 대히트 하면서 매년 1조 원이 넘는 영업이익을 거두고 있는 넥슨의 캐시카우로 불리는 자회사 네오플은 제주도에 본사를 두고 있지만 2020년 서울 역삼동으로 일부 인력이 이사했다.

마켓컬리는 인근에 위치한 한국타이어앤테크놀로지 빌딩으로 본사를 확장 이전했다. 같은 건물에는 토스를 운영하는 비바리퍼블리카도 입주해 있다.

연 면적 23만 9252m²에 달하는 '역삼 센터필드'가 준공되면서 이 여파로 강남권역 공실률이 늘어날 것으로 시장에서 점쳤지만 곧장 채워지면서 강남 오피스 활황기의 진가를 드러냈다. 역삼 센터필드에는 크래프톤(2만 7000m²)과 신세계프라퍼티(7500m²)가 입주했고, 글로벌 IT기업인 아마존과 페이스북도 계약을 완료한 상태다.

쇼핑 서비스 지그재그를 운영하는 크로키닷컴은 서울 삼성역 근처 파르나스타워 27층으로 사무실을 옮겼다. 카카오의 캐릭터 전문 자회사 카카오IX가 쓰던 공간이다. 크로키닷컴이 쓰던 사무 공간인 공유 오피스 스파크플러스 선릉점 3층에는 기업 정보 플랫폼 '잡플래닛'을 운영하는 브레인커머스가 입주했다.

이처럼 기업이 성장하면 더 큰 오피스로 이전하고, 그 자리를 새로운 성장기업이 채우는 모습이다. IT 기업들의 성장이 오피스 시장의 활황기를 이끌고 있는 것이다.

VC에게 물었다!
투자심사 때 사옥 위치 영향 있을까

창업을 할 때 가장 먼저 해야 할 일이 인재를 확보하는 것, 그다음에 정해야 할 것이 사무공간의 결정일 것이다. 아니, 순서는 그 반대가 될 수도 있다. 번듯한 사무공간을 갖춰야 인재도 뽑을 수 있다. 특히 투자를 받아야 하는 스타트업이라면 사무공간의 중요성은 더 커진다. 벤처캐피털리스트(VC)들은 투자할 때 기업들의 사무공간을 고려할까? 이 질문의 답을 찾기 위해 스타트업얼라이언스 센터장을 역임하고 VC로 활동했던 임정욱 전 티비티 파트너스(TBT) 공동대표와 인터뷰를 갖고 스타트업의 사무공간에 대한 그의 인사이트를 들어봤다.

임 전 대표는 기업에 투자할 때 사무실에 웬만하면 꼭 가보려고 한다고 했다.

대부분의 스타트업은 공유 오피스를 쓰는 데가 많아요. 그래서 분위기를 느끼기가 어렵지만 자기 사무실을 쓰는 데면 어떻게 꾸몄는지 자세히 봐요. 사무실에 가보는 이유는 직원들이 일하는 분위기를 보기 위해서죠. 보면 회사가 좋은 분위기인지 어수선한지 이런 걸 알 수 있어요. 어떤 회사는 오피스에서 창업자의 엠비션이 보이기도 해요. 최근 인공지능 스타트업 보이저엑스에 가봤는데 입구를 우주선으로 들어가는 것처럼 멋지게 해놨더라고요(119쪽 이미지 참고). 로켓 속으로 들어가는 느낌이었어요. 개성 있는 스타트업들이 많다는 생각을 하죠.

스타트업 사옥의 위치는 강남에 제일 많다. 그 이유는 당연히 강남이 비즈니스 측면에서 큰 시장이기 때문이다. 고객이 많이 있으니 당연히 사업도 많이 할 수 있다. 인재를 채용하기에도 용이하다. 좋은 소프트웨어 개발자를 뽑으려면 강남에 있어야 한다는 것이다. 회사가 강남에 위치해 있으면 들어오는 이력서의 숫자가 다르다고 한다. 강남이 교통이 좋은 것도 있고 개발자들이 주로 강남, 판교에 살고 있는 것도 영향을 미친다. 성수는 최근 쿨한 이미지로 '힙한 동네'가 되었다. 또 스타트업이 들어갈 수 있는 좋은 건물들이 많이 생기면서 변화하고 있어서 떠오르고 있다.

임 전 대표는 사무실을 통해 기업문화를 전달할 수 있다고 했다.

오피스 내부 인테리어를 어떻게 했나, 이런 것들로 기업 문화를 전달할 수 있죠. 배민이 좋은 사례예요. 의도적으로 관리를 하는 것이죠. 배민의 경우 포스터를 곳곳에 붙여놓고 기업문화를 전달하고 있어요. 요새는 그런 회사가 많은 것 같아요. 토스도 그렇고요. 해외에도 그런 회사가 많습니다.

스타트업들이 사옥이나 사무실을 정할 때 가장 크게 고려하는 것은 무엇보다 직원들의 선호도다. 직원들이 가장 좋아하는 곳을 사무실로 정한다. 가장 중요한 건 교통이다. 직원들은 사무실의 쾌적도 이전에 불편한 위치에 있는 걸 싫어한다. 스타트업에는 지하철을 타고 다니는 젊은 직원이 많아 지하철역에서 가까워야 한다.

어느 스타트업이 위치를 옮겨서 가봤더니 지하철역 위에 있는 경우도 있었다. 예전 사무실은 역과 역 사이 사각지대에 있어서 직원들이 제발 교통 편리한 곳으로 옮겨달라고 요청해서 아예 지하철역 바로 위로 옮겼다는 것이다. 또 역세권이 인재를 채용하기에도 좋은 위치다. 스타트업끼리 모여 있는 것도 중요한 요소다. 스타트업 간 협업이 많아 미팅이 잦기 때문이다. 또 인재들을 다른 스타트업에서 데려오기도 한다. 그리고 투자를 유치할 스타트업 주주사들이 가까운 데가 좋다. VC도 강남 테헤란로에 제일 많기 때문에 스타트업들이 강남에 위치한 이유가 될 수 있다. 판교에 있던 스마일게이트 인베스트먼트도 결국 2021년 6월 역삼동으로 이전했다. 판교에는 큰 기업 위주로 사무실이 이미 찬 데다 공유 오피스도 없어 스타트업이 많지는 않다.

임정욱 전 대표는 스타트업이 큰 빌딩에 입주하는 현상을 흥미롭게 보고 있다.

파르나스타워, 교보타워 같은 전통적인 대기업들이 채우던 큰 오피스 공간에 스타트업들이 많이 입주한 것이 흥미로운 현상이에요. 아주 예전에 네이버가 강남 파이낸스 빌딩에 들어갈 때도 깜짝 놀랐어요. '저렇게 비싼 빌딩에 IT 기업이 들어가다니…' 하고 생각했던 것 같아요. 하이퍼커넥트, 지그재그, 당근마켓이 교보타워에 들어가서 자기들 스타일로 사무실을 만들고 있죠. 예전에 실리콘밸리의 기업들 사무실에 가면 멋있게 해놓은 데가 많아 부러웠는데 이제 한국도 못지않은 것 같아요.

2

떡잎부터 남다른 스타트업의 공간

스타트업은 모두 공유 오피스에 입주할까? 그렇지 않다. 오피스를 임대해서도 얼마든지 창업자의 철학과 스타트업의 아이덴티티를 듬뿍 담은 업무 공간을 만든다. 천재 개발자 남세동 대표가 이끄는 보이저엑스의 공간이 남다르다 못해 특별하다는 소문이 자자했다. 그래서 남 대표에게 업무 공간의 특징과 그 속에 담긴 의미와 철학 등을 물어봤다.

보이저엑스(VOYAGERX). 이 뜨거운 스타트업을 아직 모르는 사람이 있을까? 보이저엑스는 지난 2017년 설립된 AI를 전면에 내세운 스타트업으로, 될성부른 나무는 떡잎부터 알아보는 알토스벤처스의 레이더망에 포착돼 투자를 받았다. AI투자의 귀재 소프트뱅크벤처스가 2021년 가장 많은 금액을 투자한 스타트업도 보이저엑스다. 알토스벤처스, 소프트뱅크벤처스, 옐로우독 등은 보이저엑스의 시리즈A에 300억 원을 투자했다. 보이저엑스가 스타트업계의 '핵인싸'가 된 이유 중에는 창업자 남세동 대표를 빼놓을 수 없다. 남 대표 앞에는 늘 '천재 개발자'라는 수식어가 붙는다. 네오위즈 채팅 서비스 '세이클럽', 네이

버 카메라 앱 '라인카메라', 'B612' 등을 크게 성공시킨 IT서비스를 개
발했고 첫눈, 라인에서도 개발자로 일했다.

보이저엑스
오피스에 담긴 철학

보이저엑스는 일을 시키는 사람도 없고, 중간 관리자도 없는데 세 개
의 굵직한 글로벌 서비스를 냈다. 영상편집 서비스 '브루', AI 기반 손
글씨 글씨체 생성 서비스 '온글잎', AI 모바일 스캐너 앱 '브이플랫'으
로 모두 고객 입장에서 먼저 고민해서 인공지능 기술을 적용해 만든
서비스다. 그 원동력은 바로 의지경영에 있다. 구글미트로 남 대표와
인터뷰하면서 가장 많이 들은 단어는 구성원 혹은 동료였다. 그의 동
료에 대한 믿음은 요즘 말로 '진심이었다'. '아! 이런 기업에서 일하면
정말 내 모든 것을 쏟아부어서 신나게 일할 수 있겠다'는 생각이 들었
다. 보이저엑스 오피스에 담긴 철학에도 고개를 끄덕이며 감탄했지만
오피스 곳곳에 '내 동료가 어떻게 하면 즐겁게 일할 수 있을까'라는 남
대표의 고민이 담겨 있었기 때문이다. 그는 자신이 마련한 탁구대, 커
피머신, 피아노를 동료가 잘 이용할 때 눈을 반짝였다. 구성원 모두를
진심으로 존중하는 대표가 이끄는 보이저엑스. 모두가 성공할 것이라
고 예상하는 것보다 더 성공하기를 진심으로 응원한다.
　　보이저엑스는 대문부터 남다르다. 보이저엑스 출입문을 마주하는
순간 '설마 이게 우주선 입구인가' 하는 착각이 든다. 남 대표는 보이저
엑스 타워1 대문에 담긴 많은 의미를 하나씩 풀어서 설명했다.

보이저엑스 타워1 출입문에는 크게 O와 X가 보인다. 우선 O와 X 는 보이저엑스(vOyagerX)를 칭한다. OX는 바이너리(0과 1 두 숫자로 만 이루어진 이진법) 곧 컴퓨터기도 하다. X는 숫자 0, O가 숫자 1이라 고 하면 컴퓨터는 모든 것을 0과 1로 처리한다. OX는 또 제로 투 원 (Zero to One)인데 창조를 뜻한다. 1에서 100을 만드는 것도 힘든 일 이지만 0에서 1을 만드는 것은 그것보다 더 힘든 일이라는 의미가 담 겼다.《제로 투 원》(피터 틸·블레이크 매스터스, 한국경제신문사)은 일론 머스크와 함께 페이팔을 만든 피터 틸이 쓴 책 제목이기도 하다.

현관문은 배의 조타기 모양으로 만들었는데, 조타기는 모험을 뜻한 다. 보이저엑스가 강조하는 자아실현의 문화, 구성원이 스스로 조타기 를 잡고 일하기를 바란다는 일하는 문화를 담았다. 또 0과 1 사이에 보 이저엑스의 '룰룰'도 있다. 룰룰은 룰이 없다는 것이 아니라 일을 잘하 는 데 필요하도록 룰(규칙)을 최소화하는 것이다. 이를 위해 보이저엑 스 구성원이 일하는 바운더리(경계선)만 정해준다. 간식을 예로 들면, 보이저엑스의 사무실에서는 구성원이 먹고 싶은 간식을 무제한(양)으 로 살 수 있는데 간식 값의 상한선을 정해주는 식이다. 예를 들어 구입 할 간식이 아이스크림이라면 하겐다즈 값 아래로 사면 된다. 하한선 도 있다. 이를테면 사무용품을 너무 싼 것을 사지 말라는 것이다. 필요 한 사무용품을 살 때는 값이나 이유를 묻지 않는다. 그냥 당연히 사는 것이다. 마음대로 사되 가격의 상한선과 하한선을 정해주는 식의 '룰 룰(일의 경계선)'만 정해두는 것이다. 보이저엑스는 '규칙 없음'으로 화 제가 된 넷플릭스의 경영방식과 조직문화를 다룬 책《No Rules Rule》 (리드 헤이스팅스·에린마이어, Penguin Press)이 출간되기 전부터 룰룰이라고 불렀다.

마지막으로 반성 과정도 담겼다. 스타트업에는 우리가 만든 서비스를 사람들이 얼마나 쓸까, 안 쓸까를 예측하는 '반성 프로세스'가 있는데 이것 또한 OX의 문에 들어있다. 이렇게 출입문에 한 기업의 핵심가치를 모두 담을 수 있다는 것을 보이저엑스가 보여준다.

이 출입문은 보이저엑스의 창업팀 동료이자 남 대표의 25년 지기가 직접 설계해서 만들었다. 업체는 만들 수 없다고 했지만, '안 되는 걸 되게 만들었다'고. 타워2 출입문 역시 보이저엑스호라는 우주선을 타고 함께 모험을 떠나는 느낌을 살렸다. 반응은 폭발적이었다. 출입문은 단번에 보이저엑스의 상징이 됐고 방문하는 모든 사람이 출입문에서 사진을 찍었다. 구성원이 늘어나고 오피스를 확장하면서 새로 만든 타워1의 출입문은 눈이 부실 정도로 불을 켜놨다. 남 대표는 "눈을 똑바로 뜨고 사무실에 들어오라는 의미"라고 웃음지었다. 일에 무서울 정도로 몰입하는 스타트업 정신을 매일 체감할 수 있는 출입문인 셈이다.

남 대표는 보이저엑스의 사무실이 우리가 책임지고 있는 제품과 서비스 중 하나로 구성원이 쉽고 편하고 예쁜 사무실에서 일하면 좋겠다고 했다. 더 정확히는 어렵고 불편하고 지저분한 곳에서 일하게 둘 수 없다고 강조했다.

그는 사무실보다 100배 더 중요한 것은 같이 일하는 동료라고 했다.

보이저엑스의 의지경영이 나온 계기인데, 우리는 다 지식근로자예요. 1명이 100명이 못하는 일을 해내죠. 그게 바로 지식근로의 특징이에요. 지식근로자 한 명 한 명이 일을 하고 있는지 하지 않고 있는지 다 감시할 수 없어요. 일은 머릿속에

서 하고 있으니까 가만히 앉아 있다고 해서 이 사람이 논다고 할 수 없죠. 생각하고 있는 것일 수 있잖아요. 컨베이어 벨트는 누가 하더라도 똑같은 일을 할 수 있도록 설계했죠. 하지만 지식노동은 쉽게 대체할 수 없어요. 누가 하느냐에 따라 일의 결과가 달라져요. 그러니 한 명 한 명이 정말 소중하고 중요한 거예요. 커뮤니케이션, 팀워크가 매우 중요해요. 사무 공간보다 중요한 것이 팀워크죠. 사무실은 쓸데없는 스트레스를 주지 않고 일을 할 수 있도록 도와주는 공간이에요. 사무실에 오래 머물고 싶게 하는 것이죠. 주말에도 집보다 사무실이 편하다고 나오는 구성원도 있어요.

보이저엑스의 사무실은 구석구석 의미가 있다. 한 사람 한 사람의 창의성과 의지가 굉장히 중요하다 보니 공간에 투자했다는 설명이다.

책상은 전부 전동이고 높이조절이 된다. 사무실은 주로 앉아서 일하는 공간이지만 서서도 허리 펴고 일할 수 있게 했다. 책상 가로 길이도 180cm로 평균(150cm)보다 길다. 구성원이 편하게 일하는 게 중요하고 앞뒤로도 넓어서 서로 부딪히지 않게 책상을 배치했다.

타워1에는 탁구실을 만들었다. 타워2에 철봉과 짐볼, 운동기구가 있었는데 남자 구성원들은 생각보다 많이 썼고 여성 구성원이 쓰지 않았다. 여성 구성원의 만족도를 높이는 방법을 고민하다 탁구 치는 여성 구성원이 좀 있어 탁구대 겸 회의 책상을 마련했다. 회의실이 아니라 탁구실이라고 할 정도로 직원 50%가 이용하게 됐다.

라운지는 호텔 라운지같이 만들었다. 진짜 맛있는 커피를 마실 수 있어서 구성원 모두 만족한다. 라운지에는 피아노도 있는데 구성원들이 생각보다 자주 친다. 타워2에는 어느 구성원이 디지털 피아노를 가

ⓒ보이저엑스

위_ 보이저엑스 타워의 대문 ㅣ 아래_ 보이저엑스 라운지

져다뒀는데 저녁 6시가 되면 피아노 치고 그 옆에서 기타치고 노는 사람들이 생겨서 라운지가 라이브카페처럼 됐다. 타워1에서는 라운지를 키워서 아예 피아노를 뒀다. 라운지에서 밥을 많이 먹으니 수전을 두 개 설치했고 식기세척기도 넣었다.

'AI로 널리 사람을 이롭게 한다'는 목표를 가진 회사 보이저엑스의 남세동 대표는 사무실이 인재육성과 홍익인간을 이루는 공간이 되었으면 하는 바람이 있다.

2000년대 초반에 구글 캠퍼스에 수영장이 있었고 과자가 무한히 공급되는 것만으로도 신선했죠. 우리도 일에 집중하고 쉴 때 잘 쉬고 리프레시 하자는 거예요. 회사가 커지고 성장하더라도 마찬가지로 지금처럼 한 명당 넓은 공간을 유지하기 위해 사무실을 더 늘릴 거예요. 보이저엑스의 비전은 인재육성이에요. 대학이 인재육성의 제 역할을 못하고 있죠. 과거 대학이 인재육성에서 중요했다면 이제 국가, 사회, 회사에게도 너무 중요한 일이 됐어요. 그래서 인재육성을 시대의 사명으로 느껴요. 인재육성을 하는 기업이 잘 될 거라고 생각해요. 또 하나는 우리가 만드는 서비스, 제품이 더 많은 고객에게 보여질 수 있도록 보이저엑스는 인재육성과 홍익인간을 이루는 자아실현의 공간이 됐으면 해요.

'아이디어스'는 왜
'오늘의집' 사무실을 물려받았나?

2021년 초 온라인 핸드메이드 마켓 '아이디어스'를 운영하는 백패커는 '오늘의집' 운영사인 버킷플레이스가 사용하던 서울 서초동 플래티

넘타워 19층에 강남캠프를 구축했다.

백패커는 이미 홍대에 본사가 있었지만 개발조직 강화를 위해 서울 서초구에 '백패커 강남캠프'를 구축하고 테크센터로 운영하기로 한 것이다. 강남역 사거리에 위치한 백패커 강남캠프는 총 200석 규모의 대형 오피스로 아이디어스의 개발, PO, UX, 데이터사이언스 등 기술 부서들이 배치됐다. 강남캠프는 쿠팡에서 대표를 역임했던 정보람 최고운영책임자 겸 최고프로덕트책임자(COO/CPO)가 최성일 신임 최고기술책임자(CTO)와 함께 조직을 이끄는 온전한 개발자에 의한, 개발자를 위한 공간이다.

왜 백패커는 홍대 본사를 두고 개발자들만 강남에 근무하게 했을까? 그 이유는 앞서 설명한 스타트업이 강남에 위치한 것과 궤를 같이한다. 직주근접을 선호하는 판교, 강남 지역의 A급 개발자들을 확보하기 용이하고 또 신규 인재 채용 때도 강남이 유리한 공간이라는 설명이다.

2012년 설립된 백패커는 홍대에 본사를 두고 온라인 핸드메이드 마켓 아이디어스를 주력으로 다양한 온오프라인 사업을 전개해 왔다. 아이디어스를 통해 다양한 작품을 내놓는 작가들에게 기존 홍대 사옥은 최적의 요충지였다. 홍대 인근에 창의성을 겸비한 작가들의 공방 등이 많이 위치한데다 젊은이들의 유동인구가 많은 지역이라 오프라인 상품 판매 등에도 용이했다. 특히 '크래프트랩'이라는 작가들의 강습을 직접 체험할 수 있는 공간과 작가들이 판매하는 술, 음식 등을 맛볼 수 있는 매장도 마련돼 있었다.

홍대 사옥이 작가들의 미팅을 위한 큰 회의실, 작가들의 상품을 최적의 환경에서 촬영할 수 있는 스튜디오 등을 갖춘 오롯이 작가들을 위한 공간이었다면 강남 사옥은 서비스가 고도화될 수 있는 기술에 방점을 뒀다. 아이디어스는 빠르게 성장하고 있기 때문에 이를 뒷받침하는 기술기반이 더욱 중요한 상황이다. 실제 아이디어스는 서비스 시작 7년 만인 2021년 5월 누적 거래액 5000억 원을 돌파했다. 2014년 국내 수공예 작가 100여 명과 함께 시작한 아이디어스는 액세서리와 인테리어 제품들을 비롯해 패션, 수제 먹거리 농축수산물 등으로 분야를 넓혀 왔다. 누적 애플리케이션 다운로드 수는 1286만 건으로 매월 400만 명의 고객이 이용 중이며 매년 전년 대비 2배의 매출 성장을 달성 중이다.

성장에 맞춘 기술 강화를 위한 전략적 투자로 교통의 요지인 강남에 제2오피스를 마련하게 됐다는 것이다. 백패커는 적극적인 채용으로 기술 조직을 150명으로 늘리고 사용자 취향을 반영한 서비스 확대를 위해 머신러닝 기반 추천, 검색 등 핵심 분야에 집중해나갈 방침이다.

무엇보다 인테리어 플랫폼 오늘의집의 고성장을 일군 버킷플레이스가 사용하던 자리라는 소식이 화제가 됐다. 오늘의집의 누적 앱 다운로드 수는 1400만을 돌파했으며 누적 거래액은 1조 원 수준이다. 성장에 따라 인원이 늘면서 버킷플레이스는 인근의 삼성생명 서초타워로 사무실을 옮겼다.

인테리어 플랫폼을 서비스하는 회사의 사옥이 쾌적한 환경을 구비하고 있을 것임은 확인해보지 않아도 상상이 가지 않는가. 백패커는 기존 홍대 사옥도 직원들을 위해 인테리어에 공을 많이 들였다. 홍대 사옥 1층에는 편의점에서나 볼 수 있는 라면 끓이는 기계나 아이스크

©백패커

백패커 강남캠프.
'오늘의집'으로부터 사무실을 물려받았다.

림 냉장고 등 간식에 진심인 직원들이 누릴 수 있는 모든 것을 갖추는 등 직원복지에 신경을 썼다. 또 옥상에는 피크닉을 할 수 있는 공간 등이 있어 직원들의 리프레시에도 도움을 줬다. 이처럼 업무 환경과 복지에 둘째가라면 서러울 백패커가 훌륭한 인테리어의 사무공간을 사용할 수 있는 기회를 놓칠 리 없었다.

아이디어스 관계자는 오늘의집의 사무실을 이어받은 이유에 대해 '심플하다'라고 한마디로 정의했다.

이미 다 갖춰진 사무실에 사이즈, 인테리어 등이 모두 우리가 원하는 콘셉트와 맞았죠. 역세권인 것도 한몫했어요.

업무 공간=현실왜곡장?

국내 1호 온라인투자연계금융업 등록 기업 렌딧 김성준 대표의 전공
은 산업디자인이다. 김 대표는 일찌감치 자신만의 철학을 담은 렌딧의
업무 공간을 구현해 렌딧맨만의 일하는 문화를 만든 것으로 유명하다.
이런 렌딧의 업무 공간을 '현실왜곡장'이라고 부른다. 현실왜곡장에
담긴 의미는 무엇인지, 그리고 왜 업무 공간이 중요한지 김성준 대표
에게 직접 들었다.

현실왜곡장(Reality Distortion Field)은 1981년에 현재는 애플 컴퓨터 부사장인
버드 트리블(Bud Tribble)이 처음 사용한 용어예요. 창업 초기 맥킨토시 프로젝
트에 참여하고 있던 개발자에게 미치는 스티브 잡스(Steve Jobs)의 카리스마와
영향력이 얼마나 대단했던지, 안 된다는 일도 하겠다고 만들었다는 에피소드가
여럿 전해집니다. 버드는 이 용어를 미국 유명 Si-Fi 시리즈인 〈스타트렉〉에서 처
음 봤다고 해요. 극 중에서 외계인이 정신적인 포스를 발현해 창조해낸 자신만의
새로운 세계를 현실왜곡장이라고 불렀다는 것이죠.

렌딧의 공간을 현실왜곡장이라고 부르기 시작한 것도 스타트렉에
서의 용례와 비슷하다. 성장성과 인력의 우수성을 인정받아 꽤 많은
투자를 유치한 스타트업이기는 하지만 여전히 한정된 리소스를 보유
한 팀이다. 하지만 가까운 미래에 이루고자 하는 꿈과 목표는 아주 거
대하다. 모든 한계를 뛰어 넘고 해낼 수 있다는 강력한 포스가 필요했
고 공간을 '현실왜곡장'이라고 부르기 시작했다. 다양한 컬러를 가진
사람들이 렌딧맨 카드를 터치하는 순간 렌딧맨으로 변신하는 공간, 렌

딧만의 문화 속에서 다양한 미션을 함께 클리어하며 성장을 이루어 나가고 있는 공간이다.

렌딧은 온라인, 오프라인, 가상 공간 등의 공간을 갖췄다. 김 대표는 2021년 초에 여의도로 이전하면서 기존 오피스만큼 렌딧만의 문화를 입히지는 못했다고 했다. 코로나 팬데믹으로 인해 재택근무가 늘어나고 있던 시기이기도 했다. 하지만 렌딧의 일하는 공간이 갖추어야 할 기본적인 골격은 변하지 않았다.

첫 번째 요건은 '열린 공간'이다. 렌딧 사무실에는 높은 칸막이가 쳐진 공간이 거의 존재하지 않았다. 반드시 갖추어야 하는 서류 보관을 위한 공간이나 외부와 전화 통화가 많은 팀 등 몇 가지 예외 사례는 있지만, 엔지니어는 거의 매일 아침 스탠드업 미팅을 하는데 자리에서 일어나거나 살짝 의자를 돌려 앉으면 모두가 얼굴을 보며 이야기 나눌 수 있는 환경을 만들고자 했다. 멀리 떨어져 있는 팀 간에도 자리에서 일어나 크게 손을 흔들면 원격 소통이 될 수 있는 사무실이기를 원한다. 온라인 공간도 마찬가지다. 아주 한정된 정보가 아니라면 회사에서 이루어지고 있는 거의 모든 프로젝트에 대해 누구나 정보를 검색하고 열람할 수 있게 돼 있다.

두 번째 요건은 '라운지'다. 현실왜곡장에 모인 다양한 컬러의 렌딧맨이 자신의 컬러를 잃지 않으면서 어떤 하나의 컬러로 융합되어 커다란 시너지를 일으키는 것이 원하는 방향이다. 렌딧의 궁극적인 시너지 컬러는 렌딧 민트(Mint)다. 그렇게 되기 위해서는 예기치 않은 만남이 빈번하게 이루어지는 공간이 아주 좋은 솔루션이 될 거라고 생각했다. 지금의 사무실을 만들기 전 위워크에 입주했을 때에는 라운지 공간을 위해서 위워크의 기본 공간을 바꾸는 공사를 했다. 다만 현재 입주한 공간에서는 아주 만족스러운 라운지 공간을 확보하기 어려워 사무실 중간에 있는 출입구 근처에 구성원이 자주 오가며 마주칠 수 있는 공간을 만들었다.

세 번째 요건은 '개인의 공간'이다. 개인이 집중해야 하는 시간과 공간에 대한 존중과 배려도 열린 공간, 잦은 소통과 똑같이 중요하다고 생각한다. 현재 사무실에서 여전히 개인의 공간에 대한 고민은 지속하고 있는 중이다. 이전에 있었던 사무실은 1인 집중 업무 공간을 따로 만들었다. 반드시 막힌 공간이어야 한다고 생각하지는 않는다. 사무실 이곳저곳에 자유롭게 앉아서 휴식하거나 일할 수 있는 공간이 배치되는 것이 중요하다고 생각한다. 안마의자, 자유롭게 이동 가능한 빈백, 책 읽을 수 있는 공간 등이 그런 공간들이다.

최근 게더타운에 렌딧 메타버스 오피스를 열었는데 이 공간 역시 실제 사무실과 거의 동일하게 디자인했다. 현재 사무실과 똑같이 개인별 데스크를 배치하고, 중앙에는 모든 렌딧맨이 모일 수 있는 '올핸즈 파크'를 만들었다. 사무실 한편에는 앉으면 방해받지 않는 오브젝트를 배치해 개인의 공간을 구현했고, 미팅룸과 라운지 등도 만들었다.

제 전공 분야인 디자인씽킹(Design Thinking)은 사람 중심의 디자인에 관한 것이죠. 공간 디자인 역시 그곳을 사용하는 사람들에 대한 공감과 배려가 가장 중요한 요소라고 생각해요. 단순히 넓은 공간에 좋은 책상과 의자를 배치하고, 값비싼 인테리어로 마감하는 것이 공감과 배려의 전부는 아니에요. 디즈니, 3M, 애플, 메타(구 페이스북)와 같이 창의적이고 혁신적인 문화를 발전시킨 기업들이 공간 연구에 상상을 초월하는 투자를 하는 이유도 여기에 있을 거예요. 공감 형성의 시작은 관찰과 이해예요. 공간의 주인공들에게 깊숙이 감정을 이입해보는 것이죠. 2017년에 렌딧 사무실을 확장할 당시 우리는 전 구성원을 대상으로 현재 사용하고 있는 공간에 대한 리서치를 진행했어요. 공간의 주인공들을 더욱 더 잘 이해하기 위한 과정이었죠. 이 과정을 거쳐 우리는 렌딧 구성원들이 원하는 공간, 여기에 필요한 요소들, 혹은 불필요한 요소들을 알아가기 시작했죠.

그가 공간에 대한 철학을 가지게 된 계기는 2009년으로 거슬러 올라간다. 독일 함부르크의 하겐베크 동물원(Tierpark Hagenbeck)에 방문한 적이 있었는데 그곳에서 김 대표는 공간에 대해 이해하는 관점을 완전히 바꾸게 됐다.

100년 전통의 하겐베크 동물원은 철장이 없는 방사식 동물원으로 유명하다. 같은 대륙의 동물이 같은 공간에서 생활하되, 각 서식지 사이에 깊은 도랑인 해자를 파서 서로 해치지 못하도록 하는 방식을 세계 최초로 도입했다. 사람의 시각에서는 해자가 보이지 않기 때문에 광활한 평지에 여러 지역의 동물들이 함께 어울려 사는 것처럼 보인다. 또한 습성에 따라 함께 서식하면 좋은 동물들끼리 모여 살고, 동물들이 인도를 자유롭게 활보하기도 한다.

하겐베크 동물원은 동물 중심의 세상을 구축하는 데 성공한 공간이다. 사람이 동물을 보러 가는 것이 아니라, 동물들이 사는 곳의 방문자가 되는 것이다. 교육적으로도 큰 의미가 있다고 느꼈다. 아이들이 자연과 동물에 대해 조금이라도 더 현실적으로 다가갈 수 있고, 생명 존중의 가치관이 훨씬 효과적으로 전달될 수 있다고 생각했다.

키스 소여(Keith Sawyer)의《그룹 지니어스》(북섬 역간)라는 책에서
도 많은 영감을 얻었다. 우리는 흔히 창의력은 독창적인 개인의 산물
이라고 생각할 수 있지만, 저자는 이 책에서 혼자 일하는 천재보다 여
럿이 함께하는 조직이 보다 성공적인 혁신을 이룬다는 것을 여러 연구
를 통해 증명해 가고 있다. 이것을 '그룹 지니어스'라는 개념으로 설명
하는 것인데 각기 다른 재능을 가진 개인들이 함께 협업하여 1+1=2가
아닌 그 이상의 시너지를 만들어 가는 데에는 개방과 폐쇄 그리고 개
인과 협업의 조화가 어우러질 수 있는 공간의 중요성도 크다는 생각을
시작하게 된 계기가 되었다.

많은 스타트업이 공간에 대한 투자를 아끼지 않는 이유는 단순히 채용의 좋은 조
건을 만들기 위해서는 아닐 겁니다. 창업자와 비전에 공감하여 모여든 인재들이
그들의 창의력을 최고 수준으로 끌어 올려 최대의 시너지를 일으킬 수 있을 때 조
금 더 좋은 세상, 더 지속 가능한 세상을 만드는 데 기여할 수 있는 혁신을 이루어
낼 수 있을 것이라 생각해요. 그런 의미에서 모든 혁신 조직의 공간은 각자의 '현
실왜곡장'이지 않을까요. 세상에 존재하는 모든 '현실왜곡장, Reality Distortion
Field'를 응원합니다.

온라인 채널이 편리함과 저렴함을 무기로 필요의 욕구를 충족
시킨다면, 오프라인 공간은 경험과 재미를 통해 정체성의 욕
망을 충족시켜야 한다.

_《더현대 서울 인사이트》(김난도, 다산북스)

OFFICE
BUILDING

네이버, 카카오, 우아한형제들, 야놀자, 엔씨소프트, 넥슨, 크래프톤,
NHN, 스마일게이트, 필어비스, 넷마블. 요즘 소위 잘나간다는 기업들은
사옥 위치와 공간에 어떤 의미를 담아냈을까? 이들 기업의 공통점은
구성원들의 필요에 귀 기울였다는 점이다.

잘나가는 기업들의
사옥

네이버 신사옥 조감도

낮은 채도의 은백색을 활용해 깔끔함을 더한 제2사옥의 테마는 로봇이다.
제2사옥에서는 네이버랩스가 설계한 자율주행 로봇이 100대 이상 돌아다닐 예정이다.

1

네이버 제2사옥에
미래가 있다

'포스트 그린팩토리' 시대

1999년 테헤란로의 한 빌딩에서 42명의 직원이 책상 옆에 2층 침대를 두고 밤낮없이 일하고 있었다. 이들은 검색 포털 '네이버'와 어린이 전용 포털 '쥬니어네이버' 서비스를 세상에 선보였다. 이듬해 한게임과 합병하고 사명을 바꾼 NHN은 2002년 지식인을 내놓은 뒤 다음을 제치고 검색포털 1위에 올랐다. 불과 8년 만인 2007년 네이버는 자체 사옥 그린팩토리를 분당에 짓기로 결정했다. 네이버는 2005년 분당으로 터전을 옮겼지만 자체 사옥이 없어 두 집 살림을 하고 있었다.

네이버는 2010년 그린팩토리 사옥에 입주했지만 6년 만인 2016년 제2사옥 건립을 발표했다. 네이버가 제2사옥을 짓는 이유도 엔씨소프트, 넷마블과 다르지 않다. 검색엔진에서 기술 플랫폼으로 진화하면서 인공지능(AI), 로봇, 테크핀, 커머스, 클라우드, 자율주행 등 미래 기술을 연구하는 관련 인력을 대거 뽑아 회사 규모가 성장했기 때문이다. 계열사를 제외한 본사 인력만 봐도 2017년 2701명에서 2018년

3501명, 2019년 3434명, 2020년 3987명으로 3년 만에 약 1300명 늘었다. 2021년에도 개발자 900명을 뽑겠다고 공격적인 채용에 나섰고 상반기에 300명을 뽑았다.

네이버 그린팩토리는 이미 포화상태가 됐고 제2사옥을 짓는 동안 임시로 2018년부터 분당 옆 동네인 판교 알파돔시티에 건물을 빌렸다. 현재 네이버웹툰, 제페토 등 계열사 직원이 알파돔에서 근무하고 있다.

로봇플랫폼을 꿈꾸는 네이버

네이버 제2사옥의 테마는 '로봇'이다. 네이버는 제2사옥을 로봇 친화형 빌딩으로 만들겠다는 포부를 밝혔다. 기존 건물에 로봇이 들어가서 일하는 것이 아니라 설계부터 로봇을 염두에 두고 짓는 것이다. 네이버는 2017년 제2사옥 설계 단계부터 로봇과 사람의 '공존'을 꿈꿨다. 로봇과 사람이 공존하는 건물은 전 세계에서 네이버 제2사옥이 최초다.

로봇 친화형 빌딩이란 무엇일까? 사람인 네이버 직원과 로봇이 함께 일하는 '로봇 오피스'를 떠올리면 된다. 제2사옥 건축 프로젝트 '1784'에는 네이버 기술 자회사 네이버랩스뿐만 아니라 클로바(네이버 AI 플랫폼), 클라우드 등 네이버 안의 기술부서가 몽땅 투입될 정도로 공을 들였다. 즉, 네이버 전 기술부서가 참여해 대규모 테크 컨버전스 빌딩을 지은 것이다. [1784는 네이버 제2사옥 부지의 행정명(178-4번지)이며 산업혁명이 시작된 해인 1784년을 의미한다.]

2022년 하반기에 제2사옥에서는 네이버랩스가 직접 설계한 자율주행 로봇이 100대 이상 돌아다닐 예정이다. 이를테면 외부인 출입을 관리하는 경비 로봇, 코로나19와 관련된 방역 로봇, 택배 로봇, 심부름 로봇 등 우리가 상상할 수 있는 로봇이 서비스를 제공하는 식이다. 네이버랩스가 지난 2019년 미국 CES에서 처음 공개한 브레인리스 로봇 또한 본격적인 활용에 들어간다. 네이버는 이 자율주행 로봇을 5G 클라우드 기반으로 운영해서 로봇 서비스 상용화를 앞당긴다는 각오다. 여기서 제2사옥 전체를 일종의 테스트 베드로 활용해 보겠다는 네이버의 전략이 엿보인다. 네이버 관계자는 "사옥에서 로봇 서비스 경험과 기술을 고도화해서 범위를 넓혀나갈 것"이라면서 "로봇 자체가 핵심이 아니라 로봇 운영을 위한 고정밀지도, 비전기술, AI가 핵심"이라고 설명했다.

네이버가 로봇으로 무엇을 할지 현재 시점에서 예상하기는 어렵다. 다만 2015년부터 AI에 투자를 시작한 뒤 AI 플랫폼 '클로바', AI 번역 서비스 '파파고', AI 추천 서비스(뉴스·쇼핑·장소), AI 스마트 렌즈 서비스를 연달아 출시하고 사용자에게 활발하게 제공하고 있는 점을 생각하면 짧게는 2~3년, 길게는 10년 뒤 제2사옥에서 다양한 로봇 서비스를 테스트하고 상용화한 결과물을 내놓을 것으로 보인다. 네이버가 개발자회의, 기자간담회를 통해 밝힌 구상을 보면 다음 단계는 로봇 플랫폼으로 예상된다. 이미 한성숙 네이버 대표는 세계가전·정보기술전시회 CES(Consumer Electronics Show)에서 5G 브레인리스 로봇, 5G 자율주행 로봇, 3차원 실내 정밀 지도제작 로봇 'M1' 등을 '생활환경지능 기술'이라고 소개하면서 "네이버 기술이 지금은 새롭지만 몇 년 후 우리 생활 속에 들어올 것이라고 생각한다"고 강조한 바 있다. 즉, 네이버는 더 이상 초록창으로 대표되는 검색 엔진, 인터넷 시대의 기업에 머무르지 않겠다고 판단했다. 2017년에 자회사로 네이버랩스를 설립하고 AI, 로봇, 자율주행 등 다양한 미래기술을 연구하기 시작한 것도 같은 맥락이다. 즉, 한국에서 지식을 공유하는 플랫폼을 최초로 도입해 검색 플랫폼 전성시대를 연 네이버는 또 다시 로봇 플랫폼이라는 새로운 도전에 나선다. 제2사옥에서 로봇 자율주행 서비스를 시범적으로 시작하지만 기술 고도화를 통해 결국은 기술 플랫폼으로서 네이버가 할 사업, 즉 로봇 플랫폼을 향해 나아갈 것이라는 의미다.

왜 개발자가 직접 설계에 나섰나

사람과 로봇이 어떻게 공존할 수 있을까? 제2사옥에서 로봇을 직접 운용하기로 결정한 뒤 네이버는 로봇과 인간과의 상호작용을 어떻게 할 것인지를 두고 고민에 빠졌다. 만약 인간이 로봇을 불편하게 느낀다면 로봇의 활용 가치가 떨어지기 때문이다.

사람과 로봇이 얼마나 떨어지면 사람이 편안함을 느낄 수 있을까? 만약 로봇이 사람을 만나면 몇 미터 앞에서 방향을 전환해야 할까?

인간이 로봇의 행동을 예측하고 거부감 없이 받아들일 수 있도록 준비가 필요했다. HRI(휴먼 로봇 인터랙션) 관점이 설계에 반영됐다. 이를테면 로봇이 사람처럼 말을 하면 사람이 부담감을 느낄 수 있다. 로봇이 사람의 목소리를 내야 할지 만약 말을 하지 않으면 어떤 표현 방법을 사용할 것인가도 연구 대상이다. 사람이 로봇을 만났을 때 눈빛으

©네이버

위_ 네이버 제2사옥에서 5G로 클라우드와 연결될 로봇 | 아래_ 네이버 신사옥 내부

로 의사를 전달하는 방법도 있다. 네이버 관계자는 "아직 로봇이 서비스를 제공하고 있지 않아 HRI는 컴퓨터 휴먼 인터랙션처럼 연구가 활발한 단계는 아니다"라면서도 "네이버랩스가 첫 시도를 하고 있다"고 강조했다.

엘리베이터 설계도 쉽지 않았다. 사람과 로봇이 함께 타는 엘리베이터는 어떤 엘리베이터여야 할지 네이버도, 엘리베이터 회사도 처음이라 아무런 정보가 없었다. 굴지의 국내 엘리베이터 회사조차 난색을 표했다. 이런 고민은 건설회사도 엘리베이터 회사도 할 수 없었다. 로봇플랫폼을 만들기 위해 두 팔을 걷어붙인 네이버만 할 수 있는 고민이고 앞으로도 풀어가야 할 숙제다. 그러니 로봇을 직접 제작하고 운영하는 네이버랩스 등 개발자가 제2사옥 설계부터 직접 뛰어들 수밖에 없었다.

네이버는 로봇이 타는 전용 엘리베이터를 만들 수 있는 회사를 찾고 그와 동시에 엘리베이터 내에서 로봇과 인간의 적절한 거리 유지 범위나 위치 기준 등을 장기간 연구했다. 이 같은 노력 끝에 결국 로봇 전용 엘리베이터를 만드는 데 성공했다.

로봇과 클라우드 서버와의 통신망 연결 기술도 중요한 과제였다. 로봇이 클라우드 서버와 지연 없이 빠른 속도로 데이터를 전송하는 기술은 기존 통신 사업자의 망을 사용하거나 와이파이를 활용하는 방식으로는 구현하기 어려웠다. 네이버랩스는 제2사옥에 자체 5G망을 구축하는 방안을 결정했다. 이를 위해 네이버는 정부에 5G 실험국을 제2사옥으로 이전받는 것을 허가받고 로봇 친화형 사옥과 관련한 특허를 237개나 출원했다.

'비대면' 제2사옥,
뉴노멀 시대 연다

네이버 제2사옥을 상징하는 또 하나의 키워드는 바로 비대면이다. 지난 2020년 신종 코로나바이러스 감염증(코로나19)이 대유행하자 네이버가 사무공간에 국내 최초로 방역 개념을 도입했다.

특히 구내식당, 화장실, 엘리베이터 등 직원이 서로 마주칠 수밖에 없는 공간을 획기적으로 전환했다. 지하 구내식당 한 곳을 제외한 제2사옥의 모든 식당은 네이버 모바일 스마트 주문을 사용하도록 했고, 배식대에는 스마트 컨베이어 벨트를 설치했다. 화장실은 자동문으로 바꾸거나 아예 문을 없애는 동선을 설계했고, 엘리베이터 버튼도 모바일에서 눌러 호출할 수 있도록 구현했다. 여러 사람이 버튼을 누르면서 일어나는 접촉을 막자는 취지에서다.

리셉션 데스크 역시 QR발송으로 외부인 출입을 진행한다. 바이러스가 오래 머무는 카펫을 최소화하고 쿠션, 소파는 항균 제품을 사용하는 등 방역 기본부터 신경 썼다.

회의실 역시 비대면 시대에 맞췄다. 각 층에 1인 화상 회의실을 6개씩 마련했고 모든 공간에 방역칸막이를 설치할 수 있도록 준비했다. 스마트 라커, 공용 좌석제의 경우 자리예약 시스템 등도 검토 중이며 재택근무하는 직원을 위해 기기 대여 제도도 운영한다. 네이버는 제2사옥의 방역을 체계적으로 준비하기 위해 국내 감염내과·산업경영학과 교수진 6인을 방역 자문단으로 삼고 컨설팅을 받았다. 김윤정 가톨릭대학교 인천성모병원 감염내과 교수는 "병원에서도 놓치는 부분이 많은데 그런 부분까지 생각해서 설계했다"고 평가했고, 박태준 인천대

산업경영공학과 교수는 "방역과 업무 효율을 고려해 미래형 사무공간에 방역 개념을 도입한 것은 처음"이라면서 "사람들은 네이버가 했던 고민을 참고하게 될 것"이라고 말했다.

네이버의 두 번째 집,
첫 사옥 그린팩토리

그래도 네이버 사옥 하면 지난 2010년에 문을 연 '그린팩토리'다. 지상 28층, 지하 7층 16만 6207m² 규모로 분당을 대표하는 빌딩으로 꼽힌다. 주차장은 지하 7층까지 있다.

네이버 그린팩토리 사옥 프로젝트를 기획하고 주도한 사람은 조수용 카카오 공동대표다. 조 공동대표는 당시 NHN CMD 본부장이었다. 조 본부장은 NHN 사옥의 초안에 아무런 의미나 메시지가 없다고 판단, 이해진 NHN 의장을 설득해 'NHN스러움'을 담아 재설계 지시를 받았다. 조 본부장은 NHN 내부 디자이너와 함께 Space Experience 팀을 구성해서 직접 디자인을 진행했다. 현재의 그린팩토리 탄생에는 조 본부장의 역할이 결정적이라고 할 수 있는 대목이다.

그린팩토리는 네이버 사원들의 '두 번째 집', 즉 세컨드 홈이고자 했다. 네이버는 그린팩토리를 짓기 전 컨설팅 업체 IDEO에 'NHN 문화와 정체성'에 대한 분석을 의뢰했고 IDEO는 NHN 경영진, 실무자를 인터뷰했는데 '집보다 더 많은 시간을 보내는 곳'이라는 점에 모두 동의해서다. 그린팩토리가 한 층에 팀이나 실이 있는 빌리지와 커뮤니케이션을 할 수 있는 만남의 광장인 하이브로 구성된 이유다. 하이브에

네이버 그린팩토리 전경

는 회의실, 커피를 마실 수 있는 캔틴, 오픈 테이블, 게시판, 협상 테이블 등이 있었다. 여러 팀이 모인 센터는 타운이라고 불렀다.

특히 네이버는 사원들이 회사에서 일에만 집중할 수 있도록 최적의 지원시스템을 원스톱으로 해결할 수 있도록 구축했다. 유튜브를 촬영하러 그린팩토리 구내식당부터 지상 4층까지 방문한 적이 있는데 4층에는 정말 모든 편의시설이 있었다. 안마의자가 있는 안마실부터 수면실(안정실), 샤워실이 있고 의사가 상주하고 있는 헬스케어센터가 있었다. 우체국과 택배 서비스도 운영해 회사 밖으로 나갈 필요가 없었고 여행사, 은행, 보험, 편의점, 카페(그린카페), 넓은 라운지, 회의실, 그린가든(옥상정원) 등 모든 업무·편의·복지시설을 한곳에 모아 놓은 것이 핵심이다.

네이버가 그린팩토리를 지은 뒤 손수 펴낸 책《NHN이 일하는 27층 빌딩 그린팩토리 디자인북》(NHN, 시드페이퍼)을 보면 그린카페를 직원 3000명이 찾을 때 러시타임을 해결하고 가장 효율적인 동선을 찾기 위해 카운터 위치를 여러 방식으로 시뮬레이션 한 흔적이 있다. 구내식당 역시 3000명이 점심시간에 방문하는 만큼 입구와 출구를 분리하고 배식대의 길이와 위치도 통계를 내서 결정했다. 직원 동선과 식당 관리자의 동선도 미리 계산했고 좌석회전율까지 고려해 좌석수를 결정할 정도로 철저히 계획했다. 10년 만의 첫 사옥이자 사원의 두 번째 집은 작은 디테일까지 놓치지 않을 정도로 완벽함을 추구하는 네이버다웠다.

네이버가 그린팩토리에서 신경을 정말 많이 쓴 공간은 회의실이었는데, 이는 네이버 업무의 절반이 회의였기 때문이다. 네이버는 그린팩토리를 만들 때 핵심가치 중 하나였던 '효율'을 가장 먼저 고려해 8인 회의실 8개를 층마다 마련하고 직원들 요구에 맞춰 15인 회의실도 격층에 만들었다.

네이버가
그린팩토리인 이유

"초록색 빌딩으로 가주세요."

네이버는 지역 주민에게 초록색 빌딩이었다. '네이버=초록창' 콘셉트를 적극 활용해 외관부터 지역 주민에 공개되는 1층 로비와 도서관 등에 네이버의 상징 초록색을 적극적으로 담았다. 네이버 외관이 초록색으로 보이는 비밀은 최첨단 블라인드 '루버'에 있다. 루버는 직사광선은 막으면서 부드러운 채광이 가능하도록 폭이 좁은 판을 일정한 간격으로 배열한 것이다. 이 루버 색깔을 푸른 나무 그늘 이미지에서 착안해 녹색계열로 정했다.

루버는 일출·일몰 시간에 자동으로 열리고 닫히며 계절과 상관없이 일정한 일조량이 보장되고 외부 풍경이 훤히 보인다. 루버에 햇빛의 방향과 양을 조절할 수 있는 작은 구멍이 뚫려 있어서다. 이 역시 철저하게 테스트한 결과인데 햇빛이 잘 들지 않는 북쪽과 남쪽은 루버 1장당 2mm의 구멍 2만 8560개를 뚫었고 햇빛이 잘 드는 동쪽과 서쪽은 1만 5300개를 뚫었다. 역시 네이버는 디테일까지 강하다.

네이버는 그린팩토리 외관을 좌우하는 외부 마감재와 내부 마감재로 전동 수직 루버를 도입했다. 루버를 사용하면서 냉·난방용 에너지

©네이버

해가 들어오는 시간의 그린팩토리와 루버

7%를 절약했다.*

지역 주민에게도 열린 공간인 도서관 서의 머리 부분에 수생 식물이 자라고 있다. 이 수생 식물은 도서관의 건조함을 해결하고 공기정화도 담당한다. 식물 사이에 관수시설을 갖췄고 책에 흘러내리지 않도록 오랜 시간 방수 테스트도 거쳤다. 국내 도서관에서 그린팩토리 도서관을 벤치마킹하면서 더 유명세를 탄 곳이기도 하다. 도서관은 그린팩토리의 사진 명소다. 네이버는 도서관이 있는 1층과 2층을 지역 주민과 공

---

* 네이버 그린팩토리 인근 아파트 주민 약 70명이 2011년 네이버를 상대로 태양 반사광 손해배상 및 방지청구 소송을 제기했고, 2021년 6월 대법원은 "손해를 인정해야 한다"고 판단하며 태양 반사광 피해 기준을 제시한 바 있다.

유하는 공간으로 오픈했다. 세상과 네이버를 연결하는 공간이자 휴식 공간인데 도서관 외에도 라인 브랜드 상품을 파는 네이버 스토어, 다양한 공연을 열 수 있는 커넥트홀도 있다. 커넥트홀의 커넥트도 주민과 사원, 외부와 내부를 연결한다는 의미를 품고 있다.

그린팩토리를 만들 때의 핵심 가치 중에는 '건강'도 있었다. 설계 당시부터 빌딩 내에 친환경 요소를 적용하기 위해 연구를 진행했고 '아홉 가지 친환경 실천 전략'을 세워서 실천했다.

우선 돌, 철, 나무의 가장 기본재료를 이용하는 녹색공법으로 부가적인 가공을 최소화했고 천장에 석고보드를 사용하지 않았다. 카펫 대신 재활용 재료로 만들어진 나무 바닥재를 썼고, 주차장에도 에폭시 수지(화학재료)를 쓰지 않았다. 앞에도 언급했듯 루버를 활용하면서 냉·난방용 전력량을 줄였고 방축열발전기를 이용해 한여름에는 얼음을 이용해 냉방했다. 방축열발전은 한밤중의 값싼 전력을 이용해 얼음을 만들어서 저장했다가 낮 시간에 얼음을 녹여서 냉방하는 방식이다. 그린팩토리는 여름철 냉방 에너지의 50% 이상을 방축열을 이용했다. 또 빗물을 재활용해 냉방 용수로 썼고, 한번 사용된 물도 정화해 재사용하는 등 헛되이 사용되는 물을 줄였다. 매년 전년보다 에너지 소비를 5%씩 줄이고 종이, 토너, 철제 등을 제외한 폐기물은 70% 이상 재활용한다. 그린팩토리가 지난 2014년 국제 친환경 인증제도인 LEED(Leadership in Energy and Environment Design)에서 세계 최고 점수를 얻으며 최상위 등급 플래티넘을 획득한 이유가 여기 있다.

©카카오

판교 알파돔 6-1 블록 건물 투시도

2022년 5월 입주하는 판교의 카카오 신사옥 콘셉트는 'connecting city'다.
연결돼 있고 성장하는 도시를 표방한다는 의미가 담겼다.

2
카카오스러운
카카오

판교에 '카카오월드' 온다

카카오, 카카오모빌리티, 카카오페이, 카카오게임즈, 카카오뱅크…
카카오 공동체가 카카오 판교 신사옥에서 뭉친다. 지난 2010년 4명
의 개발자, 기획자, 디자이너가 카카오톡을 세상에 첫 선을 보인 지 12
년 만에 사실상 '단독 사옥'이 생긴다. 카카오가 판교 알파돔시티 6-1
블록에 신축 중인 건물 전체 면적을 10년 장기 임대했다. 입주 시기는
2022년 하반기다.

제주도에 있는 카카오 본사 '스페이스닷원'은 카카오와 합병 전 다
음(DAUM)이 만든 사옥이므로 엄밀히 말해 카카오의 사옥으로 보기
어렵다. 이번 판교 신사옥은 카카오가 직접 소유하는 건물은 아니지만
카카오 공동체 대다수가 입주한다. 1만 명이 넘는 카카오 공동체 임직
원이 입주하는 만큼 카카오의 핵심가치인 연결과 수평을 담은 '카카오
스러움'이 넘치는 사옥이 될 것으로 보인다.

특히 판교 신사옥 1층에는 카카오를 넘어 K-캐릭터로 사랑받는 라이언, 어피치 등 카카오프렌즈 브랜드 스토어가 문을 열 것으로 예상되면서 카카오월드가 판교의 랜드마크 빌딩이 될 수 있을 것으로 기대된다. 현재 카카오프렌즈 굿즈를 파는 프렌즈 스토어는 카카오 판교 오피스 내에 있다. 카카오 관계자는 "1층에 카카오가 큐레이션 한 감도 높은 브랜드 리테일을 구성할 것"이라면서 "판교에 새로운 트렌드와 신선함을 제공할 예정"이라고 말했다.

이번 판교 신사옥의 콘셉트는 'connecting city'다. 연결돼 있고 성장하는 도시를 표방한다는 의미가 담겼다. 현재 카카오 판교 오피스로 사용하고 있는 H스퀘어에도 업무 공간의 키워드는 바로 '연결' (connect)이었다. 카카오에게 연결이 얼마나 중요한지 알 수 있는 대목이다. 연결은 카카오와 나아가서 카카오 공동체가 추구하는 서비스 지향점이다. 카카오가 직접 소개하는 자사에 대한 설명을 보자.

카카오는 우리의 일상을 새롭게 만드는 '모바일 라이프 플랫폼' 기업입니다. 더 나은 세상을 만들기 위해 사람과 사람 그리고 사람과 기술을 연결하고, 의미 있는 관계를 만들기 위한 도전을 이어가고 있습니다.

4600만 카카오톡 사용자는 카카오 공동체로 일상을 보내고 있다. 문자 메시지 대신 톡으로 대화하고, 비싼 해외전화는 보이스톡이 대신한 지 오래다. 지인에게 송금할 일이 있으면 톡 내에서 '송금하기' 기능을 사용하고 기념일에 '카카오톡 선물하기'는 오프라인 선물을 대체하고 있다. 카카오가 지난 2010년 출시한 카카오톡 선물하기의 시장 규모는 2020년 기준 3조 원을 넘었다.

인공지능(AI) 기술도 몇 년 새 급속도로 진화하면서 카카오 AI 스피커로 '헤이 카카오'를 부르면 집에서도 카카오택시를 손쉽게 부르는 그런 세상이 됐다. 카카오모빌리티 앱 카카오T는 모든 이동 서비스를 연결하고, 카카오페이는 송금에서 시작해 결제, 소액투자, 대출, 보험 등 모든 생활금융으로 서비스를 확대하고 있다. 카카오페이도 카카오톡 더보기에서 사용해도 되고 별도 앱을 깔아도 된다.

이렇게 더 나은, 이용자 입장에선 더 편리한 세상을 위해 카카오는 오프라인 세상을 모바일과 기술로 끊임없이 '연결'하고 있다. 10명 남짓한 직원이 있었던 스타트업 아이위랩(카카오 전신)은 불과 12년 만에 전체 임직원 1만 3000명이 넘는 카카오 공동체로 우뚝 섰다. 2020년 카카오의 매출은 4조 원을 넘었고, 자회사는 카카오가 핵심 가치 '연결'에 '성장'의 의미를 더한 커넥팅 시티를 이번 신사옥 콘셉트로 세운 것이 충분히 이해가 된다.

이번 판교 신사옥에서 카카오가 공간 디자인의 최우선으로 삼은 가치는 '건강'이다. 연결, 소통과 함께 크루의 건강을 위해 판교 신사옥을 친환경적으로 짓고 있다. 구글의 신사옥 '베이 뷰(Bay View)'에 9만 장의 태양광 패널이 설치되는 것처럼 최근 글로벌 IT 기업의 사옥 트렌드에서 친환경이란 키워드를 빼놓을 수 없다. 카카오 역시 공동체 카카오픽코마와 카카오엔터테인먼트를 앞세워 글로벌 시장에 진출한 기업으로, 글로벌 흐름에 맞춰 ESG(환경, 사회, 지배구조) 경영에도 드라이브를 걸고 있다. 김범수 카카오 의장이 2021년 초 이사회 산하에 ESG 위원회를 만들고 직접 위원장을 겸임하면서 ESG 경영을 챙기고 있다. 신사옥 역시 이 같은 흐름 속에서 친환경적으로 짓고 더 나아가 크루와 함께 사옥에서 친환경 문화를 정착해 나가겠다는 의도가 엿보인다.

신사옥의 인테리어 자재는 모두 친환경 제품을 사용한다. 접착제를 사용하지 않는 시공 공법이 적용되고 유해물질은 최소화하며 가구와 공장제작품은 현장에 들어오기 전에 모두 베이크 아웃을 해서 냄새와 유해물질을 제거한 뒤에야 현장에 설치된다. 공용 라운지 이름도 '그린 스페이스'로 짓고, 조경과 플랜테리어가 반영돼 사옥 곳곳에서 푸르른 나무와 꽃을 보면서 머리를 식힐 수 있다.

층마다 재활용 존(Recycle Zone)도 생긴다. 카카오 크루가 함께 이용한다는 의미를 담아 'Wecycle(위사이클)'이라고 이름 지었다. 재활용 존에서는 폐기물 5종을 모으고 페트병과 캔을 선별해서 수거하는 재활용 기계가 설치된다. 이 재활용 기계에서 배출된 투명 페트는 새로운 자원으로 재생되도록 자원순환 밸류 체인도 구축한다. 판교 신사옥 자체도 친환경 건축물 인증제도(LEED, Leadership in Energy and Environmental Design)를 신청해서 상위 등급인 골드 레벨 인증을 취득할 계획이다.

판교 오피스의 주요 업무 공간과 복지시설도 한층 업그레이드된다. 크루가 업무에 집중할 수 있는 1인 업무실인 마이룸은 별도의 룸을 구성할 예정이다. 현재 H스퀘어 9층에 있는 마이룸은 비행기 1등석을 본 따 칸막이 모양으로 만들었지만 천장 개방형이다. 또 마이룸 예약제를 도입해 크루들이 더 편리하게 사용할 수 있도록 할 계획이다. 또 북카페 같은 라이브러리에도 캐주얼한 타운홀 미팅이 열릴 수 있도록 가구를 배치한다.

복지시설 중에는 리커버리 센터와 톡클리닉, 톡테라스, 톡의보감을 보다 확장해 크루의 지친 몸과 마음을 회복하고 쉴 수 있는 공간으로 구성된다. 톡클리닉은 전문 마사지사가 직원들의 목과 허리 등 피로를 풀어주는 마사지 공간이고, 톡테라스는 전문 상담가가 직원들의 스트레스와 고충을 상담하고 명상 프로그램을 제공하는 곳이다. 톡의보감은 간호사가 상주해 물리치료부터 응급 상황 대처, 비만과 금연 상담도 하는 일종의 양호실이다. 또 외부 방문객과 많은 미팅을 할 수 있는 회의실, 티테이블이 있는 넓은 카페 라운지 등도 신사옥에 조성된다.

카카오 자체 사옥은?

당초 카카오는 엔씨소프트의 제2사옥 예정 부지인 판교 주차장 부지를 놓고 매입 여부를 심도 있게 검토했다. 이를 위해 국내 빅3 건설사에서 고위 임원을 영입하기도 했다. 하지만 감정가만 최소 8000억 원이 넘는 높은 가격 등으로 입찰에 참여하지 않고 판교 알파돔을 10년 장기계약해 사업의 안정성에 방점을 찍었다. 그렇다고 카카오가 신사옥 부지를 찾는 일을 멈춘 것도 자체 사옥의 꿈을 내려놓은 것도 아니다. 카카오 관계자는 "일단 판교 지역에 분산된 공동체를 한곳으로 모아 협업 시너지를 높이는 차원으로 임대를 결정했다"면서 "신사옥 부지 물색은 중장기 과제로 추진한다"고 말했다.

특히 후배 기업가를 양성하고 디지털 격차 해소를 통해 사회에 기여하고 싶다던 김범수 카카오 의장의 꿈을 실현하기 위해 전용 공간 구축에 나섰다는 소식이 전해졌다. 카카오의 부동산 개발 컨설팅 자회사 카카오스페이스의 인공지능(AI) 캠퍼스 건립을 위한 첫 행보가 성공적으로 시작됐다는 것이다. 카카오스페이스는 2021년 10월 경기 용인시 수지구 고기동 일원에 조성할 '카카오캠퍼스'(가칭)의 건축 허가를 받았다. 교육연구시설과 공동시설로 구성될 예정인 카카오캠퍼스는 CJ대한통운이 건축을 맡아 약 5420평(1만 7917m²) 규모로 2023년 10월 완공 예정이다.

2019년 카카오가 추진하던 113억 원 규모 '포레스트원' 프로젝트를 카카오스페이스(당시 카카오IX)에 이관한 지 2년 만에 결실을 맺은 것이다. 당초 카카오는 이곳에 임직원을 위한 연수원을 짓기로 했었지만 교육연구시설로 방향을 틀었다. 업계에서는 카카오캠퍼스가 AI 인재 양성 등 김 의장이 재산 기부 방안으로 공개한 디지털 교육 격차 해소의 전초 기지가 될 것으로 해석하고 있다. 실제로 그는 줄곧 사회 환원 계획과 관련해 AI 인재 양성을 강조했다.

일각에서는 용인 수지를 출발점으로 지방 주요 거점에 카카오캠퍼스를 확장할 수 있다는 관측도 나온다. 카카오캠퍼스의 설립 취지인 디지털 교육격차 극복을 실현하기 위해선 지역 확장이 필수라는 이유다. 김 의장의 발언에 가장 발 빠르게 반응을 보인 곳은 전남이었다. 지난 3월 전남 지역 지자체와 교육계는 김 의장의 AI 캠퍼스 구상 발언 이후 지역 인재 유출로 산업과 교육기반이 무너지고 있는 전남 지역에 카카오캠퍼스가 설립되길 바란다는 의사를 내비쳤다. 김 의장의 고향이 전남 담양이란 점도 거론됐다. 김 의장이 AI 캠퍼스의 핵심 가치로 내세운 '교육격차 해소' 실현을 위해서는 인프라가 과밀된 수도권보다 지역 균형발전을 고려해 전남 등 낙후 지역을 고려해달라는 바람도 담겨 있었다.

카카오의 인프라 확장은 제주에서 먼저 진행 중이다. 제주국제자유도시개발센터(JDC)와 카카오, 카카오스페이스는 2021년 9월 제주첨단과학기술단지 내 스페이스닷원 멀티홀에서 제주첨단과기단지 신규사업 추진을 위한 업무협약을 체결했다. 카카오는 첨단단지 내 부지를 활용해 카카오 공동체 및 콘텐츠 크리에이터를 위한 '다목적홀(크리에이터) 스튜디오', 카카오 공동체 내 데이터의 효율적 관리를 위한 '카카오 제2 데이터센터' 신축 계획을 발표했다. 카카오는 제주를 카카오 콘텐츠 사업의 핵심 거점으로 조성하기 위해 기존 본사 건물인 스페이스닷원 실내외 공간을 체험공간과 휴식공간 등으로 리모델링하기로 했다. 제주도민과 일반인에 전면 개방한다는 구상이다. 또 스페이스닷투는 새로운 선진형 업무 공간으로 만들고 커뮤니티 교류 등을 위한 공간으로 한다는 계획도 밝혔다.

앞서 안산에 위치한 한양대 에리카 캠퍼스에 '제1 데이터센터'를 짓는다는 소식이 전해졌으며 서울대학교 시흥캠퍼스에도 '제3 데이터센터'를 짓기로 해 총 세 개의 데이터센터를 구축하게 될 전망이다.

커넥팅 스텝과 수직계단에 담긴
소통의 미학

커넥팅 시티의 대표 공간은 어디가 될까? 연결 관점에서 보자면 '커넥팅 스텝'과 1층에서 15층까지 전 층을 잇는 '수직계단'이 될 것이다. 이

카카오 제주 사옥 전경

지하 1층, 지상 4층 규모로 지어진 스페이스닷원.
제주 자연을 그대로 품은 친환경 건물로 눈길을 끈다.

미 카카오 판교 오피스에도 있는 커넥팅 스텝은 판교 신사옥에도 조성된다. 커넥팅 스텝은 H스퀘어의 7층과 8층을 연결하는 계단인데, 카카오 크루가 자유롭게 노트북을 두고 일을 하고 회의나 미팅을 연다. 원래 H스퀘어에는 없던 구조였는데 크루가 엘리베이터로 층을 이동하는 시간을 줄이고 크루 간 자연스러운 소통을 위해 카카오가 계단을 만들었고 테이블과 소파를 둬서 계단식 광장이 됐다. 커넥팅 스텝은 '우리 사이(between us)'라는 부제가 붙어있을 정도로 카카오에 방문해보면 많은 크루들의 사랑을 받는 공간임을 알 수 있다.

신사옥은 이 커넥팅 스텝을 한층 업그레이드했다. 4층과 5층 사이를 연결하는 커넥팅 스텝을 아예 산책길 계단처럼 조성하기로 했다. 계단에서 산책하듯 크루가 만나면 소통할 수 있도록 사이 공간도 마련된다. 연결과 연결을 통한 '소통'을 중요하게 생각하는 카카오의 철학이 반영된 것이다.

수직 계단은 이번 신사옥에서 처음 선보인다. 1층부터 15층까지 모든 층을 관통해서 연결한다. 이 수직계단은 역시 소통을 중요하게 생각하는 카카오의 철학을 담아 구현하는 공간이다. 특히 수직계단은 공동체가 신사옥에 모이는 것과 관계가 있어 보인다. 카카오는 계열사, 자회사라는 말을 사용하지 않는다. 이들을 공동체라고 부른다. 대기업 그룹사의 지주회사와 자회사, 계열사 관계가 아닌 수평적인 관계를 지향하는 인상을 준다. 실제 카카오 공동체 C레벨이 함께 회의하는 테이블은 원탁형으로 알려졌다. 이 역시 수평적인 회의를 상징한다. 수직계단은 각 층에 입주할 카카오 공동체와도 소통을 강화해 시너지를 내겠다는 의도를 담은 것으로 분석된다.

©카카오

카카오 사옥 내부 커넥팅 스텝

카카오는 다른 대기업과 비교해봤을 때 공동체 간 서비스 협업이 눈에 띄게 활발한 편이다. 카카오 스스로 공동체 간 시너지, 협업이라는 말을 선호한다. 대표적인 사례는 카카오엔터테인먼트와 카카오픽코마가 하는 협업이다. 픽코마가 웹툰 시장을 개척하면 카카오엔터테인먼트는 현지화 작업을 하는 식이다. 현재 카카오픽코마와 카카오엔터테인먼트는 세계 2위 만화시장인 프랑스 진출을 위해 손을 잡고 있다. 또 카카오브레인이 2022년 선보일 초거대 AI모델은 카카오의 헬스케어 사내독립기업(CIC)과 협업 중이고, 카카오엔터테인먼트는 카카오뱅크와 함께 '26주적금 with 카카오페이지'를 내놨다. 카카오 블록체인 공동체인 그라운드X는 가상자산 '클레이'를 카카오페이와 카카오게임즈의 이벤트에 활용할 수 있도록 하는 등 카카오 공동체 내에서 지속적으로 시너지를 모색하고 있다. 공동체가 같은 사옥에 모이게 되면 시너지는 더 강화될 것이라는 기대가 나오는 이유다. 수직계단은 층 간 이동시간을 줄여주는 동시에 크루 간 '우연한 만남(세렌디피티)'을 통한 통통 튀는 아이디어를 낼 수 있는 공간이 될 수 있다. 카카오 관계자는 "현재 판교 지역에 분산되어 있는 공동체를 한 곳으로 모아 업무 협업 시너지를 높일 것"이라고 말했다.

소통과 연결의 공간은 또 있다. 신사옥에도 타운홀과 라이브러리에서도 캐주얼한 타운홀 미팅을 열 수 있게 가구를 배치하는 등 크루 간 소통 공간을 곳곳에 마련한다. 5층에 조성되는 야외 테라스 '그린존'은 신사옥 A동과 B동을 잇는다. 그린존은 판교 중심부의 뷰를 볼 수 있는 크루만을 위한 작은 정원이다. 비나 눈이 와도 A동과 B동을 우산 없이 이동할 수 있게 어닝도 설치된다.

카카오 직원들은 엘리베이터에서 김범수 의장을 만나도 인사 안 한다?

필자가 카카오를 취재한 2018년 1월. 카카오 관계자를 처음 만났을 때 건네받은 노란색 명함에 적힌 영어 이름이 정말 낯설었다. 그 전 출입처는 증권업계와 자본시장으로, 카카오와는 정반대의 문화를 가졌었기 때문이다. 카카오는 당시에도 수평적인 조직 문화의 대표명사였다. 지금은 대기업 중에 직급을 없애고 서로 이름 뒤에 '님'을 붙여 부르는 곳도 제법 있고 스타트업이 빠르게 성장하면서 수평적인 조직 문

화를 갖춘 곳이 늘어났지만 불과 4년 전까지만 해도 흔치 않은 조직문
화였다. 그런데 이 관계자가 카카오에 대해 말했던 수많은 설명 중 가
장 기억에 남는 말은 다음과 같다.

카카오 크루는 엘리베이터 브라이언을 앞에서 만나도 버튼을 누르고 잡아주지
않아요. 브라이언도 엘리베이터를 줄 서서 기다려서 탑니다. 회사 욕을 했는데 엘
리베이터 맨 뒤에서 브라이언이 있다는 걸 뒤늦게 알게 된 경우도 있어요. 그렇다
고 브라이언이 왜 회사 욕을 했냐고 뭐라고 하지 않아요. 크루가 인사를 원하지
않으면 안 해요.

브라이언이 누굴까? 바로 김범수 의장이다. 브라이언은 카카오의
전신인 아이위랩 시절부터 이미 영어 이름을 사용했다. 삼성SDS 출신
인 김범수 의장은 잘 알려졌듯 1998년 한게임커뮤니케이션을 창업하
고 2년 뒤인 2000년 네이버와 한게임을 합병해 NHN의 공동대표가
됐다. 그가 인터넷기업 1위인 NHN을 지난 2007년 떠나기 바로 직전
해인 2006년 사업자 등록을 했는데 그것이 아이위랩이다. 그러니까
김 의장은 그때부터 브라이언으로 살았다. 대기업 출신으로, 창업한 회
사를 또 다시 대기업으로 만든 그는 언제부터 그리고 왜 영어 이름을
사용했을까? 그 이유를 〈바이오그래피 매거진 ISSUE 9 김범수〉(김범
수, 스리체어스)에서 찾았다.

아이위랩의 첫 서비스가 미국 지향 서비스였기 때문에 미국 사람도 있었거든요.
미국 사람들이 범수나 김범수 님, 이렇게 부르기 어려우니까 그냥 다 영어 이름으

로 부르기로 했어요. 자연스럽게 시작했죠.

아이위랩의 첫 서비스는 '부루 닷컴'이라는 동영상·사진 공유 서비스로, 영미권을 겨냥해 미국법인을 세웠다. 그렇게 출발한 영어 이름은 '님' 문화인 다음과 합병한 현재의 카카오까지 이어졌고, 덕분에 경력·연차·나이와 상관없이 솔직하게 의견을 개진하고 토론하는 수평적인 문화가 유지되고 있다. 카카오도 대기업에서 이직한 경력 직원이 많은데 이들은 처음엔 직급을 빼고 영어 이름만 부르는 문화에 어색해하다 한두 달만 지나면 카카오만의 문화에 적응한다고 한다.

인사를 안 한다는 것이 브라이언을 만나도 모른척한다는 의미는 당연히 아니다. 브라이언이 카카오 의장이기 때문에 마땅히 인사해야 하는 격식이 없다는 뜻이다. 그러니 회장님이나 사장님이 도착하기 전 비서가 뛰어가서 엘리베이터를 미리 잡아두는 소위 정부, 기관, 기업에 만연한 불필요한 의전 문화가 카카오에는 없다는 것이다.

카카오의 수평적인 문화를 지탱하는 또 하나의 축은 모든 일을 공개하고 공유하는 문화다. 카카오가 자체 개발한 사내 커뮤니케이션 도구 '아지트'에 모든 일이 기록되고 있다. 카카오 크루가 각 조직에서 어떤 업무를 하는지 대외비 업무만 제외하면 아지트에 접속하면 알 수 있고, 내 조직의 업무가 아니더라도 의견이 있다면 아지트에 의견을 남기면 된다. 타부서 일에 아이디어나 피드백을 주는 것도 자연스럽다. 이 아지트는 회사 생활에 대한 공통 게시판, 부서별 업무 게시판, 동호회 게시판 등 다양하다.

카카오 내 중요한 이슈가 있으면 T500에서 크루에게 투명하게 공

유된다. T500은 목요일(Thursday) 오후 5시에 열린다고 붙여진 이름
이다. 이는 카카오의 오랜 전통으로 원래는 화요일(Tuesday) 오후 5시
에 열렸다가 목요일로 바뀌었다. 다만 코로나19 이후 재택근무가 2년
가까이 지속되면서 비대면으로 열리고 있다.

T500은 전체 카카오 크루가 참여할 수 있는 회의로 모두가 자유롭
게 질문을 주고받으며 다양한 의견을 나눌 수 있다. T500이 열리는 장
소는 타운홀인데, 방석을 깔고 다닥다닥 붙어서 앉을 수 있는 구조다.
지정 좌석은 당연히 없다. 브라이언이 T500에 참석한다 해도 수평적
인 카카오에서는 당연히 방석에 같이 앉는다. 지금은 본사 임직원만
3000명을 넘어갈 정도로 조직이 커졌고 T500이 비정기적으로 열리
면서 브라이언과 같이 방석에 앉을 일은 거의 없다는 후문이다.

가장 최근 열린 T500은 2021년 11월로 이번 신축 사옥에 대한 상
황과 2021년 3·4분기 실적 발표와 관련된 이슈가 공유됐다. T500에
선 송년회도 열리는데 2016년 연말에 열린 사내 송년회엔 카카오M
소속 가수 아이유가 깜짝 등장해 크루 전체가 열광의 도가니에 빠진
적도 있다. 당시 아이유 소속사 로엔엔터테인먼트는 2016년 초 카카
오에 M&A됐고 현재는 공동체인 카카오엔터테인먼트와 합병됐다.

카카오가 크루에게 거침없이 정보를 공유할 수 있는 이유는 바로
'100:0의 원칙'이 있어서다. 카카오 크루라면 반드시 지켜야 하는 원칙
이다. 100:0의 원칙은 카카오 내부에서 알게 되는 모든 정보는 크루끼
리는 100% 공유할 수 있지만 외부로는 절대 공유하지 않는다(0%)는
것이다. 크루가 일에 필요한 정보를 찾아서 자기주도적으로 일을 할
수 있도록 100% 정보를 공유하는 만큼 외부 유출은 금물이다. 다행히

©카카오

카카오 사옥 내부에서 퀵보드를 타고 이동할 수 있다.

대부분의 카카오 크루가 이 원칙을 잘 지킨 덕분에 정보 공유 문화는 지속되고 있다. 국내 기업 중 카카오가 정보 공유 문화가 있다면 해외에서는 구글이 카카오와 비슷하게 정보를 공유하는 문화를 갖고 있다.

카카오스러움과
카카오 시즌2

카카오에는 카카오만의 일하는 문화가 있다. 우선 카카오는 구성원을 크루(Krew)라고 부른다. 카카오(Kakao)라는 한 배를 탄 선원(Crew)이자 가보지 않은 길을 함께 항해하는 동료들을 부르는 말이다. 김 의

장은 앞서 NHN을 관뒀을 때의 이유를 이렇게 설명했다. "배는 항구에 정박해 있을 때 가장 안전하다. 하지만 정박이 배의 목적이 아니다. NHN에 안주하기엔 아직 젊다고 생각했고, 새로운 도전은 밖에서 하고 싶었다" 카카오 크루는 브라이언과 새로운 도전을 하며 가보지 않은 길을 개척하는 동료인 것이다.

카카오는 카카오톡을 개발한 초기부터 '카카오스러움'을 일하는 과정 속에 자연스럽게 정착시켰다. 초창기 크루들 중에 기존에 경험했던, 전통적인 회사를 만들고 싶었던 사람은 없었고 브라이언과 함께 다른 방식의 회사를 만들고 싶어 했다. 특히 그들은 '그냥 다 그렇게 하니까'에 피로감을 느꼈고 누가 시켜서 하는 게 아니라 스스로 알아서 하는 문화를 만들려고 했다. 기획자가 일을 정하고 개발자에게 과제를 던지는 게 아니라 누가 시키지 않아도 토론하며 프로젝트를 만들고 싶은 사람들이 모였기 때문에 자연스럽게 카카오스러운 문화가 형성된 것이다.

자기주도적으로 일하다 보니 개인의 취향대로 고를 수 있는 카톡 배경 화면도 탄생했다는 후문이다. 카카오의 오피스가 서울 역삼동에 있던 시절, 사람들이 출퇴근할 때 모두 똑같은 화면으로 카톡 하는 모습을 보고 대화하는 게 지겨울 것 같다는 생각이 카톡 테마로 이어졌다. 카톡 테마 아이디어는 성공했다. 카카오톡 이용자에게 지금도 인기가 있는 '눈 내리는 카톡창'도 이용자 입장에서 개발하고 기획해서 실행에 옮기면서 탄생했다. 눈 내리는 카톡창은 기획안을 검토하면 오랜 시간이 소요되니 '카톡 실험실'을 만들어서 자유롭게 테스트했다. 테스트 단계에서 눈 내리는 카톡창에 대한 이견이 없자 바로 출시됐다.

이 같은 '자기주도성'은 카카오톡과 카카오를 관통하는 카카오스러움의 키워드가 됐다. 실제 카카오의 인재 채용에서 가장 비중 있게 평가하는 항목이 바로 자기주도성이다.

카카오가 규정한 카카오스러움을 한 번 살펴보자.

▲ 가보지 않은 길을 두려워하지 않는다.

▲ 무엇이든 본질만 남기고 처음부터 다시 생각한다.

▲ 나보다 동료의 생각이 더 옳을 수 있다는 믿음을 가진다.

▲ 스스로 몰입하고 주도적으로 일한다.

▲ 세상을 선하게 바꾸려고 노력한다.

카카오 관계자는 "크루들은 새로운 생각이나 새로운 일을 하기를 두려워하지 않고 자발적으로 움직인다"면서 "동료와 치열한 논의를 거치는 게 몸에 배어 있다"고 말했다.

이 중 '세상을 선하게 바꾸려고 노력한다'는 김 의장이 2021년 3월 18일 카카오톡 10주년 기념일에 카카오 크루에게 밝힌 '카카오 시즌 2'의 큰 방향성이다. 카카오의 시즌2인 다음 10년 동안 크루가 우리만의 문화를 넘어서 사회문제 해결의 주체자가 되자고 했다. 그는 "우리는 커머스, 콘텐츠, 캐릭터, 모빌리티, 금융, 블록체인, 인공지능(AI), 기업 간 거래(B2B)까지 무수히 많은 가보지 않은 길을 걸어왔다"면서 "이제는 모바일 생활 플랫폼을 넘어 사람들이 어려움을 겪고 있는 많은 사회문제를 하나씩 해결해 나가는 데 크루들이 관심을 가졌으면 좋겠다"고 강조했다. 그러면서 "세상 참 좋아졌네, 그 한마디에 보람을 느끼며 나아갔고 더 나은 세상을 만들겠다는 선한 의지를 진정성 있게 발현했다"면서 "지난 10년이 '굿 컴퍼니'였다면 나머지 10년은 '그레이트 컴퍼니'로 이끌어질지 결정할 것"이라고 덧붙였다. 카카오 시즌2를 기업의 선한 의지로 더 나은 세상을 만드는 데 크루의 힘을 집중하자는 의미다.

카카오는 시즌2를 위한 행보에 돌입했다. 우선 김 의장의 복심인 남궁훈 카카오게임즈 각자대표를 2021년 12월 미래이니셔티브센터장으로 선임했다. 남 대표는 한게임 창립 멤버로 커뮤니케이션 사업부장과 한국게임 총괄 등을 역임했다. 이후 NHN USA 대표, CJ인터넷 대표, 위메이드 대표를 거쳐 엔진을 창업했다. 김 의장은 남 대표를 2015년 카카오로 불러들였는데 이때 엔진과 다음게임이 합병해 카카오게임즈가 출범했다. 미래이니셔티브센터는 카카오의 미래전략추진실로, 카카오 공동체의 미래 10년(beyond mobile)을 준비하는 조직이다. 현재 김 의장이 센터장을 겸하고 있다. 남 대표는 김 의장과 센터장을 맡아 카카오의 미래먹거리 발굴을 총괄한다. AI, 블록체인, 디지털 헬스케어 등 신기술을 융합해 '제2의 카카오톡'을 발굴하는 데 목표를 두고 있다.

가슴은 뜨겁게
머리는 조심하게

©우아한형제들

우아한형제들 사무실의 휴식 공간

우아한형제들이 임차해 있는 장은빌딩에서는 올림픽 공원이
훤히 내려다 보인다.

3

우리가 어떤 민족입니까
'배달의민족'

**배달의민족은
'뷰 맛집'**

배달의민족 운영사 '우아한형제들'의 현재 사무공간 장은빌딩(2017년 입주)은 서울 송파구 올림픽공원 평화의 문을 마주보고 있다. 통상 사옥 꼭대기 층은 회장님이나 사장님 등 높은 분이 집무실로 사용하지만 스타트업 맏형 배달의민족(여기서부턴 익숙한 이름 배달의민족이라고 부르겠다)은 다르다. 꼭대기 층인 18층에 올라가면 구성원들이 출출할 때 간식을 사먹을 수 있는 편의점(우아한 매점)이 있고 넓은 카페형 라운지가 있다. 즉, 구성원들을 위한 공간이다. 18층에서 통유리창으로 올림픽공원을 내려다보면 일을 하다가 잘 풀리지 않을 때 산을 찾는 것처럼 가슴이 뻥 뚫릴 것 같은 기분이 든다.

사옥 18층만 봐도 배달의민족이 구성원에게 어떤 사옥, 어떤 일하는 공간을 만들어주고 싶었는지 금방 눈치챌 수 있다. 구성원이 우선인 회사, 그리고 구성원이 행복하게 일할 수 있는 회사 말이다. 사옥 18층 카페의 한 쪽 벽에는 배달의민족에서 일하는 구성원의 사진이 걸려 있다. 구성원의 사진에는 '배민스럽게' 개성과 위트가 넘친다. 처음에는 배달의민족에 입사하는 모든 구성원의 사진이 걸렸지만 구성원 수가 1000명을 넘어가면서 공간이 부족해서 신규 구성원의 사진은 더 이상 걸리지 않는다고 한다.

사옥 18층은 김봉진 우아한형제들 의장이 가진 '구성원이 일하는 공간, 그들이 일을 하며 바라보는 풍경에 따라 업무의 능률과 성과가 달라진다'는 철학이 반영된 공간이다. 배달의민족이 이른바 '파크뷰(공원뷰)'인 현재 장은빌딩에 둥지를 튼 것도, 이전 사옥이 '석촌호수+롯데월드뷰'였던 것도 우연이 아니었다. 그런데 배달의민족은 업무 공간으로 왜 파크뷰를 선호할까. 힌트는 김봉진 의장이 배달의민족 사업 초창기에 함께 일했던 구성원 15명으로부터 받은 버킷리스트를 보면 짐작할 수 있다. 이 버킷리스트 역시 18층에 있는 한 기둥의 벽에 붙어 있다. 잠시 버킷리스트를 보자.

▲ 사원증을 목에 걸고 다닐 수 있는 회사

▲ 회사 곳곳에 책이 널브러져 있는 회사

▲ 벌레가 없고, 공기가 신선한 회사

▲ 한 달에 한 번 이상 치킨을 시켜먹는 회사

▲ 한적한 곳에 위치한 회사

▲ 공원이 옆에 있는 회사

▲ 그리고 돈을 많이 버는 회사

구성원의 버킷리스트는 하나씩 현실이 됐다. 삼성동의 허름한 작은 상가 건물에 조그만 사무실에서 시작한 배달의민족은 여러 번 이사를 거쳐 지난 2014년 서울 잠실 롯데월드와 석촌호수가 보이는 사무실을 얻었다. 김봉진 의장은 사무실을 알아볼 때 공원 근처만 알아보고 다닐 정도였다. 그리고 이때부터 배달의민족의 점심시간이 한 시간 반으로 늘어났다. 사무실이 공원 옆에 있으면 뷰는 좋지만 점심먹으러 갈 식당이 적고 병원, 편의시설 등이 주변에 많지 않아서다. 실제 구성원은 점심시간에 밥을 먹고도 석촌호수를 돌며 산책할 여유가 생겼다고 한다.

이미 우아한형제들 설립 3년 만에 버킷리스트의 상당수가 실현됐고 이에 더해 배달의민족은 스타트업계 최초로 주35시간 근무를 도입해 꿈의 직장으로 꼽히기도 했다. 주35시간 근무는 월요일 출근 시간을 파격적으로 오후 1시로 하고, 퇴근시간은 30분 당기고 점심시간은 30분 늘려 실현했다. 이는 단순한 '워라밸(워크 앤 라이프 밸런스)' 차원이 아니다. 복지제도가 아니라 업무효율성을 높여보자는 취지로 '구성원을 행복하게 만들면 행복한 구성원이 자발적으로 더 좋은 서비스를 만든다'는 김 의장의 철학이 담겼다. 배달의민족은 구성원이 더 늘자 배달의민족이 일하는 문화를 구성원과 토론하며 직접 만들고 다듬고 발전시켰다.

배달 애플리케이션 시장 경쟁이 치열한 가운데 배달의민족은 돈도 잘 번다. 버킷리스트대로 운영사 우아한형제들은 지난 2020년 1조 원 매출을 돌파했고, 그보다 1년 앞선 2019년에는 독일 음식배달 서비스 기업 딜리버리히어로에 약 4조 75000억 원의 기업 가치를 인정받는 인수합병(M&A) 딜을 성사시키면서 토종 스타트업 성공신화를 썼다.

대학교에서 실내디자인, 대학원에서는 시각디자인을 전공한 김 의장은 창의적인 공간에서 창의성이 발휘된다고 믿고 있다. 그러니까 김 의장은 대학교때부터 공간이 사람들에게 어떤 영향을 미치는지 공부했다. 배달의민족이 창의성을 발휘하도록 끊임없는 영감을 불어넣기 위해 사옥마다 테마를 정하는 데는 김 의장의 공간에 대한 철학이 반영된 것이다. 장은빌딩의 테마는 스포츠에서 혁신을 이뤄낸 인물이고 이전 잠실 석촌호수와 롯데월드가 내려다보이는 사옥의 테마는 '네버랜드'였다. 롯데월드를 피터팬이 나오는 네버랜드라고 정의하고 네버랜드로 날아갈 수 있는 상상을 하는 공간을 연출해 미팅룸, 회의실, 라운지에 피터팬 친구의 이름을 따서 나나의 방, 웬디의 라운지 등으로 붙였다.

장은빌딩 각 층에는 배면뛰기라는 역발상으로 높이뛰기의 역사를 새로 쓴 딕 포스베리(Dick Fosbury), 육상 단거리에서 최초로 크라우칭 스타트를 선보인 토마스 버크(Thomas Burke), 기술 중심의 피겨 스케이팅을 예술의 경지로 끌어올린 소냐 헤니(Sonja Henie), 야구에서 최초로 커브볼을 던진 투수 캔디 커밍스(Candy Cummings) 등 스포츠 혁신가가 자리잡았다. 이를테면 육상 콘셉트로 꾸민 8층에 가면 육상 트랙이 있고, 마치 육상 경기를 구경하는 듯한 스탠드 관중석이 있는데 이곳은 회의실이다. 이 회의실은 서로가 서로를 한눈에 볼 수 있어서 '수평적'이고 편하게 앉아서 창의적으로 회의를 할 수 있도록 둥그랗고 계단형 구조로 만들었다.

배달의민족에는 스탠드 관중석 같은 회의실이 많고 같은 구조로 설

©우아한형제들

육상 트랙 콘셉트로 꾸민 회의 공간에서는 수평적이고 창의적인 회의가 이루어진다.

계됐다. 이 스탠드는 사실 학교 운동장 스탠드에서 영감을 받았다고
한다. 학창시절 친구들과 편하게 걸터앉아 허심탄회한 이야기를 나누
고 시시한 농담부터 고민까지 편안하게 나눌 수 있는 공간 말이다. 스
탠드 회의실을 보면 배달의민족이 어떤 회의 분위기를 지향하는지도
눈치챌 수 있는데 이는 뒤에 설명하겠다. 회의실 중에는 다락방 콘셉
트로 만든 곳도 있다. 신발을 벗고 다락방에 올라가면 직급과 서열의
틀이 허물어지는데 이를 노린 것이다. 사무실 역시 파티션을 두지 않
고 스툴형 의자를 배치해 다른 팀 사람들도 자유롭게 옆에 앉아서 대
화할 수 있도록 유도했다.

회사 사무실에 경영철학과 사풍을 반영하는 것은 세계적 트렌드다.

김 의장도 일하기 좋은 업무 환경을 만들려고 글로벌 기업의 공간이 어떻게 바뀌는지, 이들이 공통적으로 추구하는 업무 공간이 어떻게 구성원 간 협업을 이끌어내는지, 업무능률을 높이고 있는지 수개월에 걸쳐 조사하고 분석했다. 조사 결과와 구성원의 버킷리스트를 사옥의 위치와 공간의 콘셉트에 반영해 배달의민족만의 철학이 담긴 사옥을 연이어 만든 것이다. 김 의장은 자신의 말대로 유명 대기업처럼 으리으리한 건물이 아니라 아이디어와 정성만으로 배달의민족의 스토리가 담긴 공간을 디자인하는 데 성공했다.

B급 감성 속에서
꽃피우는 창의성

배달의민족 하면 B급 감성부터 떠오른다. "우리가 어떤 민족입니까"로 배달의민족을 세상에 알린 TV광고부터 "치킨은 살 안 쪄요, 살은 내가 쪄요"라는 띵언을 남긴 배민신춘문예, 치킨계의 소믈리에를 뽑는다며 '치믈리에' 시험을 기획하고 미슐랭 가이드를 패러디한 '치슐랭 가이드'를 만들고 이듬해에는 전국 떡볶이 덕후를 한자리에 모아 떡볶이 페스티벌을 열고 먹고 노는 콘셉트의 'ㅋㅋ 페스티벌'마저 개최하는 '쩌는' 기획력뿐만 아니라 '힣' 'ㅋㅋㅋ' 배민체로 장식된 배민 문방구의 제품 하나 하나에 배민스러운 B급감성과 창의성이 녹아 있다. 그리고 이는 배달의민족만의 아이덴티티로 자리 잡았다. 장은빌딩 18층에서 2층까지 진행되는 배민 사옥 투어를 해보면 배민스러움이 층마다, 층과 층을 연결하는 계단마다, 휴게실 저 구석 귀퉁이마저 녹아 있다.

그런데 왜 배달의민족은 B급 감성을 추구할까. 그 이유를 책《배민 다움》(홍성태, 북스톤)에서 찾을 수 있다. 홍성태 한양대 교수가 김 의장 을 인터뷰하는 형식으로 쓴 이 책에서 김 의장은 '누가 배달을 주로 시 키는 사람이냐'에 주목했다고 설명했다. 보통 누가 음식배달을 주문하 나. 회사에선 부서 혹은 팀의 막내가 음식배달 주문 역할을 담당한다. 부장이나 팀장이 주문하는 일은 거의 없다. 한때 막내는 주문만 잘해 도 '일 잘한다' '센스 있다'는 평가를 받기도 했다. 즉, 막내의 연령대인 2030세대가 B급 코드와 홍대문화에 익숙하다는 점에 착안해 그들의 마음을 사로잡을 문화코드를 담자고 생각했고, 이를 배달의민족의 브 랜드 정체성으로 삼았다는 것이다. 김 의장은 "저희는 배달음식을 시 키는 사람들이 배민을 좋아해주길 바라는 마음을 담아 그들이 좋아하 는 콘텐츠를 만들었다"고 말했다. 김 의장은 당시 B급문화의 대표주자 인 MBC 예능 프로그램 〈무한도전〉을 열심히 보고 연구했다. 이같이 B 급 감성과 키치함으로 중무장한 배달의민족은 핵심 이용자인 2030세 대의 취향을 제대로 저격하면서 팬클럽까지 생겼다. 배달의민족의 센 스를 닮은 팬클럽 이름은 '배짱이'다. 배달의민족을 짱 좋아하는 이들 의 모임이라는 뜻이다. 이들은 2016년 5월에 창단식도 열었다.

장은빌딩 업무 공간 '네이밍'에서도 배달의민족의 톡톡 튀는 브랜딩 실력을 엿볼 수 있다. 큰집인 장은빌딩 2층에는 '가평 같은 방'과 '양평 같은 방'이 있다. 워크숍을 간 것 같은 분위기를 느낄 수 있는 회의실이 다. 회의실 안에 책상, 소파는 기본이고 싱크대, 냉장고, 전기레인지도 구비돼 있다. 마라톤 회의, 끝장토론, 밀도 높은 회의가 필요하면 구성원은 이곳에서 음식까지 해먹으면서 회의에 몰입할 수 있다. 최근 기업들이 휴가지에서 일하는 이른바 '워케이션'을 시범 운영을 하고 있는데 배달의민족은 굳이 휴가지에 가지 않아도 휴가지 기분을 내면서 이곳에서 일을 할 수 있으니 이미 워케이션을 도입한 셈이다.

배민체도 배달의민족 B급 정서와 뗄 수 없다. 배민체는 배달의민족 브랜드 아이덴티티를 만들면서 키치한 감성도 담으려고 했는데 1970~80년대 키치함을 담은 폰트를 찾지 못해 지난 2012년 직접 만든 서체다. 1960~70년대 간판을 모티프로 만든 '한나체'를 시작으로 매년 한글날에 맞춰 선보인 배민체가 벌써 11개로, 배달의민족 아이덴티티를 대표하는 글꼴이 됐다. 배달의민족은 배민체로 포스터를 만들었고 배민문방구의 제품에 배민체를 입혀 배민스러움을 완성했다. 심지어 배민체만 봐도 사람들이 배달의민족을 떠올릴 정도다.

배민체는 배달의민족 서비스와 결합하면서 더 시너지를 내고 있다. 이를테면 배달의민족 선물하기에서 상품권을 담을 카드에 '먹을 복 터질 배', '나이 배달왔습니다' 등을 배민체로 적으면 꼭 배민신춘문예가 생각난다. 배달의민족의 신산업인 로봇배달에서도 특유의 유머가 등장한다. 엘리베이터를 타고 빌딩 각 층을 오르내리는 배달로봇 '딜리'의 얼굴에는 웃는 이모티콘, 뒷면에는 '초보운전'이 배민체로 써 있다. 딜리는 엘리베이터에서 내리기 전에 "저 이번에 내려요"라고 말해 함께 탄 사람들을 배꼽 잡게 한다. 이렇게 배달의민족에 내제된 B급 감성에서 툭툭 튀어나오는 아이디어는 어느 한 부서에서 나오지 않는다. 배달의민족 구성원이 일하는 문화 속에서 자연스럽게 창의적인 아이디어가 나온다는 것이다. 물론 기발한 아이디어가 쑥쑥 나오는 배경에는 배달의민족이 권장하는 '잡담' 문화가 있다. 배달의민족에서 잡담은 곧 경쟁력이다. 우아한형제들 관계자는 "서로 농담하는 와중에 아이디어가 생길 수 있고 편안한 분위기 속에서 커뮤니케이션하는 와중에 엉뚱한 아이디어를 서비스에 녹인다"고 말했다. 김 의장은 "무엇보다 아이디어를 비방하지 않고 받아주는 문화가 중요하다"면서 "아무리 황당한 아이디어라도 다른 사람들의 아이디어가 더해지면 현실적으로 쓸 만한 결과가 나오니까 다들 신나게 아이디어를 내고 회의가 거의 아이디어 배틀처럼 된다"고 설명했다.

배달의민족이 일하는
11가지 방법

큰집(장은빌딩)에 가면 엘리베이터 옆에 '송파구에서 일을 더 잘하는 11가지 방법'이라고 쓰인 종이가 붙어 있다. 배달의민족이 일할 때 지켜야 하는 원칙 11가지로, 배달의민족의 일하는 문화가 고스란히 담겨 있는데 이 중 핵심적인 몇 가지를 소개한다.

첫 번째는 '12시 1분은 12시가 아니다'이다. 언뜻 보면 '지각하지 마라'는 강한 경고를 담은 듯하다. 초기 버전은 '9시 1분은 9시가 아니다'였고 실제 지각금지의 배민스러운 표현이었다. 하지만 지금은 구성원 간에 1분과 같은 아주 작고 사소한 약속도 지켜야 한다는 의미로 사용되고 있다. 현재 배달의민족의 월요일 출근 시간은 오후 1시기도 하다.

두 번째는 '실행은 수직적! 문화는 수평적'인데 일을 결정하고 결과에 책임지는 것은 수직적으로, 개개인의 창의성을 존중하는 문화는 수평적으로 조성돼야 한다는 의미를 담고 있다. 이는 여덟 번째 일하는 방법인 '책임은 실행한 사람이 아닌 결정한 사람이 진다'와도 맞닿아 있다. 사람들은 B급 문화를 추구하는 배달의민족이 이미 수평적인 기업이라는 사실을 안다. 그리고 많은 기업들이 구성원의 창의성을 위해 수평적인 문화를 도입한다. 하지만 정반대로 수평적인 배달의민족은 수직적 규율을 중요하게 생각한다. 업무의 기본은 성과를 내는 것이고 조직에서는 수직적 규율이 요구되기 때문이다.

수평적인 문화 속에서 아무도 결과에 책임지지 않는다면 조직은 산으로 간다. 스타트업이 이름 뒤에 '님'이나 영어 이름을 부르면서 수평적인 문화를 추구하고 배달의민족이 주당 35시간을 보장하고 연차를 눈치 보지 않고 쓸 수 있다고 해서 일을 느슨하게 하는 건 절대 아니다. 오히려 배달의민족을 비롯한 대다수 스타트업은 시장이 빠르게 변하고 경쟁이 치열해서 그만큼 일에 강하게 몰입한다. 일을 자율적으로 하되 과도한 의전 문화를 없애면서 상급자는 결과에 확실히 책임지는 등 수직적인 문화와 수평적인 문화의 균형을 유지하려고 노력한다는 의지가 담겼다고 볼 수 있다.

세 번째는 '잡담을 많이 나누는 것이 경쟁력'으로, 앞서 언급했듯이 배달의민족이 정말 중요하게 생각하는 가치다. 배달의민족은 오프라인과 온라인에 구애받지 않고 잡담을 권장한다. 잡담 속에서 자유로운 아이디어가 생기고 잡담은 구성원의 유대감을 높이면서 조직이 건강하게 성장할 수 있는 원동력이 된다고 믿고 있다. 김 의장은 '배민다움'에서 "잡담은 내 아이디어를 누군가 반대해도 쿨하게 받아들일 수 있는 문화를 만든다"면서 "혼자 생각하는 것보다 집단이 머리를 모아야 좋은 아이디어가 나온다. 이거 내 아이디어인데 누가 뺏어갔어? 하는 분위기가 생기는 순간 좋은 아이디어가 나오기 어렵다"고 말했다.

배달의민족은 협업툴로 '슬랙'을 사용하는데 여기에도 ㅋㅋ타임과 잡담채널이 있다. ㅋㅋ타임은 깜짝 퀴즈시간으로, 회사의 새 소식이나 서비스와 관련된 퀴즈를 내면서 맞히면 경품도 주는 일석이조의 시간으로 사랑받고 있다. 슬랙에 있는 잡담채널에는 신제품 체험관, 퇴근 없는 육아피플 채널 등 다양한 채널을 만들어서 구성원끼리 잡담을 나눌 수 있다. 특히 코로나19로 재택근무가 장기화되면서 슬랙에서 잡담을 나누며 오프라인에서 만나지 못하는 아쉬움을 달래고 있다.

'휴가나 퇴근 시 눈치 주는 농담을 하지 않는다'는 것도 배달의민족이 일하는 방법인데 이는 이미 많은 스타트업에서 정착된 문화다. 하지만 아직도 퇴근할 때나 휴가 내는 데 눈치 보는 분위기의 기업이 더 많은 것도 현실이다. 우아한형제들 법인이 설립된 시기는 11년 전인 2011년인데, 배달의민족도 법적으로 보장된 휴가를 눈치 보며 쓰지 않는 문화를 조성하기 위해 '휴가에는 사유를 묻지 않습니다'는 캠페인을 열었다. 퇴근할 때는 아예 물어보지 않게 했다. 배달의민족 역시 오랜 시간 노력이 필요했다는 의미다.

마지막은 CNN 창업자 테드 터너가 한 말이기도 한 '이끌거나, 따르거나, 떠나거나!'로, 김 의장이 감동받아서 배달의민족이 일하는 방법에 포함됐다. 총대 메고 깃발 꽂고 이끌면서 리더십을 발휘하든지, 아니면 확실하게 팔로우십을 발휘하라는 의미다. 자신이 이끌지도 따르지도 않는 방관자로 불만만 갖는 사람은 조직에 필요 없으니 떠나라는 경고도 담겼다.

다음은 송파구에서 일을 더 잘하는 11가지 방법 전문이다.

1— 12시 1분은 12시가 아니다. (원래 9시 1분은 9시가 아니다.)

2— 실행은 수직적! 문화는 수평적~

3— 잡담을 많이 나누는 것이 경쟁력이다.

4— 쓰레기는 먼저 본 사람이 줍는다.

5— 휴가나 퇴근 시 눈치 주는 농담을 하지 않는다.

6— 보고는 팩트에 기반한다.

7— 일의 목적, 기간, 결과, 공유자를 고민하며 일한다.

8— 책임은 실행한 사람이 아닌 결정한 사람이 진다.

9— 가족에게 부끄러운 일은 하지 않는다.

10— 모든 일의 궁극적인 목적은 '고객창출'과 '고객만족'이다.

11— 이끌거나, 따르거나, 떠나거나!

배달의민족 6번째 사무실은
어떻게 구성됐을까

배달의민족은 구성원이 약 1700명으로 급증하면서 장은빌딩(큰집)만으로 사옥이 부족해 루터회관(옆집), 삼성생명(작은집)에 사무실을 운영하고 있다. 2012년 12월 롯데타워에 2개 층을 임대해 6번째 사무실을 추가로 연다는 따끈따끈한 소식을 듣고 우아한형제들의 공간디자인실 유병규 팀장에게 새로운 업무 공간 이야기를 들어봤다. 롯데타워 사무실 역시 배달의민족답게 '뷰'에 대한 고민이 생생하게 담겼다. 코로나19 팬데믹 속에서 일상화된 비대면 회의를 고려해 공간을 구성한 것도 특징이다.

그는 롯데타워에 우아한형제들의 새로운 업무 공간을 만든 이유에 대해 "구성원을 어떻게 다시 우리의 공간으로 데려올 것인가?"라는 물음에서 시작했다고 했다. BCAC(before covid19-after covid19)로의 변화에 대응하는 우아한형제들이 추구하는 공간의 첫걸음이라는 의미도 있었다. 우아한형제들은 2017년 초 방이동에 터를 잡았는데 4년 사이 임직원이 500명에서 1700명으로 크게 늘며 현재는 5곳의 사무실에 분산돼 근무하고 있다. 임직원이 지속적으로 늘어나면서 롯데타워에 새 업무 공간을 마련하게 됐다.

롯데타워는 '총체적 커뮤니티의 장(holistic community space)을 이루는 공간'이라는 가치에 중점을 두고 있다. 협업과 소통을 위해 구성한 사무 공간(개인 업무 몰입 공간, 회의실)이 특징이다.

공간은 크게 working space, co-working space, supporting space의 구조를 가지고 있는데 기본적으로 어디에서든 개인 업무가 가능하게 구성을 했다. 또 시각, 청각, 촉각으로 경험적 공간을 제공해 개인적 영역을 극대화한 공간을 추구했다. 특히 비대면 회의에서 중요한, 화면에 비춰지는 인상에 대한 고민을 많이 했는데 비대면 회의가 많아지면서 평소보다 자신이 비춰지는 화면, 즉 자신이 화면에 어떻게 비춰지는지에 대한 경험이 극도로 높아졌다. '포토샵이 되어 있는 자신의 모습'이라는 주제로 고민을 많이 했다. 화면에 비춰지는 얼굴의 각도가 상대방에 압도감이 없는 기분 좋은 각도, 빛의 컬러, 적정한 빛의 세기 (태양광과 LED광의 적절한 분배를 통해 아름다운 빛의 광도) 등의 심미적 체험의 공간을 구성했다.

공간에 있어 콘셉트 의미를 부여하는 매우 중요한 부분이라고 생각해요. 우아한 형제들 롯데타워 오피스의 개념 및 디자인은 'New generation office'예요. 현 시대에 존재하는 다양한 종류의 오피스가 있다면 그 다양성을 1세대 오피스라 개 념지었고 우리는 새 시대에 맞는 오피스를 만들기 위해 새로운 개념, 새로운 시대 의 '2nd generation' 오피스라는 콘셉트로 롯데타워 오피스를 만들게 됐죠.

롯데타워는 서울을 한눈에 내려다볼 수 있는 구조로 되어 있다. 너무나도 아름다운 뷰를 가지고 있는 공간이다. 하지만 평소 오피스를 사용하는 구성원들은 흐리거나 비 오는 날 이외에는 태양 빛에 눈이 부셔 블라인드를 80% 이상 내리고 업무를 본다. 그래서 "구성원들이 맑은 날에도 외부를 보게 할 수 없을까"라는 고민을 하게 됐는데 고민 결과 외부의 빛을 활용해 부분적으로 차단하고 외부를 즐길 수 있도록 하는 공간을 마련하게 됐다. 이 공간은 근무 활용도가 가장 높은 working office wall에 블라인드 역할을 하는 책장을 배치해 눈부심은 덜하면서도 외부를 즐길 수 있는 공간으로 만들었다.

우아한형제들의 업무 공간에는 '배민스러움'이 많이 녹아있다. 그는 공간으로 인해 수평적으로 대화가 이뤄질 수 있도록 하는 공간 구성을 배민다운 공간이라고 생각한다고 했다. 이 공간을 사용하는 구성원이 교류하고, 능동적 참여를 이끌어 낼 수 있는 것, 긍정적인 경험과 관계를 이끌어 내는 공간을 추구한다.

우아한형제들은 향후 판교의 신사옥으로 이전할 계획인데 판교 신

©우아한형제들

롯데타워 오피스

사옥은 아직 삽조차 뜨지 않았다. 분명한 것은 판교 신사옥에서 역시 세상을 깜짝 놀라게 할 신박한 오피스가 펼쳐질 것이라는 점이다.

야놀자 사옥

2019년, 선릉에서 삼성동으로 사옥을 옮기면서
기존의 4배에 달하는 인원을 수용할 수 있게 되었다.

4

이제 '글로벌' 스타트업
야놀자

**우리는 '테크' 스타트업,
사옥은 강남에 있어야지**

2021년 한국에서 가장 뜨거웠던 스타트업을 꼽으라면 '야놀자'일 거다. 공격적인 베팅으로 유명한 손정의 소프트뱅크 회장이 이끄는 비전펀드가 2021년 7월 야놀자에 무려 2조 원을 투자한 소식을 듣고 놀라지 않은 사람이 있을까? 야놀자는 비전펀드 투자로 기업가치 10조 원 이상을 인정받아 유니콘을 뛰어넘어 '데카콘'의 반열에 올랐다.

그런 야놀자의 탄생이 다음(DAUM) 카페고, 그 시기가 2005년이라는 사실을 아는 사람은 그리 많지 않다. 창업자 이수진 야놀자 총괄대표는 2005년에 회원 수 1만 명인 다음 카페를 500만 원에 사서 30만 명으로 키웠다. 당시 야놀자의 첫 업무 공간은 경기도 의정부시에 있는 지인의 아파트였다. 이 총괄대표는 야놀자의 공동창업자 3명과 이곳을 사무실로 썼다. 야놀자는 2000년대 초중반 닷컴 시대를 지나 모바일 시대를 맞아 본격적으로 비상하기 시작했다.

모바일 커머스, 오늘날 우리에게 익숙한 숙박 애플리케이션 야놀자는 사실상 2015년에 시작됐다고 생각하면 된다. (당시엔 야놀자를 숙박온·오프라인연계서비스, 숙박O2O라고 불렀다.) 2015년은 야놀자가 '리스타트'를 선언한 해다. 그해 야놀자는 설립 10년 만에 첫 투자를 받았다. 투자금은 100억이었다. 야놀자 사옥은 서울 논현동, 테헤란로인 선릉에 있었다. 논현동 사옥은 야놀자의 단독 사옥으로 입주 당시부터 전 층을 사용했고 2층엔 야놀자좋은숙박연구소가 만든 '쇼룸'이 있었다. (이 쇼룸은 삼성동 사옥에서 AI·클라우드 기술을 접목한 '씽크룸'으로 진화한다.)

야놀자가 테헤란로에 둥지를 튼 것은 야놀자가 기술 기반의 스타트업이기 때문이다. 손 회장도 야놀자의 기술 기업으로의 성장 가능성을 보고 2조 원을 베팅한 것으로 알려졌다. 현재 야놀자 임직원의 약 40%가 개발자다.

우수한 개발자를 지속적으로 채용해야 하는데, 국내의 내로라하는 IT 기업은 판교에 몰려 있다. 개발자들이 판교를 벗어나지 않으려 하기에 판교와 가까운 강남 라인, 즉 테헤란로에 사옥을 마련할 수밖에 없다는 것이다. 개발자 구인난에 시달리는 스타트업이 일부러 강남으로 이사하는 이유기도 하다. 야놀자 관계자는 "궁극적으로 개발자가 선호하는 워크 플레이스(업무 공간)인 강남에 있어야 했다"면서 "테헤란로는 한국 1세대 벤처기업이 탄생한 IT의 허브"라고 강조했다.

야놀자의 선릉 사옥 1층 카페는 스타트업계의 사랑방이었다. 사옥 근처에는 인터넷기업협회가 있었다. 야놀자는 카페를 스타트업 종사자에게 만남의 광장처럼 만들고 싶어 커피와 음료를 저렴하게 판매했다. 스타트업 사람들이 모이면 회의실도 무료로 빌려줬다. 그래서 항상 사람들로 북적였다. 이 시기 야놀자는 비상을 시작했고 매년 직원을 100명 이상씩 채용했다. 개발자만 100명 뽑은 해도 있다. 야놀자가 2018년 새로운 목표로 '글로벌 여가 플랫폼 R.E.S.T.'를 발표하면서부터다. R은 Refresh(재충전), E는 Entertain(오락), S는 Stay(숙박), T는 Travel(여행)의 의미를 각각 담았다.

선릉 사옥의 층수는 18층으로 높았지만 층마다 수용할 수 있는 인원이 적었다. 야놀자는 숙박O2O에서 동남아시아 여행 플랫폼 '젠룸스' 조건부 인수(2018년) 등 글로벌 여가플랫폼으로 본격적으로 진화를 시작하면서 기하급수적으로 늘어나는 임직원을 선릉 사옥에서 도저히 감당할 수 없었다. 2018년과 2019년의 신규 채용 인원은 400명에 달했다. 결국 임시방편으로 야놀자 선릉 사옥 인근 공유 오피스에 입주해 일하는 부서도 있었다.

문제는 하나 더 있었다. 부서별로 층을 나눠 쓰다 보니 부서를 뛰어넘는 협업이나 소통이 원활하지 않았다. 당시 야놀자는 빠른 성장에 집중하고 있었다. 스타트업에서 스피드는 생명인데 이를 위해 원활한 협업과 소통은 해결해야 할 과제였다.

2019년 야놀자는 지금의 삼성동으로 사옥을 옮겼다. 삼성동 사옥은 선릉 사옥의 4배에 달하는 인원이 함께 일할 수 있다. 사옥의 공간이 넓어지니 소통과 협업이 활발해졌다. 코로나19 이전 삼성동 사옥에서 야놀자의 일하는 풍경은 이랬다.

"아니 왜 굳이 메신저로 물어봐."

©야놀자

야놀자 삼성동 사옥 라운지

일을 하다 다른 부서와의 협업이 필요하면 마주보고 물어보면 됐고, 탁 트인 넓은 7층 라운지에서 로봇 바리스타가 제공하는 커피·음료를 마시면서 자유롭게 서비스를 발전시킬 아이디어를 나누면 됐다.

삼성동 사옥에서 야놀자는 더 승승장구했다. 시리즈D 투자 2000억 원을 받으면서 글로벌 가속화와 동시에 기술 기업으로서의 정체성을 강화했다. 또 야놀자를 우버, 그랩과 같은 슈퍼앱으로 키우겠다는 청사진을 밝혔다. 이용자가 어디에 있든 야놀자 앱 하나면 숙박·레저·이동까지 여가생활에 필요한 모든 것을 제공하는 슈퍼앱이 되겠다는 비전으로, 야놀자의 세 번째 도약이 시작됐다. 야놀자는 변곡점마다 거침없는 인수합병(M&A)으로 빠르게 성장했는데 인수할 때마다 서비스가 펜션, 호텔, 고급식당 예약, 레저 등으로 확대됐다. 여기에 야놀자의 차별화 전략이자 강점은 바로 기업 간 거래(B2B) 사업이었다. 야놀자는 클라우드 기반의 객실관리시스템(PMS) 기업 이지테크노시스를 인수했는데 이게 신의 한수였다. 야놀자가 오라클과 경쟁하는 PMS 선두기업으로 자리매김하는 동시에 코로나19 이후 잠시 주춤한 B2C 서비스 대신 야놀자의 글로벌 성장 전략이자 수익 기반이 됐다. 코로나19 장기화로 호텔관리 역시 비대면이 도입되면서 야놀자는 직접 개발한 호텔 셀프 체크인 키오스크, 비대면 솔루션 와이플럭스로 위기를 기회로 만들었다.

삼성동 사옥에는 2년 동안 글로벌 아티스트로 발돋움한 방탄소년단(BTS) 소속사 하이브도 함께 입주하면서 화제가 되기도 했다. 하지만 대다수 층은 야놀자가 사용했고, 하이브가 2021년 용산 사옥으로 이사 가면서 삼성동 사옥은 사실상 야놀자의 사옥이 됐다.

코로나19와
Y워크

변수는 코로나19였다. 야놀자는 코로나19 1호 확진자가 국내에 발생하자마자 전 직원 원격근무를 시작했다. 회사는 비상경영체제로 전환했다. 그때부터 경영진은 고민에 빠졌다. 당시에 원격근무 외에 다른 선택지가 없었다. 코로나19가 전 세계로 퍼져나갔고 팬데믹 상황이 됐다. 업무 공간이 사옥에서 집으로 바뀌었지만 야놀자는 성장을 지속해야 하는 타이밍이었고 생산성이 중요했다. 야놀자인은 이미 1000명을 넘어섰다. 야놀자인이 집뿐만 아니라 거점 오피스에서 일하더라도 효율적으로 일을 하고 성과를 객관적으로 측정하고 공유할 수 있는 시스템이 필요했다. 즉, 사옥 차원이 아니라 일하는 공간과 일하는 방식을 당장 재정립해야 했다.

야놀자는 경영진, 경영커넥트(경영지원), 조직문화, 마케팅, 브랜드, 사내 커뮤니케이션 등의 인원을 모아 태스크포스(TF)를 꾸렸다. 코로나19 시대의 일하는 방식을 논의하고 야놀자인 누가 봐도 직관적으로 이해할 수 있도록 일하는 환경과 일하는 방식을 구체화하고 명문화했다. 또 성과도 관리하고 공유할 수 있는 Y워크가 본격화됐다. Y워크는 일하는 방식을 ① 고객 ② 생산성 ③ 전문가, 3개로 세분화했다. Y워크는 야놀자가 일할 때 지켜야 하는 기준이자 목표다. 자율성에 기반해 유연하게 일을 하는 것이 핵심이다.

① 고객은 모든 사용자다. 이 고객을 판단하는 최우선 기준은 데이터다. 당장의 이익을 떠나 고객의 경험을 우선한다.

② 고객을 만족시키기 위해서는 생산성이 필요하다. 특히 오류를 줄여서 반복하지 않고 시스템을 개선해 생산성을 높여나간다. 일하다 생긴 문제점은 합의된 기준에 따라 철저하게 기록하고 투명하게 공유한다. 여기서 생산성을 측정한다.

③ 고객을 지향하는 생산성은 바로 전문가가 만든다. 전문가는 이 업을 철저하게 이해하고 있는 사람이어야 한다. 내가 기존에 해왔던 방식이 아닌 혁신을 만드는 사람이 전문가다. 전문가는 답변을 장황하지 않게, 신속 정확하게 한다. 업을 이해하고 있으니 전문가가 참여한 회의는 길지 않다. 회의에서 논리적인 의견 제시는 선택이 아니라 의

무다. 참고로 야놀자 회의실에는 타이머가 있다. 정해진 회의 시간 내에 논리적으로 의견을 내고 끝내라는 의미다.

이 세 가지 관점의 평가방식이 OKR에 합쳐진다. O는 목표(Object)로 고객, KR은 핵심 결과(Key Result)로 핵심결과를 내기 위해서는 야놀자인 모두가 전문가처럼 일을 하라는 것이다. 야놀자인은 자율적이고 능동적으로 Y워크를 통해 자신의 성과를 스스로 관리하고 있다. 코로나19로 2년 가까이 원격근무를 하는 동안에도 야놀자가 거침없는 M&A를 통해 비즈니스를 확대하면서 성장을 지속하고 2조 원의 투자까지 받아낸 비결이 Y워크에 있는 것이다.

사옥은 헤드오피스로, 워케이션 실험

달라진 점은 또 있다. 야놀자의 삼성동 사옥을 '헤드오피스'로 사용하기로 한 것이다. 삼성동 사옥은 회사로 출근해서 일해야 하는 핵심부서를 위한 헤드오피스로 두고 공유 오피스를 거점 오피스로 계약했다. 원격근무를 2년 가까이 시행해보니 사옥을 반드시 고집해야 할 이유가 없었다. 차라리 근무지를 확대해서 선택권을 더 제공하기로 발상을 전환했다. 사옥과 재택근무에서 거점 오피스라는 옵션을 추가한 것이다. 즉, 야놀자는 위드코로나 시대를 대비해 ① 헤드오피스(사옥) ② 거점 오피스 ③ 재택근무라는 하이브리드 방식으로 일하는 공간을 운영하기로 했다.

우선 헤드오피스가 된 삼성동 사옥에서는 좌석공유제 운영을 시작했다. 좌석예약시스템에서 자율좌석존에 원하는 좌석을 예약해서 이용하는 방식이다. 보안구역을 제외하고 원래 사용하던 업무 공간의 물품은 개인 사물함에 넣어두고 자율좌석존을 이용하면 된다. 각 층엔 개인 사물함이 있다. 비대면 시대의 소통을 위해 동료와 함께 좌석을 지정할 수도 있고 시간대별로 좌석 이용도 가능하다.

2021년 6월부터는 거점 오피스도 운영하고 있다. 다양한 업무 공간을 제공하자는 차원에서다. 야놀자인을 전수조사해 보니 서울 강서권의 수요가 많아서 패스트파이브 합정점과 홍대점을 계약했다. 반년 동안 운영한 결과 거점 오피스와 계약한 좌석의 80% 이상을 사용한 것으로 나타났다. 재택근무를 위해서는 전체 야놀자인에게 재택근무 사무기기를 무상으로 제공했다. 책상, 모션데스크, 의자 등 사무가구뿐만 아니라 모니터, 키보드, 마우스, 거치대 등 IT용품 총 270여 개 품목 가운데 원하는 물품을 임직원 전용 복지몰에서 선택하면 대여가 아니라 제공해 업무 효율을 높여보자는 것이다. 점심 식대 역시 매일 지급되고 있다.

여기에 더해 '워케이션' 실험에 나섰다. 워케이션은 일(Work)과 휴가(Vacation)를 합친 신조어로, 휴가지에서 일하는 새로운 근무방식이다. 근무 시간이 끝나면 휴가를 즐기는 것이다. 첫 워케이션은 2021년 10월 31일부터 일주일 동안 강원도 평창의 한 리조트에서 진행됐다. 야놀자는 호텔(1인 1실), 식사, 법인차량 등을 지원했다. 지역경제 활성화 측면에서 지역화폐가 제공됐다. 공정성을 기해 100명을 추첨했고 워케이션 선발 경쟁은 치열했다. 워케이션 후 만족도 조사를 해보니 놀라운 결과가 나왔다. 전원이 만족한다는 대답을 한 것이다. 야놀자

관계자는 "휴가지에서 일을 하니 리프레시가 되고 일을 끝내면 놀 수 있어서 스트레스가 줄고 능률이 올랐다는 긍정적인 반응이었다"면서 "어떻게 하면 일하는 방식을 바꿀 수 있을지 더 다양한 시도를 할 것" 이라고 말했다. 향후에는 해외 휴양지에서 워케이션이 가능할 수도 있다. 야놀자는 글로벌 여가 플랫폼으로 해외에 임직원 약 600명이 일하고 있다. 해외 워케이션이 충분히 가능할 것으로 전망된다.

야놀자 사옥엔 왜
씽크룸이 있을까

야놀자 사옥 8층에는 씽크룸(Think Room)이 있다. 테크 기업인 야놀자의 기술을 체험할 수 있는 공간이다. 선릉 사옥 2층에는 좋은숙박연구소가 있는데 야놀자 좋은숙박연구소가 개발한 어메니티, 침대, 가구 등이 전시돼 있다. 언뜻 보면 이케아, 한샘 등이 운영하는 쇼룸같이 보인다. 야놀자가 숙박서비스만 플랫폼으로 연결하는 게 아니라 숙박공간에 대한 고민을 얼마나 치열하게 하는지 체감할 수 있었다.

삼성동 사옥으로 이사한 야놀자는 그새 글로벌 여가 플랫폼으로 비전을 정했고, 특히 테크(기술) 기업으로서는 더 진화했다. 야놀자는 숙박공간에서 더 나아가 미래의 주거공간, 여가공간에 직접 개발한 IoT, AI, 빅데이터 기술을 입힌 결과물을 보여주고 싶어 했다. 즉, 기술 기업으로서의 야놀자와 여가 플랫폼으로서의 야놀자 서비스가 결합하면 무엇을 할 수 있는지를 자신 있게 선보인 공간이 바로 씽크룸이라고 할 수 있다.

야놀자는 2021년 야놀자클라우드라는 법인을 하나 만들었다. 야놀자클라우드는 AI에 기반한 글로벌 SaaS 기업이다. 야놀자가 서비스하는 숙박, 주거, 레저 등 공간 산업을 디지털로 전환하는 기술을 가진 기업이다. 그런데 SaaS기업, 클라우드, 디지털 전환이라고 하면 뜬구름 같이 어렵게만 느껴진다. 그래서 더 공들인 공간이 씽크룸이라고 보면 된다. 야놀자클라우드 기술을 직접 체험하면서 야놀자라는 기업의 정체성을 이해할 수 있기 때문이다.

유튜브 촬영을 위해 2019년 11월에 야놀자 씽크룸을 찾은 적이 있다. 비대면으로 호텔 체크인을 할 수 있는 키오스크 '와이플럭스'를 보고 놀란 기억이 난다. 모바일로 인증만 하면 체크인이 됐고 자판기에서 호텔키가 바로 나와서 빠르고 편리했다. 하지만 코로나19가 발생하기 전이라 비대면 호텔 체크인 기술이 얼마나 필요할까 감이 잘 오지 않았다. '휴가철에 호텔 체크인을 하려고 1시간씩 기다리는 일은 없겠네' 정도로만 생각했다. 하지만 불과 2개월 뒤 코로나19가 전 세계를 덮쳤고 고강도의 사회적 거리두기 속에서도 여가 플랫폼 야놀자의 매출이 곤두박질치지 않고 완만한 상승세를 기록한 것은 바로 이 야놀자가 만든 클라우드 기술 서비스가 큰 역할을 했다. 2년이 더 지난 2021년 12월, 야놀자는 객실관리시스템 '와이플럭스 GRMS(Guest Room Management System)'를 출시하며 완전 자동화 객실관리 솔루션 와이플럭스의 라인업을 완성해나가고 있다. 지금 씽크룸에 가면 AI로 얼굴을 인식하는 스마트 로비 카메라, 와이플럭스 키오스크를 호텔과 똑같은 환경에서 체험할 수 있다.

'와이플럭스 키오스크'는 호텔 셀프 체크인 서비스로 야놀자, 데일

©야놀자

야놀자가 개발한 와이플럭스 키오스크

리호텔 등 온라인 예약 채널과 자동으로 연동된다. 플랫폼에서 예약 시 발급되는 QR코드로 단 5초 안에 체크인이 완료된다. 클라우드 기반 객실관리 솔루션 와이플럭스 GRMS로도 체크인을 할 수 있다. 호텔의 모든 서비스를 비대면 방식으로 제공하기 때문에 카카오톡을 통해 전달받은 링크로 투숙객 전용 페이지 게스트 포털에 접속하고 링크만 있으면 휴대폰만으로 호텔의 모든 서비스를 이용할 수 있다. 뿐만 아니다. 엘리베이터 호출, 객실 청소 서비스 요청도 링크를 통해 할 수 있고, 객실에 있는 조명이나 온도도 직접 제어해볼 수 있다. 야놀자 씽크 룸은 야놀자의 현재 기술력을 직관적으로 체감할 수 있는 핵심 공간인 셈이다.

엔씨소프트 사우나

40여 명의 인원을 수용할 수 있는 사우나에는
개인 샤워 부스와 탕뿐 아니라 찜질방도 마련되어 있어 직원들 간 친목을 도모하기 좋다.

5

판교 랜드마크
엔씨소프트

엔씨소프트는 왜
'부지 전쟁'에 참전했나

엔씨소프트는 1997년, 서울 역삼역 주변의 한 오피스텔 사무실에서
출발했다. 회사가 점차 커지면서 포스코 사거리 근처의 사무실을 임대
해 근무하다 2008년 4월, 삼성동 테헤란로에 첫 사옥 R&D센터(현 NC
Tower)가 완공됐다. 이후 2013년 8월, 판교 테크노밸리에 판교R&D
센터를 완공하며 지금의 판교사옥으로 입주를 시작했다. 〈리니지〉로
대성공을 거둔 엔씨소프트는 상장 이후 〈리니지2〉, 〈아이온〉, 〈블레이
드 & 소울〉을 연이어 흥행시키면서 명실상부 국내 굴지의 IT 기업으로
자리매김한다. 〈리니지M〉, 〈리니지2M〉, 〈블레이드 & 소울 2〉, 〈리니
지W〉까지 모바일 전환도 성공적으로 이뤄내 끊임없이 회사의 성장을
가능하게 했다.

지난 20여 년간 급격하게 사세가 확장되면서 항상 사옥은 부족한

상태로 회사가 운영되고 있다.

스무 명 남짓으로 시작한 회사 직원이 백 명으로, 천 명으로, 수천 명으로 눈덩이처럼 순식간에 불어났고 그 직원들을 감당할 수 없어 인근 건물로 하나씩 옮겨가기 시작했다. 결국 온 동네에 뿔뿔이 흩어져 이산가족이 돼 버렸다. 급하게 회의를 할 때마다 이 건물, 저 건물 옮겨 다니면서 상봉해야 했다. 엔씨소프트의 지난 24년간의 일상이다. 엔씨소프트가 사옥을 마련할 공간을 찾아 '부지 전쟁'을 벌이는 모습이 포착되는 이유다.

엔씨소프트는 창업한 지 8년 만에 서울 강남구 삼성동 노른자 땅에 신사옥 건립을 추진했고 2005년 부지를 매입해 2008년 완공했다. 이후에도 계속해서 직원이 늘어나자 업무 공간 확보 차원에서 2011년 인근의 빌딩을 사들였다. 직원 모두가 함께 사옥에서 일하기 위해 2013년에는 판교로 이전했다. 2013년 완공된 신사옥 판교 R&D 센터는 지상 12층 지하 5층 규모로 삼성동 엔씨타워에 비해 5.2배나 컸다. 약 3000명의 인원을 수용할 수 있었기 때문에 당시만 해도 충분해 보였다.

오판이었다. 회사는 더 성장했다. 판교 사옥에 입주하던 시절 2100여 명이었던 임직원 수는 매년 기하급수적으로 늘어났다. 지난 2015년 2300명, 2016년 2731명, 2017년 3206명을 돌파하며 결국 판교에서도 삼성동에서처럼 일부 인력이 인근의 건물로 이동해야 했다. 2018년 3458명, 2019년 3755명, 2020년 4224명, 2021년 3분기에 4560명으로 직원 수가 늘어나는 현상은 지금도 계속되고 있다.

엔씨소프트는 늘어나는 인력을 감당하기 위해 판교 사옥 근처에 추가로 건물을 올리기로 결정했다. 판교에 또 하나의 메머드급 랜드마크가 들어서는 것이다. 엔씨소프트가 제2사옥을 세우는 곳은 분당구 삼평동 641 부지(2만 5719m² 규모)다.

이 땅은 본래 성남시 소유로 지난 2019년 매각을 공고했다. 2009년 판교 지역을 처음 개발하면서 판교구청 부지로 조성한 땅이었다. 그러나 판교가 '구'로 독립하려다 분구 계획이 유야무야 되면서 임시 주차장으로 쓰였다. 판교역과도 가까워 '금싸라기 땅'으로 불린 이곳은 땅값만 1조 원 가까이로 추정되는 비싼 가격임에도 위치가 좋기 때문에 엔씨소프트 외 다른 기업들의 입찰 참여가 거론되기도 했다. 카카오도 이 땅에 눈독 들였다는 소문이 돌기도 했다.

이런 노른자위 땅이 10년 동안이나 정치적인 이슈로 주차장으로 낭비되고 있다는 지적도 나왔다. 정치권의 개입 탓에 매각 절차가 지체됐다는 것이다. 성남시가 몇 년 전부터 부지 매각을 추진하려고 했지만 성남시의회 일부 의원들의 반대가 심해 변경안 제출이 미뤄졌다는 주장이다. 우여곡절 끝에 엔씨소프트는 2021년 4월 글로벌 연구개발혁신센터를 건립하기 위한 부지 계약 체결 소식을 공식적으로 전했다.

엔씨소프트 컨소시엄과 성남시는 2020년 12월 30일 시유지 매각에 관한 서면 협약을 체결하고 2021년 4월 15일 해당 부지 매각 계약을 진행했다. 엔씨소프트 컨소시엄은 엔씨소프트, 삼성물산, 대한지방행정공제회, 미래에셋자산운용 등으로 구성됐다. 해당 부지에 대한 컨소시엄의 총 매입 대금은 8377억 원이다. 엔씨소프트는 전체 토지 중 50%를 사용하고 매입 금액은 컨소시엄 전체 금액의 절반인 4189억 원이라고 밝혔다. 엔씨소프트는 해당 부지에 글로벌 연구개발혁신센터를 건립하고 혁신을 주도하는 제2의 사옥으로 사용할 계획이다. 글로벌 연구개발혁신센터는 올해 설계를 시작해 2026년 완공을 목표하고 있다.

PC게임, 모바일 게임을 아우르며 회사를 키워온 엔씨소프트는 이제 대체불가능토큰(NFT) 등 신사업에 착수한다. NFT가 신규 성장 동력으로 새로운 엔씨소프트를 만들어낼 수 있을지가 관건이다. 제2사옥에 입주하는 4년 뒤 엔씨소프트는 NFT 트렌드를 업고 계속 성장하며 여전히 넘쳐나는 인력을 수용할 새로운 공간을 찾고 있지 않을까.

어쩌다가
회사에 사우나까지…

엔씨소프트 판교 사옥은 한국형 IT 기업 사옥의 새 지평을 열었다는 평가를 받았다. 거대한 N자를 연상시키는 이 건물은 판교 테크노밸리로 향하는 관문처럼 '상징적 존재'로 자리 잡았다. 엔씨소프트가 사옥 디자인에 엄청난 투자를 감행한 것은 우수한 IT 인재들을 끌어모으기 위한 전략이었다. 첫 번째 사옥이 강남에 있었기 때문에 이미 주변의 문화 및 제반 시설이 충분히 확보돼 있었지만 당시 개발 단계였던 판교는 시설 면에서 열악할 수밖에 없었고 이에 부대시설을 사옥 안으로 끌어들이기로 한 것이다.

판교 사옥에 입주할 무렵, 엔씨소프트 직원들의 평균연령은 33.5세에 불과했다. 임금 못지않게 근무 환경을 중요하게 생각하는 젊은 인재들을 충족시키기 위해 회사는 사옥에 공을 들였다. 판교 사옥은 설

ⓒ성남시 | ⓒ엔씨소프트

위_ 엔씨소프트 신사옥 부지 | 아래_ 엔씨소프트 판교 사옥 전경

계, 기획만 4년이 걸린 대형 프로젝트였다.

프로젝트가 진행되는 긴 시간 동안 우여곡절도 많았다고 한다. 공간별로 각각의 디자인 프로젝트가 진행되고 있었는데 파트가 나뉘다 보니 공간 안에 하나의 스토리를 부여하기가 어려워 계획이 전면 수정됐다. 또 프로젝트 초기에는 직원 교육 공간을 가장 위층에 두려고 했지만 여러 명의 직원이 한꺼번에 교육을 받기에 엘리베이터를 이용하는 시간이 너무 오래 걸릴 것으로 예상돼 직원 교육 공간을 3층으로 끌어내렸다. 웅장하고 값비싼 시설을 짓는 것보다는 합리적인 공간 구성을 우선시한 것이다.

특히 빛과 그림자를 공간 안으로 적극 끌어들여 건강한 자연의 이미지를 부각시켰다. 당시만 해도 게임이 하나의 산업으로 자리 잡기 시작한 초창기였기 때문에 게임이 폐쇄성을 띄고 있다는 오해를 가진 사람들이 있었다. 이 같은 이미지를 탈피하기 위해 활동적인 회사의 이미지를 끌어낼 필요가 있었다는 설명이다.

게임 회사는 작은 정보라도 밖으로 누설되면 프로젝트 전체가 무산될 수 있어 보안이 생명이다. 그러다 보니 직원들이 프로젝트별로 모여한 공간 안에서 개발을 진행할 수밖에 없는데 이 같은 폐쇄성이 소통의 부재라는 부작용을 낳는다는 지적을 받았다. 프로젝트 별로 각각 팀끼리 별개 회사처럼 움직이는 경우가 많다. 이에 각 팀별 소통 문제가 떠올랐고 이를 해결하기 위해 엔씨소프트는 허브 확충에 많은 노력을 기울였다. 각 층별 엘리베이터 앞 공간에 가벼운 만남을 유도할 수 있는 자리를 마련하고 구내식당, 사내카페 등에도 남다른 관심을 쏟았다.

가장 투자를 많이 한 분야는 구내식당이다. 삼성동 시절, 임차 건물에 있었기 때문에 작고 아담한 구내식당을 경험했다. 판교로 이전하면서는 전 식당 대비 질 좋은 식사를 제공하자는 경영진의 의지가 높았다고 한다. 실제 직원들의 식사에 지원을 아끼지 않는 편이다. '건강하고 맛있는 식사를 넘어서 새로운 경험을 줄 수 있는 식당이 되자'라고 생각을 하고 있다. 그 결과 업계 최대 수의 메뉴코너(조식 2개, 중식 7개, 석식 6개)를 제공하는 '소문난 구내식당'에 등극했다. 실시간으로 식당 만족도를 체크하는 프로그램을 운영해 지속적으로 퀄리티를 향상시키고 있다. 구내식당 이용률은 무려 80%다. 코로나19에도 직원 대부분이 오히려 밖에서 밥을 사먹는 게 덜 위생적이라고 생각했을 정도다. 과거 '다함께 한솥밥을 먹자'는 프로젝트를 해서 뷔페 형태로 특식을 제공한 적이 있는데 아직도 그때를 이야기하는 직원들이 있을 정도로 구내식당 이벤트가 하나의 추억으로 자리했다고 한다. 또 '엔슐랭 평가단'을 모집해 신메뉴 품평회를 가졌는데 평가단에 들어간다고 해도 어떠한 메리트가 없음에도 불구하고 경쟁률만 10:1을 기록하며 직원들이 폭발적인 관심을 보였다. 게임회사에 다니는 직원들은 한 분야에 파고드는 '덕후기질'이 다분한데 음식 평가에도 이 같은 성향이 발휘돼 셰프 못지않은 피드백을 내놨다고 한다.

건물이 N동과 C동, 두 동으로 나뉘어 있기 때문에 소통에 어려움을 겪을 것을 우려해 사옥 완공 당시 1층과 2층 두 곳에 카페를 뒀다. 당시 카페 이름은 LINC 1, LINC 2로 '연결하다'라는 의미인 'LINK'를 NC와 결합해 붙였다. 현재 카페는 엔씨카페1, 엔씨카페2로 불리고 있다. 특히 엔씨카페1은 2020년 리브랜딩의 일환으로 진행한 판교 사옥 1층 로비 리뉴얼의 일부분으로 함께 리뉴얼 오픈해 커피 문화의 최신 트렌드를 자랑하고 있다. 언더카운터 커피머신, 자동 브루잉머신, 로스팅기계 등 최고 수준의 장비들을 갖췄다. 엔씨카페2에서는 다양한 종류의 커피와 음료를 저렴한 가격에 제공하고 있다.

두 동을 잇는 12층 브리지에는 라이브러리가 배치돼 연결공간에 의미를 강조했다. 라이브러리는 지금도 직원들이 가장 애용하는 핫플레이스로 등극했다.

운동하는 공간에 샤워실뿐만 아니라 사우나를 적용한 것도 직원들의 소통을 장려하기 위해서다. 사우나에는 개인별 샤워부스와 쾌적한 탕뿐만 아니라 동시에 약 40명 이상이 이용할 수 있는 찜질방까지 마련돼 있다.

직원들은 이 사우나에서 동료들과 친분을 쌓아왔다. 딱딱한 업무 이야기도 사우나에서 나누게 되면 좀 더 유연한 결론을 얻을 수 있는 장점이 있다는 것이다. 지위나 나이에 구애받지 않고 격의 없이 서로를 더 이해할 수 있는 공간이기도 하다. 다만 코로나19로 사우나 운영이 중단돼 직원들이 아쉬워하고 있다는 후문이다.

엔씨소프트 지층에서 건물을 올려다보면 두 동 안쪽 공간에서 일하는 사람들이 모두 잘 보인다. 일부러 업무 공간을 안쪽으로 몰아넣었는데 직원들이 열심히 일하는 모습이 서로에게 자극이 될 것이라고 생각했다고 한다. 구성원끼리의 유대감과 서로 관계 속에서 결과물을 내는 것, 이를 최대한 반영하려고 한 노력이 돋보이는 건물이다.

직원들의 배움에 진심,
회사 안에 도서관·대학이?

엔씨소프트는 연구개발(R&D)에 많은 공을 들이는 회사다. 기업평가 사이트 CEO스코어가 발표한 국내 500대 기업 R&D 투자 조사결과 국내 기업 중 투자비중 5위에 오른 적이 있을 정도다. 2021년 3분기 기준 매출액 대비 연구개발비는 21%에 달한다. 또 4560명의 직원 중 연구개발 담당조직에 근무하는 이가 3222명으로 70.7%나 해당한다.

R&D에 많은 노력을 기울이는 기업답게 직원들의 성장에도 힘을 쏟고 있다. '엔씨유니버시티'가 대표적이다. 회사 가치를 공유하고 직원들의 학습과 성장을 위해 '2013년부터 엔씨유니버시티'를 운영하고 있다. 엔씨소프트 판교 사옥 3층에 위치한 엔씨유니버시티는 세미나홀, 강의실, 토의실, PC강의실, 라운지 등 각종 교육 공간으로 구성된다. 매년 평균 200여 개 수업이 온·오프라인으로 개설되며 '엔씨유니버시티 이러닝 센터'뿐만 아니라 외부 온라인 학습 플랫폼에서의 학습도 지원한다. 개발사답게 게임기획, 개발, 아트 등 기술 관련 수업들이 전체 수업의 절반 이상을 차지하며, 리더십, 문화예술, 스토리텔링 등 분야별 수업도 열린다.

직원들은 학습 주제, 참석 인원 등에 따라 엔씨유니버시티 공간을 자유롭게 활용할 수 있으며, 회사가 마련한 교육 프로그램 외에도 조직별 세미나, 워크숍, 기타 동호회 및 스터디에 참여할 수 있다. 사내 개발자 콘퍼런스, 인공지능 세미나 등 직원들이 보유한 전문 기술과 지식을 공유하고 연결하는 공간으로도 활용된다.

엔씨유니버시티는 교육 프로그램 외에도 사내·외 전문가를 초청하는 문화수업 '엔씨 컬처 클래스'도 연 4회 이상 진행하고 있다. 문화평론가·작가 강연, 음악 공연 등 다채로운 수업이 마련돼 업무 외적으로 새로운 지식과 교양을 쌓을 수 있다. 가족, 친구 등이 함께 참여할 수 있는 강연도 열려 직원들의 참여도가 높다. 엔씨 컬처 클래스를 다녀간 명사로는 나영석 PD, 만화작가 윤태호, 소설가 김영하, 비올리스트 리처드 용재 오닐, 록 그룹 페퍼톤스 등이 있다.

기업 내에 있는 도서관으로는 국내 최대 수준인 '엔씨라이브러리'는 2005년 임직원들의 게임 개발 업무를 지원하기 위한 목적으로 시작됐으나 현재는 업무 관련 도서부터 여행, 인테리어, 취미활동 등 다양한 분야의 도서들이 갖춰져 있다. 업무 지원뿐 아니라 복리후생 의미로도 크게 자리 잡게 된 것이다.

특히 공간의 독특한 인테리어 덕에 독서효과를 극대화할 수 있다는 전언이다. 엔씨라이브러리는 판교 사옥 12층 N타워와 C타워를 연결하는 통로에 오픈형 라이브러리로 건물 내 자연채광과 전망이 가장 좋은 공간에 위치하고 있다. 라이브러리 중앙에 위치한 하늘정원은 야외에서 휴식을 취하며 독서를 즐길 수 있어 인기를 끌고 있다.

엔씨라이브러리에는 총 4만 2000여 종의 국내외 도서와 정기간행물, 멀티미디어가 구비돼 있다. Concept Art Zone(게임, 애니메이션, 영화 설정집 등), Life & Kids Zone, Game Zone, Multimedia Zone, 신간도서, 추천도서 등으로 나뉘어져 있다. 특히 몬스터, 전쟁장비, 의상, 배경, 동·식물 사진자료 서적이 마련된 사진자료집 구역은 업계 최고 수준의 방대한 양을 자랑한다. 사진자료는 게임 속 캐릭터 등을 포함한 콘텐츠 디자인 작업에 활용되고 있다.

또 e-Library를 통해 전자책 서비스를 함께 제공하여 직원들은 온·오프라인으로 다양한 자료를 열람할 수 있다. 현재 6천여 권의 전자책을 보유하고 있으며, 엔씨라이브러리와 NC e-Library에 소장되지 않은 자료는 희망 자료로 신청할 수 있다.

'PUSH'와 'PLAY' 리뉴얼

1997년, 인터넷이 일반 가정에 막 보급되었던 시기에 엔씨소프트는 인터넷을 통해 상호작용할 수 있는 가상의 세계를 창조했다. 직접 만나지 않고도 사람들이 함께 어울려 놀 수 있는 새로운 경험은 엔씨소프트가 나아가야 할 방향을 제시했고 '즐거움으로 연결된 새로운 세상'을 만들자는 기업의 미션으로 발전했다. 이 목표는 기업의 핵심 가치와 기업 정신으로 발전하며 현재 엔씨소프트의 기업 문화를 일군 토대가 되었다.

그로부터 23년 후인 지난 2020 1월, 엔씨소프트는 개편된 CI를 발표하면서 브랜드의 새로운 변화를 알렸다. 새로운 CI는 엔씨의 아이덴티티를 간결하고 명확하게 나타내면서 앞으로의 혁신적인 시도까지 아우를 수 있도록 디자인됐다. 이후 한 해 동안, '브랜드의 정신을 계승하되 미래 비전과 경영 철학을 보다 잘 담아낼 수 있는' 방향으로 다양한 브랜드 경험이 개선됐고 그 과정 속에서 브랜드 미션의 변화도 요구됐다. 이 변화는 즐거움으로 연결된 새로운 세상을 창조하겠다는 다짐을 이어가면서 더 쉽고 더 명료하게 미션을 정의하는 방식이어야 했다.

회사의 정체성을 바꿀 때 가장 먼저 한 것이 CI 개편이었다면 그다음에 한 일은 무엇이었을까? 바로 사옥 리뉴얼이다. 판교 사옥 리뉴얼을 통해 1층 로비 한가운데 대형 미디어월을 설치했다. 사옥 로비야말로 엔씨소프트와 고객이 만나는 대표적인 접점이라는 게 회사의 판단이다. 이 미디어월에서는 '게임'을 재해석한 미디어아트뿐 아니라 엔씨소프트의 개발 역량이 돋보이는 다양한 게임 원화나 최신 시네마틱 영상을 감상할 수 있고 게임 속 가상 세계와 인터랙션할 수 있는 콘텐츠를 경험할 수도 있다.

엔씨소프트는 2019년부터 브랜드를 담당하는 조직을 신설하고 윤송이 최고전략책임자(CSO)를 필두로 브랜드 경험을 재정비하기 시작했다. CI 개편 이후 창원NC파크, 판교 R&D 센터 사옥의 로비, 공식 웹사이트와 소셜 채널 등 대중과 엔씨소프트가 만나는 대표적인 곳에서부터 새로운 변화가 나타났다. 단순히 기업에 대한 정보를 일방적으로 제공하는 것이 아닌 엔씨소프트만의 차별화된 가치가 효과적으로 잘 드러날 수 있는 일종의 플랫폼으로 구현됐다. 이후 신입 사원에게 제공하는 웰컴 키트나 명함 등의 스테이셔너리 그리고 사내 카페의 원두 패키지에 이르기까지 브랜딩을 진행해 오며 사용자와 엔씨소프트가 만나는 접점의 경험을 하나하나 세심하게 바꿔나갔다.

2020년 11월 19일, 엔씨소프트의 브랜드 전략을 총괄하는 윤송이 CSO는 기업 핵심 가치와 주요 이슈를 공유하는 타운홀 미팅에서 새로운 미션 스테이트먼트 'PUSH, PLAY'를 발표했다. 윤송이 CSO는 "CI를 리뉴얼하는 과정에서 엔씨를 구성하고 있는 수많은 가치가 궁극적으로 기술과 혁신을 지향하고 있음을 확인했다. 'PUSH'와 'PLAY'는 기술과 상상을 통해 즐거움을 추구하는 과정이자 고객에게 선사하는 즐거움 그 자체라 할 수 있다"라며 'PUSH, PLAY'의 의미를 전달했다.

'PUSH, PLAY'는 기술의 한계에 끊임없이 도전하고, 사람들이 함께 어울려 놀 수 있는 혁신적인 경험을 창조해 내고자 하는 엔씨소프트의 다짐이다. 'PUSH'와 'PLAY' 두 개의 키워드를 병렬하는 문장을 직역하면 '게임을 플레이하다', '음악을 재생하다' 등의 뜻이 된다. 하지만 각각의 키워드가 뜻하는 의미는 엔씨소프트가 추구하는 가치와 만나 그 해석의 범위가 확장된다.

'PUSH(뛰어넘다)'는 기술의 혁신을 이뤄내는 도전 정신을 의미한다. 엔씨소프트는 아트, 사운드, AI, 플랫폼 등의 분야를 대표하는 기술력으로 게임 업계를 선도해왔고, 기술력에 대한 고집과 자긍심으로 퀄리티에 대한 시장의 기준을 높여 왔다. 불가능이라 여겼던 한계를 뛰어넘는 과정에는 기술로 혁신을 이루고자 하는 도전이 끊임없이 있었다.

'PLAY(상상하다)'는 사용자 경험의 혁신을 이뤄내는 상상력을 의미한다. 〈리니지〉, 〈아이온〉, 〈블레이드 & 소울〉 등의 IP뿐만 아니라, NC 다이노스 야구단, 스푼즈 캐릭터 등 새로운 즐거움을 경험할 수 있는 방식이기도 하다. 사람들이 엔씨를 통해 매일 새로운 즐거움을 느끼고, 영감을 얻으며, 그 신선한 경험의 양과 질을 향상시키는 것. 이것이 바로 엔씨소프트가 끊임없이 상상하는 이유이자 창조의 원동력이다.

'PUSH, PLAY'는 기업의 가치와 방향성을 가장 엔씨소프트다운 표현으로 재해석한 결과물이다. 'PUSH, PLAY'는 엔씨소프트의 과거와 미래를 연결하는 새로운 미션 스테이트먼트로 기업의 구성원뿐 아니라 엔씨소프트의 미래를 바라보는 수많은 사람에게 의미 있는 선언이 될 것이다. 제2사옥에는 새로운 'PUSH, PLAY' 정신이 담길 예정이다.

위_엔씨유니버시티 | 아래_리뉴얼된 로비에 설치된 대형 미디어 월

면접 대기실1

엔시소프트 면접 대기실

엔씨소프트는 앞으로도 끊임없이 '엔씨다움'을 고민하며 변화하는 시대상에 발맞춰 엔씨소프트만의 아이덴티티와 미래의 비전을 통합해 나가는 과정을 밟을 것이다. 대한민국을 넘어 전 세계 더 많은 사람에게 엔씨소프트의 가치와 철학이 닿을 때까지 엔씨소프트의 노력은 계속될 것이다.

넥슨 신사옥 로비

게임 회사 하면 떠오르는 컬러풀함을 벗어나
기능과 효율을 최우선에 두어 디자인했다.

6

'인재경영' 내세운
넥슨

로비가 무채색인 이유

1994년 설립된 넥슨은 지난 2013년 경기도 성남 판교에 사옥을 건립, 직원들을 위한 새 보금자리를 마련했다. 넥슨 사옥은 '게임을 개발하는 회사에서 가장 중요한 자원은 사람'이라는 가치를 바탕으로, 사옥 공간을 이용하는 직원들이 최상의 컨디션을 유지하고 최고의 역량을 발휘할 수 있도록 지원하는 것에 초점을 맞춰 지어졌다.

무엇보다 특이한 점은 게임회사답지 않은 무채색 계열의 심플한 내부공간이다. 사옥은 외관부터 내부에 이르기까지 군더더기 없이 담백하게 지어졌다. 시원하게 뚫려 있는 코어 공간을 중심으로 여러 부서가 연결되고, 각 층을 연결해주는 계단은 단순히 이동을 위한 공간을 넘어서 휴식과 소통의 공간으로 만들어졌다. 내부 역시 장식 요소를 최대한 배제해, 검소하면서도 용도, 필요에 따라 다양한 모습으로 변화할 수 있는 오픈성을 지향했다. 이는 자유로운 넥슨의 '수평적 기업문화'와 동시에 역동적으로 변화하며 내실을 다지는 '벤처 정신'이 고스란히 반영된 것이다. 관련해 넥슨 사옥 건축부터 현재는 시설관리 및 운영을 담당하는 넥슨스페이스 관계자는 "게임회사는 아기자기하고 컬러풀한 모습일 것이라는 고정관념에서 탈피하고 싶었다"며, "넥슨의 사옥은 새하얀 캔버스와 같다. 사옥 안에서 각기 다른 개성을 지닌 직원들이 다양한 색깔의 콘텐츠를 마음껏 그려나갈 수 있도록 디자인했다"고 말했다.

이유가 하나 더 있다. 게임 개발을 하기 위해서 시각적으로 알록달록하고 자극적인 색채에 업무시간 동안 지속적으로 노출되는데 그런 직원들의 피로감을 줄여주기 위해 사옥을 최대한 자극을 줄이는 방식의 색채를 도입했다는 것이다. 이처럼 넥슨의 사옥은 직원들에 집중했다. 넥슨의 미래는 '사람'이다. 넥슨은 직원들이 활발한 자기계발 활동을 통해 업무에서의 전문성은 물론 창의력을 증진할 수 있도록 사옥 내에 다양한 문화 공간을 마련했다. 사옥 곳곳에 유명 작가의 예술작품에서부터 직원들의 직접 참여로 탄생한 그림, 사진 작품에 이르기까지 다양한 작품들을 전시하고 있다. 또한 직원들의 창작 활동 공간인 '크리에이티브랩', 소통 공간인 '비트윈', '넥슨 다방' 등을 통해 직원들이 휴식을 취하고, 그 가운데 사고의 전환, 재미있고 신선한 아이디어를 창출할 수 있는 기회를 제공하고 있다. 이와 함께 1층 로비를 포함한 공용 공간에는 다양한 식물을 풍성하게 배치해 직원들이 부드러운 분위기 속에서 싱그러운 자연을 느끼고 휴식을 취하며 새로운 영감을 찾을 수 있도록 했다.

사옥은 언제나 넥슨 직원들의 목소리에 귀를 기울이고 있다. 사옥

©넥슨

무채색으로 디자인한 넥슨 로비

을 건립하기 전, 전 직원을 대상으로 "사옥에서 직원들이 가장 바라
는 공간은 무엇인가?"라는 설문을 진행, 응답자의 과반 이상이 "더 넓
은 개인 업무 공간(55%)"을 희망했으며, 다음으로 "다양한 회의 공간
(27%)", "원활한 커뮤니케이션이 가능한 공간(15%)" 등을 바라고 있었
다. 이 결과를 바탕으로 넥슨은 직원들이 업무하는 데 있어 최상의 '집
중력'을 발휘하고 협업, 토론, 연구, 친목 등 동료 직원들과 활발하게
'소통'하며, 업무 중 지친 몸과 마음을 '재충전'할 수 있도록 하는 데 초
점을 맞췄다. 국내 최고의 게임업체라는 명성에 걸맞게 오직 게임 개

발에만 집중할 수 있는 최적의 '기술장비'를 지원하고 '개발환경'을 조성하는 데 주력하고 있다.

네오플은
왜 제주로 갔을까?

높은 창의성이 필요한 게임 개발사에 최적화된 근무환경을 제공하고자 제주 이전을 결정했습니다.

2015년, 넥슨은 계열사 중 알짜 회사로 꼽히던 '네오플'의 제주 이전을 천명한다. 네오플은 2001년 설립 이후 2005년 〈던전앤파이터〉를 출시해 대박이 났고 2008년 넥슨에 인수됐다. 〈던전앤파이터〉의 명성은 지금까지도 계속되고 있다. 2005년부터 현재까지 오랜 기간 서비스를 이어오고 있는 만큼 현재 플레이하지 않고 있더라도 수많은 이용자가 〈던전앤파이터〉를 인지하고 있거나 과거 플레이 경험을 간직하고 있다. 특히 중국에서는 '국민게임'으로 불리며 대히트를 기록했다.

그리고 2021년, 모바일로 다시 태어나 그 영광이 재현될 조짐을 보이고 있다. 2021년 12월 20일 게릴라 테스트를 진행한 〈던전앤파이터 모바일〉이 과거의 추억을 고스란히 되돌려줄 수 있을 만큼의 재현도와 완성도를 선보였다는 평가를 받고 있기 때문이다.

승승장구하던 네오플의 제주 이전은 신의 한수였다. 당시 직원들

©넥슨

위_ 네오플 제주 사옥 전경 | 아래_ 넥슨 판교 사옥

의 생활 안정을 위한 주거 지원 제도와 항공료 지원 등 파격적인 복지 혜택은 큰 화제를 몰고 왔다. 미혼 직원에게는 89m², 기혼자에게는 105m² 규모의 아파트를 사택으로 제공하며 다른 주거지를 선호하는 직원이 있을 경우 동일 규모 수준의 주택을 마련할 수 있는 주거비(전세 보증금 등)를 지원하고 있다. 서울-제주도 왕복 항공권까지 월 1회 지급하는데 중요한 건 본인 외 배우자와 자녀 모두에게 지급한다는 점이다. 이와 함께 직원들에게는 점심 식사 및 저녁 식사가 무상으로 제공된다.

국내 최고 수준의 어린이집 '도토리소풍' 제주원을 설립해 양육 걱정도 덜어줬다. '도토리소풍' 제주원은 실내 700평, 실외 1200평의 넓은 규모를 자랑하며 '아름다운 자연환경과 함께하는 아동 중심의 자연친화 어린이집'으로 인정받아 직장보육지원센터 우수보육 프로그램 공모전에서 '공간환경디자인 분야' 대상을 수상하기도 했다.

사택과 회사를 오가는 셔틀버스를 무료 운영하고 직원들과 가족들의 사고, 재해, 질병을 대비한 단체 상해 보험제도를 운영했다. 리프레시를 위해 서핑, 낚시 등 취미활동을 즐길 수 있는 동호회 활동비도 지원하며 3년마다 최대 20일의 휴가와 최대 500만 원의 휴가비를 지급하는 리프레시 휴가 제도도 도입했다.

제주에 기여하며 지역과 상생에도 일조했다. 2016년 '네오플 제주아카데미'를 신설해 매년 교육생을 대상으로 우수 인재를 선발해 인턴 및 정규직 채용 기회를 별도로 제공하는 등 일자리 창출과 지역 사회 교육을 효과적으로 연계했다. 제주 사회복지공동모금회를 통해 보호대상 아동에게 디딤씨앗통장 지원 사업 후원, 도내 조손 가구를 위한 겨울철 물품 지원 및 제주 지역 보육원을 졸업한 대학생들의 기숙사비 지원 등 지역사회와 상생을 위한 다양한 공헌 활동을 진행했다. 또 2016년부터 제주의 환경을 보존하기 위한 사단법인 제주올레의 '클린 올레' 캠페인을 후원해오고 있으며 편의점 브랜드 CU와 손을 잡고 친환경 종이봉투 지원 사업을 펼치기도 했다. 제주 내 장애인 복지시설 네 곳에 총 1억 원 상당의 휠체어 리프트 장착 특수 차량을 기부하고 '던파 유저 행사' 티켓 판매 수익금에 자체 기부금을 더해 제주도 내 전체 보육원 네 곳에 차량 다섯 대를 기부하는 등 기부 활동도 이어가는 중이다.

네오플의 제주 이전으로 직원들은 최고의 근무환경과 함께 더욱 풍요롭고 윤택한 삶을 누리게 됐다. 근무 외의 시간이 특별해지기 때문에 퇴근 후 혹은 주말에 혼자 드라이브를 즐기거나 가족과 가까운 바다에 놀러가 시간을 보내고 이를 통해 다시 일에 집중할 수 있는 온전한 재충전의 시간을 가질 수 있다는 장점이 생겼다. 이는 16년 넘게 〈던전앤파이터〉 IP의 장기 흥행을 이끌 수 있는 원동력이 됐다는 설명이다.

네오플은 2020년 〈던전앤파이터 모바일〉 개발진을 서울로 이전하는 계획을 발표하며 또 한 번 최고 수준의 이전 지원 정책을 발표해 많은 관심을 모았다. 제주에서 서울로 이동하는 직원들을 대상으로 최대 4억 원의 전세 보증금을 지원하는 자체 무이자 대출 프로그램 운영과 함께 이전 지원금 500만 원 지급, 이사비 전액 지원, 자녀 사내 어린이집 100% 수용 등 파격적인 투자와 지원을 아끼지 않는 모습이다.

어쩌다가 회사에
미용실까지…

넥슨의 계열사 넥슨게임즈(넥슨지티-넷게임즈 합병 법인)에는 미용실이 있다. 염색, 커트, 펌 등 단돈 천 원만 기부하면 모든 종류의 미용 서비스를 받을 수 있다. 상주 미용사를 직원으로 채용해서 더욱 안정적인 운영을 하고 있다는 설명이다.

미용실 외에도 넥슨의 직원복지 공간은 다양하다. 넥슨은 이를 '창의 공간'이라고 부른다.

각 층을 잇는 연결통로 'Between'은 가로(100m)로 긴 사옥을 두 구역으로 나눠주고 위층과 아래층을 연결시켜 줌으로써 건물의 허브역할을 하는 오픈 공간이다. 회의실의 정형화된 분위기에서 벗어나 편안하고 자유로운 분위기 속에 업무회의는 물론 간단한 놀이(탁구) 및 오픈형 미팅 과 휴식도 가능하다. 넥슨 직원 전용 카페테리아 '넥슨 다방'은 넥슨이 만들어지면서부터 정착된 넥슨 내 최고의 소통 공간이다. 부서 간 미팅, 직원 휴식, 간단한 업무회의 등이 이뤄지는 장소다. 모던하고 심플한 메인홀과 빈티지한 팝아트 느낌의 서브홀로 나뉘어져 있고, 구역 구분이 가능해 부서별 다과파티, 소규모 모임이 가능하다.

'크리에이티브 랩'에서는 넥슨 직원들의 쉼, 창의력 증진을 위한 사내 문화예술 프로그램 '넥슨포럼'이 이뤄진다. 자유로운 합주가 가능하도록 방음시설이 갖춰진 합주실, 유화나 드로잉이 가능하도록 개수대, 환풍 시설이 갖춰진 회화실 등 총 5개 공간으로 구성됐다.

옥상정원도 갖춰져 있는데 직원들이 상쾌한 바깥공기를 마시며 몸과 마음을 정화시킬 수 있도록 마련된 공간이다. 농구, 배드민턴 등 구

기 종목이 가능한 멀티코트, 300m이상 길이의 조깅 트랙 등으로 구성
됐다. 상추, 케일, 토마토 등 채소를 키울 수 있는 텃밭 '하늘N'을 통해
'땅'과 '땀'의 정직함을 팀원들과 함께 체험하고 텃밭을 일구며 팀워크
를 다지는 기회, 유기농 채소를 직접 기르고 맛볼 수 있는 기회를 제공
한다. 넓은 데크가 있어 게릴라 공연이 열리기도 하며 영화 시연회 및
사내 각종 행사 등 다양한 모임도 가능하다.

넥슨은 직원들의 '건강'은 물론, 업무활동 외에도 '자기계발' 활동을
적극적으로 펼쳐나갈 수 있도록 회사 차원에서 다양한 프로그램을 운
영·지원하고 있다. 비단 넥슨 직원들에게만 국한되는 것이 아니다. 보
다 나은 복지를 위해 '가족'의 행복까지 고려한 공간도 마련했다. 직원
교육 공간 '교실'은 40명 수용 가능한 일반 교실 3개소로 구성됐다. '이
동식 벽'을 이용해 3개 공간을 통합할 수 있는데 스크린을 통해 '1994
HALL'의 무대 상황을 실시간으로 시청할 수도 있어 신입사원 교육, 사
내특강, 외부 강사 강의 등 다양한 용도로 활용되고 있다. 직원전산교
육용 컴퓨터 교실도 열려 프로그래밍 및 엔지니어링 직무 역량 교육
등을 진행한다. 또 각종 모바일 디바이스를 테스트할 수 있는 공간으
로도 활용되고 있다. 직원 체력단련실 '렙업(Lev up)'은 사내 직원 전
용 피트니스 센터로 최고급 수준의 피트니스 장비를 갖췄다. 사내 스
크린 골프도 가능하며 전문 트레이너가 상주해 PT, 요가 등 다양한
GX 프로그램을 운영하고 있다.

여직원 수유 공간 'MOM's Room'은 육아맘들의 전용 모유유축실
로 모유 보관에 필요한 소독기, 냉장고 등 각종 물품을 구비하고 있다.
직원 건강을 챙기는 사내 의무실 'Health Point'에는 전문 간호사 2명

이 상주해 응급처치 및 간단한 케어 및 상비용품, 의약품을 지급하며 건강검진 결과에 대한 상세 상담을 도와준다.

넥슨 어린이집
'도토리소풍'은 계속된다

IT 기업들의 직원 평균 연령은 30대 중반 정도다. 여성 비율도 점점 높아지는 추세다. 이에 기업들은 사내 어린이집을 앞다퉈 증설하며 육아 걱정 없는 일터 만들기에 골몰하고 있다. 그중에서도 넥슨이 어린이집을 가장 많이 보유하며 선도적으로 직원들의 육아 걱정 없는 환경을 조성하고 있다. 넥슨은 직장어린이집 설치 이후 직원 만족도가 높아졌을 뿐 아니라 회사에 대한 자부심과 긍지도 향상된 것으로 분석하고 있다.

넥슨은 2021년 4월 넥슨 컴퍼니의 여섯 번째 사내 보육시설 '도토리소풍 넥슨 대치 어린이집'을 개원했다. '도토리소풍 넥슨 대치 어린이집'은 서울 대치동에 위치하는데 다양한 거주지의 임직원 보육 수요를 충족하고자 이미 판교를 포함한 5개 지역에서 어린이집을 운영 중이다.

대치 어린이집은 연면적 약 200평(660m²) 규모의 지상 2층 단독 건물로 조성했다. 연령별 보육실과 영아전용 실내 놀이터, 유아 전용 쿠킹스튜디오, 도서관, 식당, 유희실, 실외 텃밭, 모래 놀이터, 옥상 놀이터 등 다양한 시설을 갖춘 것이 특징이다. 신규 어린이집의 입소 대상은 넥슨 컴퍼니 종사자의 미취학 자녀다. 한부모 가정, 장애부모 가정 등 따뜻한 돌봄이 필요한 가정의 자녀는 우선 입소할 수 있다.

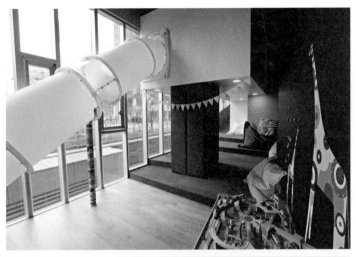

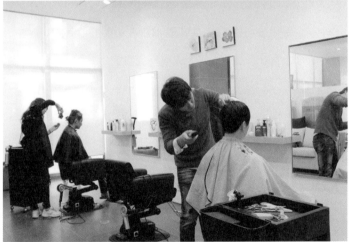

©넥슨

위_ 넥슨 어린이집 도토리소풍 내부 | 아래_넥슨 미용실 잘라조

'도토리소풍'은 넥슨 컴퍼니 임직원들을 위한 사내 보육시설로 2011년에 처음 개원했다. 넥슨은 다양한 거주지의 임직원들 보육 수요를 충족하고자 성남시 판교에 3곳, 서울 강남 인근과 제주시 노형동에 각각 1곳 등 5개원을 운영 중이었다. 보육 대상 연령은 만 1세부터 5세다. 연령에 따라 다섯 개 학급으로 나눠 일일 오전 8시부터 오후 9시 30분까지 운영한다. 유기농 음료와 국내산 친환경 식재료로 구성된 건강한 영유아식도 제공한다.

'도토리소풍'은 유아의 사고력과 표현력을 향상시키는 '종알종알 책놀이', 자연과의 교감을 통해 정서적 안정을 경험하는 '사계절 자연놀이' 등 다양한 특성화 교육을 진행해오고 있다. 특히 2021년부터는 '창의&융합적으로 사고하는 어린이', '디지털 미래세대를 이끌어갈 어린이'라는 보육 이념 아래 유아 코딩 및 사고력 수학 특성화 교육을 도입한다. 연령별 영어 특별활동 교육도 점차 확대할 계획이다.

넥슨은 도토리소풍 운영으로 2017년 보육유공자 전국포상에서 직장 어린이집 설치·운영 모범사업장 부문 보건복지부장관 표창을 받은 바 있다. 또 2015년 보건복지부가 영유아보육법에 따른 직장어린이집 설치의무 미이행 및 실태조사 불응 사업장 명단을 발표할 당시 직장 어린이집 설치 모범사례로 소개됐다. 당시 복지부는 넥슨이 직장 내에 도토리소풍 어린이집을 상시 개방해 직원들의 아이가 머물 수 있도록 하고 보육 과정을 실시간으로 모니터링하는 시스템까지 구축했고 부모들이 어린이집에 대한 의견을 공유하는 인터넷 카페도 함께 운영 중이라며 최고라는 평가를 내렸다.

넥슨의 어린이집 강화는 다른 회사에도 귀감을 주고 있다. '직원 복

지의 최우선=어린이집 만들기'라는 공식을 만들며 복지 시설 성공 방
정식을 다른 기업들에 전파했다. 앞으로도 넥슨은 '도토리소풍'을 증
설하며 직원은 물론 직원 주변까지 살피는 '생활복지'를 늘리는 등 최
고 수준의 대우로 인재 수혈에 최선을 다할 방침이다.

크래프톤이 입주한 건물 로비

크래프톤은 서울 역삼 센터필드 오피스에 입주해 있다.
사진은 1층 로비 전경이다.

7
게임명가
크래프톤의 꿈

**크래프톤이 성수동에
땅 사들이는 까닭은**

우리나라는 게임 산업의 선진국에 속한다. 전 세계에서 미국, 중국, 일본 다음으로 손에 꼽히는 큰 시장이기도 하다. 중국과 일본에서는 같은 동양권 문화여서인지 우리 게임이 잘 먹혔다. 하지만 북미시장에서는 고전해온 게 사실이다. 엔씨소프트, 넥슨, 넷마블 등 소위 3N으로 불리던 대형 게임사의 성장에도 우리 게임은 여전히 북미 시장에서는 좀처럼 기를 펴지 못했었다. 그런데 2017년 말 혜성처럼 나타난 한 게임이 전 세계를 평정해버린다. 바로 크래프톤의 〈배틀그라운드〉다. 2017년 스팀 '얼리 억세스(정식 출시 전 일부 이용자에 게임 먼저 제공하는 서비스)'로 출시된 이후 2018년 동접자 320만을 기록하며 역대 스팀 최고 기록을 달성했다. 이후 PC와 모바일, 콘솔로 출시되며 글로벌 시장에서 7500만 장 이상 판매고를 올렸다. 모바일에서는 글로벌 누

● 상장사   ● 유니콘(기업가치 1조 원 이상 스타트업)   ● 스타트업   ● 벤처투자사 & 육성기업

● 프립(여행)
● 집토스(부동산)
● 비트센싱(자율주행)
● 무신사(패션) *
● SM(엔터)
● 퓨처플레이(육성키업) *
서울숲역 수인분당
서울숲
성수1가1동
뚝섬역 성수1가2동
● 쏘카(차량공유) *
● 인비저닝파트너스(벤처투자사)
● 루트임팩트(벤처투자사) *
● 에누마(교육)
● 소풍벤처스(벤처투자사)
● DSC인베스트먼트(벤처투자사)
● 크래프톤(게임·이전 예정) *
성수2가3동
성수역 ②
서울 성동구
● 인덴트코퍼레이션(동영상리뷰) *
● 라운지랩(로봇)
광진구
건대입구역 ②⑦

〈조선일보〉 2021.10.24. 참조

성수동에 본사 둔 기업들 ● 는 재난해 이후 성수동으로 옮겨왔거나 창업한 기업

적 가입자 수 10억 명을 돌파하며 연일 기록을 갈아치우며 글로벌 매출 최상위권을 유지하는 등 명실상부 전 세계 킬러 콘텐츠로 자리 잡았다.

크래프톤의 〈배틀그라운드〉 대성공 이후 첫행보는 무엇이었을까? 크래프톤은 도약하기 위한 방편으로 2021년 7월 대한민국에서 가장 임대료가 비싸다는 역삼 센터필드 빌딩에서 역삼 시대를 열었다. 이로써 크래프톤 구성원은 판교 크래프톤 타워, 서초 마제스타 시티, 역삼 센터필드 세 곳에서 근무하게 됐다. 세 곳 모두 크래프톤의 사옥이 아닌 임차한 오피스라는 한계를 가지고 있었다.

그런 크래프톤이 성수동에서 움직이고 있다는 소식이 들렸다. 성수동에 신사옥 건립 용도로 650억 원 규모의 부동산을 매입했다는 소식이 전해지더니 2021년 11월 15일, 서울 성수동의 상징적인 의미를 지

니고 있는 이마트 본사 건물의 인수 우선협상대상자가 됐다는 발표가
났다. 이외에도 부지 및 건물을 추가로 사들이기 위해 다양한 매도인
들과 접촉 중인 것으로 알려진다.

크래프톤은 이마트 건물 인수 소식을 전할 때 "국내 ICT산업의 랜드
마크로 조성하겠다"는 뜻을 밝혔다. 인수 규모는 '1조 원'을 넘기는 액
수로 추정된다. 크래프톤이 도대체 성수동에서 무슨 일을 벌일 것인지
가 초미의 관심사다. 혁신가인 박현주 미래에셋그룹 회장과 손잡은 것
도 주목된다. 어떤 작품을 만들어나갈지가 관심의 초점이다. 시장에서
는 크래프톤이 성수동에 '크래프톤 미디어 제국'을 만들 것으로 전망
하고 있다.

'배틀그라운드의 아버지'라 불리는 김창한 크래프톤 대표는 2021
년 초 블룸버그통신과의 인터뷰에서 "크래프톤은 스트리밍 서비스에
업로드 할 애니메이션 쇼와 웹툰을 만들고 있으며 영화와 드라마도 제
작할 예정이다"며 "회사는 이러한 분야에 진출하는 것에 개방적"이라
고 밝혔다.

장병규 의장은 코리아스타트업포럼 출범 5주년 기념 온라인 콘퍼
런스 '더 창업가'에서 성수동 이마트 본사 건물 인수에 대해 "김창한 대
표가 '게임업, 크리에이티브업에 필요한 공간은 분명히 다른데 어떻게
풀 수 있을까'를 1년 이상 고민했다"며 "새로운 업무 공간과 문화를 만
들어가는 것을 생각하고 있다"고 설명해 이 같은 사실에 더욱 힘을 실
어준다.

〈배틀그라운드〉는 동서양 모든 국가에서 성공을 거둔 유일무이한
게임이기 때문에 강력한 IP를 토대로 영화·숏폼콘텐츠·다큐멘터리·

웹툰 등 다양한 사업으로 확장할 가능성이 충분하다. 실제 2021년 6월 배틀그라운드 IP를 활용해 배우 마동석 주연의 단편 영화 〈그라운드 제로〉를 유튜브를 통해 배포한 바 있다. 이렇게 제작된 크래프톤의 미디어를 방문객에게 상영할 수 있는 공간을 설립할 수도 있다. 혹은 별도로 타사와의 협업을 통하거나 자회사를 설립해 영상을 전문적으로 상영하는 공간을 구비할 수도 있다. 블리자드의 '블리즈컨'처럼 거대한 행사장에서 신작 발표를 진행하거나 지금은 사라졌지만 넥슨의 '넥슨 아레나' 같은 e스포츠 경기장이나 '네코제' 등의 IP를 활용한 페스티벌 등을 개최할 장소로도 사용할 수 있다. 자사 IP를 활용한 '콜라보' 제품을 판매하는 팝업스토어나 〈배틀그라운드〉를 필두로 가벼운 신체적 활동이 가능한 VR 등의 체험 공간을 설치할 가능성도 있다.

성수동이 '벤처와 문화의 새로운 메카'로 부상하는 지역이라는 점도 이러한 전망에 힘을 보태고 있다. 판교에서 충족해주지 못했던 오피스 시장의 수요가 강남의 오피스 시장을 달궜지만 강남마저 이 수요를 감당하지 못하자 새로운 '성지'인 성수로 이동하고 있기 때문이다. 성수의 오피스 시장이 새로운 대안으로 급부상하고 있다는 것이다.

성수는 강남과 인접해 있고 또 주택시장에서도 강남 못지않은 가격을 형성하고 있어 신흥부자들이 많이 이전해 왔다. 성수가 오피스 시장에서 강남 대체재로서 주목받는 데는 2호선과 수인분당선의 편리한 교통도 한몫했다. 업무를 하다 보면 강남, 분당, 판교 지역 접근성이 용이하기 때문에 업체 미팅 등 이동이 수월한 측면이 있다. 또 한강 조망과 서울숲의 탁월한 자연환경은 덤이다. 강남과 비교했을 때 상대적으로 낮은 임대료도 인기 비결이다. 과거 수제화의 중심지였고 수많은

229

제조공장이 들어서 있는 공업 지역을 힙한 카페와 맛집들이 채우면서 더욱 매력적인 지역으로 탈바꿈하고 있다. 세계적인 커피 브랜드 '블루보틀'은 2020년 한국 진출을 위한 첫 번째 매장으로 성수동을 선택한 바 있다.

이 같은 이유로 성수 지역은 '스타트업 붐'이 일고 있다. 초창기 멤버는 바로 유니콘 기업 '쏘카'다. 쏘카는 2011년 제주에서 창업했지만 2015년부터 성수동에 본거지를 두고 성장했다. 유니콘 기업이 된 뒤 2021년에는 서울숲 디타워로 이전해 계속해서 성장가도를 달리고 있다. 2020년 9월 공유 오피스 스파크플러스 성수2호점에 입주한 무신사는 성수동 카페거리 부근 CJ대한통운이 자리 잡고 있던 곳의 부지를 매입해 사옥 설계 작업을 진행하고 있다. SM C&C는 2021년 5월 24일 아크로 서울 포레스트 D타워에 신사옥을 열었다. 큐브엔터테인먼트, 젝시믹스 브랜드를 전개하고 있는 미디어커머스기업 브랜드엑스코퍼레이션, 인덴트코퍼레이션, 비트센싱, 알바체크, 인공지능(AI) 스타트업 스캐터랩, 에듀테크 기업 에누마코리아 등 수많은 스타트업들이 몰려들었다. 주로 강남에 위치해 있던 각종 스타트업 지원기관, 벤처캐피털들도 성수로 이동하고 있다. 스타트업 육성을 위해 필수적인 벤처캐피털(VC), 엑셀러레이터(AC) 등도 다수 성수에 위치해 있다. 서울시 성동구의 소셜벤처 허브센터, 사회적 기업에 사무공간을 제공하는 '헤이그라운드', 소셜벤처에 주력하는 VC 소풍벤처스, DSC인베스트먼트, 글로벌 스타트업 AC인 퓨처플레이도 모두 성수동에 모여 있다. 또 다른 국내 AC인 블루포인트파트너스도 성수동의 코워킹스페이스 '스테이션 니오' 기획·운영에 참가했다.

공유 오피스 격전지로도 주목받고 있다. 국내 1위 공유 오피스 기업인 패스트파이브는 성수동에 2개 지점을 운영하고 있다. 헤이그라운드 역시 성수동과 서울숲 지점을 열어 사세를 키워가고 있다. 대기업들도 공유 오피스 경쟁에 합류했다. KT&G는 성수역 인근에 젊은 창업가를 위한 공유 오피스 '상상플래닛'을 완공했다. 아주그룹이 투자한 스파크플러스는 공장형 복합문화공간 에스팩토리에 약 700평 규모의 성수점을 오픈했다.

성수동의 가능성에 투자하는 기업들도 속속 나타나고 있다. 크라우드 펀딩 업체 와디즈는 최근 성수동에 첫 번째 오프라인 공간을 열었다. 선글라스 브랜드 '젠틀몬스터'를 운영하는 아이아이컴바인드 역시 성수동에 신사옥을 짓고 있다.

성수동에는 지식산업센터도 속속 들어서고 있다. 현재까지 현대 테라스타워, 서울숲 에이원타워, 성수 AK밸리 등 신규 지식산업센터가 줄을 잇고 있다. 기업과 VC, 대학이 모두 모여 있는 미국의 실리콘밸리처럼, 성수도 스타트업 클러스터로서 발전하고 있는 모습이다. 서로 교류가 잦고 정보가 빨리 돌기 때문에 IT기업 생태계에 공간적인 집적도와 클러스터가 큰 영향을 미친다는 설명이다. IT씬에서 서로 붙어 지내 나는 시너지도 주목할 수 있다.

장병규가 말하는 몰입의 순간, 출근하고 싶은 회사

크래프톤의 전신인 블루홀 초기 시절, 장병규 의장은 '복리후생에 대한 고민과 약속'이란 제목의 A4용지 한 장짜리 문서에서 휴게실에 먹을거리 종류가 많은 이유에 대해 "회사 밖으로 나가지 않고 휴게실에서 식사와 간식을 해결한 후 곧바로 업무에 집중할 수 있는 환경을 만들려는 노력이 들어가 있는 것"이라고 설명했다. 하루 중 대부분의 시간을 보내는 오피스, 그중에서도 워킹타임의 대부분을 보내는 업무 공간에 대해 크래프톤이 공을 들이는 이유가 녹아있는 대목이다.

실제 장 의장은 몰입의 중요성에 대해 강조하는 주장을 여러 번 펼쳤다.

과거 네오위즈 창업 당시 1주일에 100시간씩 일했죠. 일요일도 없이 주당 100시간씩 일하면 다른 생각을 안 하고 몰입하게 돼요. 남들이 5년 동안 하는 걸 1년에 다 할 수 있어요. 〈배틀그라운드〉도 그런 과정을 거쳤죠. 개발 기간이 단 1년이었어요. 몰입을 통해 압축성장을 한 거죠. 이 과정을 통해야 하늘이 도와주는 토대가 생겨요.

역삼 오피스는 그야말로 몰입에 의한, 몰입을 위한 공간으로 새로 디자인됐다. 크래프톤은 구성원들의 불편을 최소화하고 몰입과 협업을 최대화하고자 했다. 이를 위해 이전에 걸어온 발자취를 꼼꼼히 갈무리하고 구성원들의 목소리를 경청하는 작업을 단행했다. 이렇게 모인 아이디어와 의견을 한데 담아 역삼 오피스가 탄생했다.

역삼 오피스 구축에는 총 48개 조직의 구성원이 모여 기존 오피스 공간을 구성하면서 겪었던 경험을 나누고 새로운 공간에 필요한 사항들을 논의했다. 그리고 구성원들이 직접 업무용 데스크, 의자를 테스트

크래프톤 라운지

크래프톤 역삼 오피스 라운지. 업무 중 허기를 달래고 졸음을 쫓을 수 있도록
다양한 음료, 커피머신, 스넥이 배치돼 있다.

하고 이사 과정에 대해서도 다양한 의견을 제안했다. '구성원의 편의
와 몰입을 도울 수 있는 환경'을 원칙으로, 층·구역별 공간 설계 및 가
구 선정 과정에서 구성원들의 의견을 반영했다.

보통 오피스 입주 시에는 기존에 설치된 공조 장치들을 크게 변경하
지 않고 나머지 공간을 설계하지만 이렇게 되면 영역별 공기의 순환과
조화가 실제 공간의 쓰임에 따라 작동되지 않아 불편함이 생긴다. 역
삼 오피스는 충분한 공조와 적절한 온도 조절을 위해, 개인 업무 공간
및 회의실에서 개별 냉방기 컨트롤이 가능하도록 시스템을 구축했다.

장시간 모니터를 사용하는 구성원을 위해 눈의 피로감을 줄일 수 있
도록 천장 조명은 태양광과 색온도가 비슷한 4000K(캘빈)의 맞춤 조
명을 제작했다. 전체 조명은 구역별로 개별 조절할 수 있도록 했고 스
케줄러 및 조광기를 활용해 외부에서 들어오는 빛의 양에 따라 공간에
서 광도가 조절되도록 했다. 또 개인 자리마다 데스크 스탠드를 설치
해 더욱 집중할 수 있는 환경을 만들고자 했다.

구성원이 집중하고 협업할 수 있는 업무 공간에는 구성원의 직무를
크게 스텝, 퍼블리싱, 디벨로퍼 등 총 3개의 조직으로 구분하고, 각 조
직의 업무 방식에 따라 집중과 소통 영역을 다르게 구성했다. 스텝 조
직은 부서별 전용 공간이 중요하기 때문에 지정된 좌석에서 개인, 팀
별 가구를 활용할 수 있도록 했다. 또 내외부 조직과 미팅이 잦기 때문
에 빠른 소통과 이동을 고려해 건물 중심부에 미팅 공간을 배치했다.
전체 조직 모임을 위한 큰 규모의 회의실도 배치했다. 퍼블리싱 조직
은 소규모 회의의 빈도가 높기 때문에 중소형 규모의 회의실을 여러
곳에 배치했다. 디벨로퍼 조직은 개인 집중 업무의 비율이 높아 개인

업무 공간과 회의 공간을 분리했다. 소음이 많이 발생하는 회의 공간을 한곳에 두어 집중도를 향상시키고자 했고, 규모가 큰 개발 조직이 한곳에 모일 수 있는 대형 회의실을 배치했다.

공간 디자인 과정에서 구성원들의 목소리를 귀담아들었는데, 여러 의견 중 개인 업무 공간에 방음이 필요하다는 의견이 있었다. 이를 반영하기 위해, 역삼 오피스의 회의실에는 차음 성능이 좋은 이중 유리를 적용해 흡음도를 높일 수 있는 환경을 조성했다. 벽체에는 패브릭 마감을 활용하고 천장에는 흡음 패널을 설치했다. 뿐만 아니라, 회의실 내에 얇은 커튼을 설치해 시각적 정보 또한 보호하고자 했다.

어쩌다가 회사에 PC방까지…

크래프톤의 복지는 역사가 깊다. 블루홀 창립 시절로 거슬러 올라가 당시 장병규 의장은 피플팀에게 회사의 조직문화 근간을 만드는 권한을 줬다. 임재연 피플팀장은 여느 인사, 총부 부서와 현격히 다른 조직을 만들고 싶었다. 업무 중심이 아닌 구성원 중심으로 일하면서 구성원에 집중하겠다는 의미로 팀이름도 '피플'로 지었다. 피플팀 임무 가운데 하나는 '직원들이 회사를 신뢰할 수 있도록 하는 것'이었다. 직원들을 찾아다니며 대화를 자유롭게 나누면서 문제를 파악하고 해결했다. 한 직원이 자기계발과 정보 습득을 위해 해외에서 발행하는 게임 잡지와 디자인 잡지를 비치해달라는 요청을 했다. "당연히 해야 할 것이면 합시다. 당연한 것을 가지고 지질하게 살지 맙시다"라는 장 의장의 말에 피플팀은 잡지를 구독해 휴게실에 비치했다.

피플팀이라는 명칭은 지금까지도 지속되며 그 문화까지 계승되고 있다. 역삼 오피스로의 이전이 얼마 남지 않았을 무렵, 공간 계획 태스크포스(TF) 멤버들은 구성원들이 이사 이후 궁금해할 수 있는 정보나 필요한 사항들을 검토하고 해당 내용들을 사전 가이드화 해 메일, 위키 문서 등을 통해 안내했다. 또 공간이 완성된 이후에는 구성원들의 소프트 랜딩을 위해 이사 과정이나 업무 생활 중 문의 및 건의 사항에 대해 소통할 수 있는 슬랙 채널을 만들어 빠르게 정보를 안내하고 부족한 부분에 대응할 수 있도록 노력했다.

크래프톤의 특이한 사내 공간이 있다면 바로 PC방이다. 이 PC방은 판교 엠텍IT타워 시절부터 시작됐다. 2013년 당시 '투지의 전장'이라는 방은 게임 사내 테스트를 위한 '사무실 PC방'으로 꾸몄다. PC방이 배치돼 적정한 인원이 집중적으로 테스트를 할 수 있었다. 이 PC방은 판교 크래프톤 타워로 옮겨오며 규모가 더 커진다. 대형 모니터와 성능 좋은 PC들을 갖춰놓고 직원들의 리프레시를 도모했다. 역삼 오피스 PC방은 '게이머스 라운지'라는 이름으로 좀더 화려해졌다. 게임의 즐거움을 극대화하기 위해 최신 PC 사양과 콘솔 기기를 구비했다. 깔끔하고 감각적인 인테리어는 덤이다.

크래프톤이 회사를 옮길 때마다 빼놓지 않고 PC 방을 만드는 것은 창의력을 충전할 수 있다고 믿는 조직문화 때문이다. 직원 스스로가 가진 역량을 빠르게 발전시킬 수 있는 역동적인 환경과 자유롭게 소통하는 수평적인 조직문화를 통해 직원과 회사가 함께 성장하기를 원한다. 실제 게임을 플레이하면서 기발한 게임 개발을 위한 창의력을 충

©크래프톤

크래프톤 역삼오피스 '게이머스 라운지'

전할 수 있게 한다는 것이다. 잉여로움 속에서 새로운 것들을 탐색할 수 있고 창의력의 원천이 된다는 설명이다.

이 같은 조직문화는 직원들이 자체적으로 만든 '잉여세미나'에 잘 녹아있다. 2011년 시작됐다는 이 세미나에서는 업무와 관련 없는 주제를 선정해 개발자들이 자유롭게 발표한다. 새로운 것에 대한 열망이 있었던 개발자들이 자기개발을 위해 사내 스터디를 하자는 의견이 나와 시작했고 지금까지 이어지고 있다. 순전히 개발자들의 성취욕으로부터 비롯된 이 세미나에서는 보통 현업에서 쓰는 기술 말고 다음에 쓸 만한 기술이나 업무와 전혀 상관없는 기술을 주제로 삼는다.

개발자들은 기술에 대해 얘기하고 싶어 하는 측면이 있어요. 새롭게 알게 된 걸 자랑하고 싶어 하죠. 대학교 시절에는 같이 졸업 작품 하는 팀원들과 그 주에 자기가 잘한 기술을 자랑하는 날도 있었어요. 회사에도 그런 성향의 사람들이 많이 모인 편이죠. 회사 생활하면서 가장 기다리게 되는 시간이기도 하고요. 이대로 쭉 잘 이어지면 좋겠네요.

정승혜 크래프톤 개발자의 말이다. 개발자들은 대화를 하다가 자신은 못 알아듣겠는데 다른 사람들이 '맞아 그건 그렇지' 하고 반응하면 '나만 모르나' 싶어 자극을 받는다고 한다. 집에 가서 기필코 공부하겠다는 다짐을 하게 된다는 것이다. 세미나에 참여하면서 자기계발도 하고 실제 업무에도 도움이 된다는 설명이다.

크래프톤은 이 같은 몰입과 잉여의 적절한 조합을 통해 최고의 인재들이 최고의 결과물을 낼 수 있는 환경을 제공하며 앞으로도 계속해서 '게임의 명가' 자리를 공고히 해나갈 것이다.

어떤 공간에 있느냐에 따라 정서적 반응이 달라진다. 크다, 넓다와 같은 눈에 보이는 요소만 작용하는 게 아니다. 세월의 흔적, 칠해진 페인트의 색깔, 빛의 느낌, 요소요소에 심어진 풀과 나무, 공간을 채운 냄새까지 영향을 준다.

_《내가 사랑한 공간들》(윤광준, 을유문화사)

NHN 사옥

판교에 위치한 NHN. 사옥은 게임 회사의 정체성을 담아 '플레이뮤지엄'이라 부른다.

8

플레이뮤지엄
NHN

우리 만남은 우연이 아니야

빌딩 숲으로 이루어진 삭막한 판교 오피스 중 '플레이뮤지엄'이라는 특색 있는 공간이 생겼다. 바로 NHN 사옥이다. NHN의 태생은 '한게임'으로 NHN엔터테인먼트가 2013년 네이버와 분리되면서 별도 법인이 됐다. 이에 '플레이뮤지엄'이라는 이름은 '게임을 만드는 곳'이라는 회사의 정체성이 담기길 바라는 마음으로 지어졌다. 게임은 예술과 과학이 결합된 놀이로 게임이라는 놀이를 통해 사람들의 일상이 더욱 풍요로워지길 바란다는 것이다. 이런 풍요로운 일상을 실현하기 위해 박물관에 소장되는 작품처럼 수준 높고 가치 있는 게임을 만들어 사람들과 오래도록 공유하는 것을 목표로 한다. 그래서 놀이를 다루는 게임 회사로서의 정체성과 박물관에 소장될 만큼 높은 수준과 가치를 추구한다는 목표를 한데 담아, '놀이를 작품으로, 상상을 현실로 만드는 곳'이라는 회사 지향점이 드러나도록 사옥의 이름을 '플레이뮤지엄'이

©NHN

NHN 하이브 공간과 중앙계단

라 지었다.

　플레이뮤지엄은 직원들에게 영감을 주거나 진취적인 도전을 북돋
아 주기 위해 '도전'을 전체 공간의 콘셉트로 잡고, 놀며 재미를 연구
할 수 있는 다양한 공간을 만들어 곳곳에 배치했다. 특히 직원들의 만
남을 일부러 의도하는 공간배치를 구성했다. 회의를 하고, 음료를 마시
고, 휴식을 취하며 자연스럽게 마주친 동료와 이야기를 나누는 '하이
브'라는 공간이다. 의도하거나 의도하지 않은 만남에서 더 좋은 아이
디어와 결과물을 얻는 데 도움이 되도록 만들었다는 것이다. 각 공간
은 필요한 기능은 충실하게 갖추면서 딱딱하고 단조로운 공간이 아닌
영감을 주는 공간이 될 수 있도록 계획했다.

하이브는 언뜻 한 층만의 만남의 장으로 보일 수 있지만 '플레이뮤지엄'에서는 처음부터 한 층만이 아닌 다른 층과의 교류까지 고려한 공간이다. 엘리베이터를 이용해 다른 층으로 갈 수 있지만 이렇게 걷는 흐름이 끊어진다는 것은 이미 다른 층과 완전히 분리된 상황을 보여준다. 그래서 위아래 층이 자연스럽게 연결되도록 하이브에 내부 계단을 놓았다. 내부 계단은 비상계단처럼 내려가는 지점과 올라가는 지점이 일치하는 일자형 계단이 아니라 중간 계단참에서 방향을 ㄱ자로 꺾은 형태로 엇갈리게 놓았다. 계단과 함께 3층부터 10층까지 뚫린 보이드 공간은 아찔하거나 무섭게 느껴지지 않도록, 자신이 있는 층 난간에 섰을 때 위아래 층만 볼 수 있을 정도로 규모를 조정했다. 이런 배려로 위아래 층을 포함한 3개 층을 오가는 정도는 엘리베이터를 기다리는 것보다 내부 계단을 이용하는 편이 훨씬 쉽고 빨라, 계단을 통한 층간 교류가 자연스레 이어질 수 있다. 게다가 계단을 오르내리면 자연스럽게 운동도 할 수 있어 직원들의 건강에도 도움이 된다. 계단 하나를 오를 때 소모되는 칼로리는 약 0.15kcal로 3개 층을 오르내릴 경우 약 22.5kcal가 소모된다. 계단을 이용한 만큼 엘리베이터 운행이 줄어 에너지도 절약할 수 있다. 건물에서 3층 이하를 이동할 때 엘리베이터 대신 계단을 이용하면 일반 가정의 한 달 평균 전기 사용량인 300kWh가 매달 절약된다고 하니 계단 이용이 일상화되면 절약되는 전기량은 이보다 많은 것이다. 하이브의 내부 계단은 각 층간의 소통을 유도할 뿐 아니라 에너지를 절약하고 직원들이 틈틈이 건강을 챙길 수 있도록 도움을 주는 1석 3조의 효과를 거뒀다.

NHN은 누구보다 직원들의 조화를 강조하고 있다. 의도한 만남을 위한 공간인 회의실은 사람들이 선호하는 공간으로 만들어졌다. 프로젝터, TV를 이용해 화상회의를 할 수 있고 신발을 벗고 편안하게 앉아 회의하거나 밤샘 작업을 한 직원들이 잠시 쉴 수 있는 좌식회의실까지 갖췄다. 더욱 자유로운 회의 분위기를 만들기 위해 컨테이너 회의실도 기획됐다. 컨테이너 회의실은 경우에 따라 전시실이나 게임방으로 사용할 수도 있다. 모든 회의실은 필요에 따라 언제든 프로젝트룸으로 전환해 사용이 가능하다.

구내식당에서도 만남은 계속된다. 구내식당은 사옥에서 가장 넓은 공간이지만 그래서 더욱 비효율적인 공간으로 자리 잡는 경우가 많았다. 플레이뮤지엄의 구내식당은 식사 시간을 제외한 시간에도 활용도를 높이기 위해 고민했다. 식당과 카페를 합쳐 지하 1층을 먹고 마실 수 있는 공간으로 계획했다. 크고 작은 발표와 행사가 많은 회사의 특성을 생각했을 때 이 공간에서 행사를 한다면 더 효율적으로 사용할 수 있을 것 같았다. 이러한 생각으로 식당 홀 가장 안쪽을 소극장 형태로 만들고 '마린 코트'라고 이름을 붙였다. 여기에 무대 특수 조명과 음향 설비를 갖춰 셔터를 내리면 완전히 독립된 공간에서 50~70명이 참석하는 행사를 진행할 수 있게 했다. 평상시에는 탁구나 배드민턴을 즐길 수 있도록 앞쪽에 식탁을 겸하는 탁구대를 배치했다. 뒤쪽은 계단식으로 테이블과 좌석이 놓여 있어 식사를 하거나 차를 마시면서 운동하는 동료들을 응원할 수 있다. 하루 몇 시간 북적거리고 나면 텅 비던 식당은 카페를 들이고 다양한 성격의 행사도 치르며 풍성하고 재미있는 이야기를 채워가고 있다.

회사 로비에
자전거 수리 센터를 둔 이유는?

승용차나 대중교통보다 자전거를 이용하는 것이 건강에 좋고 환경에도 좋다는 것은 알아도 통근 수단으로 자전거를 선택하기는 쉽지 않다. 자전거를 어디에 세워둘지, 땀에 젖은 몸과 옷은 어떻게 처리할지, 고장이 나면 어디에 수리를 맡겨야 하는지 등의 고민이 꼬리를 물기 때문이다. 그래서 NHN은 '자전거 이용을 생활화하자'는 말 대신, 직원들이 자전거 타기를 주저하게 만드는 문제들을 해결할 수 있는 자전거 주차장을 계획했다. 그리고 '나도 한번 자전거 타고 출근해볼까?'라는 생각이 들도록 항상 오가며 볼 수 있는 로비에 자전거 주차장을 만들었다.

바쁜 출근 시간, 플레이뮤지엄 로비에 들어오면 다른 오피스 건물에서는 보기 어려운 광경이 펼쳐진다. 자전거를 타고 탄천과 금토천을 달려 회사에 출근한 사람들이 하나둘씩 자전거 전용 출입구를 통해 로비로 들어온다. 로비에 마련된 넓은 자전거 주차장 곳곳은 이미 주차된 자전거로 가득하다. 이곳에는 자전거 정비사가 상주한다. 굳이 이야기하지 않아도 정비사가 알아서 직원들의 자전거를 케어해준다. 정비사가 등록된 자전거에 태그를 붙여서 자전거를 관리한다. 현재 150여 대의 자전거가 등록돼 있다고 한다. 그뿐만 아니라 전기 자전거나 다른 모빌리티 기기의 충전 공간도 마련됐다. 2020년부터는 경정비 수준이 아닌, 완전 분해하는 구동계 클리닉까지 진행하고 있다. 자전거 마니아층에서 필요로 하는 이 서비스는 시중에서 받으면 10만 원이 훌쩍 넘는데 이를 회사에 자전거를 댔다는 이유만으로 무료로 제공한다.

회사 입장에서는 활용도가 높지 않은 로비를 이용해 공간효율을 높이려는 실용성을 따진 선택이라는 설명이다. 단순한 생각에서 출발했지만 로비에 자전거 주차장을 실제 들이는 일은 단순하지 않았다. 외부에 두는 것이 일반적이다 보니 내부에 둘 때 고려해야 할 것들이 상당했다. 가장 먼저 생각해야 하는 것은 직원들이 편하게 이용할 수 있도록 최대한 많은 수의 자전거를 주차할 수 있는 공간을 확보하는 것이었다. 주어진 공간에 한계가 있어 자전거를 일렬로만 세우는 것이 아닌, 들어서 세우거나 고리에 건 후 줄을 당겨 천장에 매다는 방법을 동원했다.

바쁜 아침 출근 시간의 혼잡을 피하고 로비 바닥이 자전거에 묻어온 흙먼지로 더럽혀지는 것을 막기 위해서 별도의 전용 자전거 출입구도 만들었다. 또 자전거 주차장 바닥을 로비보다 60cm 낮추고 바닥 외곽으로 배수로를 둘러 자전거에 묻은 흙먼지를 언제든 물로 세척할 수 있게 했다. 바닥 높이를 낮춘 덕분에 로비에서 자전거 주차장을 바라보면 자전거가 주차돼 있는 모습이 적당히 가려져 자전거 주차장이 정돈돼 보인다.

자전거를 하나의 취미로 삼을 수 있게 회사 차원의 독려도 이어졌다. 무엇보다 로비에 자전거 주차장이 있는 것은 "직원들이 건강해야 창의적인 생각도 나오고, 가정과 회사가 모두 화목할 수 있다"는 이준호 NHN 회장의 평소 지론이 큰 작용을 했다. 이 회장 사비를 털어 자전거 출퇴근자들에게 120만 원 상당의 자전거를 선물을 하기도 했고 주말 라이딩을 함께하는 깜짝 이벤트를 마련하기도 했다. 이 회장 역시 1주일에 2~3번은 자전거로 출퇴근하고 주말엔 지인이나 직원들과 함께 한강 라이딩을 즐기는 마니아인 것으로 알려졌다.

한국환경공단에 따르면 한 사람이 매일 자전거를 타고 10km를 출근했을 때 대기오염 배출량이 줄어 연간 49그루의 나무를 심는 효과가 있다고 한다. 플레이뮤지엄에 주차할 수 있는 자전거 134대를 대입하면 연간 6566그루의 나무를 심는 효과가 있다는 계산이 나온다. 자전거 통근을 결심하는 직원이 많아질수록 환경에 미치는 효과도 높아지는 것이다.

ESG가 나오기 전에
'친환경'을 논하다

2013년 준공된 플레이뮤지엄은 '친환경'이 핵심이다. 처음 플레이뮤지엄에 대한 이야기가 나온 시점은 2006년으로 네이버에서 분리되기 전이었다. 그린팩토리를 구상 중이던 NHN은 판교테크노밸리 분양 소식이 들려오자 바로 분양받았다. 당시로서는 그린팩토리에 이어 두 번째 사옥인 셈이었다. 플레이뮤지엄은 그린팩토리와 비슷한 형태로 짓게 됐다. 형태의 반복은 디자인 측면에서 진보보다는 퇴보를 의미할 수 있지만 사옥 형태는 기업 브랜드를 이미지로 보여주는 방법 중 하나이기 때문에 외부에 일정한 형태를 드러내는 전략이 중요하다는 생각에서다.

플레이뮤지엄은 회사 문화와 전략에 걸맞은 디자인을 고려하고 환경을 생각한 구조와 자재를 선택했다. 환경을 생각하는 것이 건강한 공간을 만드는 것과 얼마나 밀접한 관계가 있는지 의문이 들 수 있다.

하지만 건물에서 발을 딛고 생활하는 바닥부터 벽, 천장, 창문, 가구 등에 사용하는 수많은 재료만 봐도 환경과 관련되지 않은 것은 하나도 없다. 선택한 재료가 건물에서 생활하는 직원들과 환경에 적지 않은 영향을 미친다는 뜻이다. 새집증후군 문제만 봐도 그렇다. 한동안 창문을 열면 괜찮다고 하지만 건축 재료에서 발생한 화학물질 중 몇몇은 십 년이 지나도 사라지지 않는다. 이를 뜯어내 버린다고 문제가 끝날까? 재활용이 어려우니 결국 태우거나 땅에 묻는데, 이때 사라지지 않은 화학물질은 공기나 땅을 오염시킨다. 그래서 인체에 해롭지 않으면서 환경에 미치는 영향을 최소화하는 자재를 선택하고 물과 전기 등 에너지를 덜 쓰지만 충분히 기능하는 효율 높은 기기를 갖추기 위해 노력했다. 예를 들어 건물 내외부를 한 번 더 분리해주는 실내 루버를 통해 8.15%의 에너지를 절감했다. 루버 사이로 들어오는 햇빛의 밝기를 인식하는 센서로 조절되는 조명으로 10.69%의 에너지를 절감할 수 있다. 필요에 따라 원하는 빛 환경을 만들 수 있는 개인 책상 등은 조명 권고 기준 대비 36%의 소비에너지를 절감했다. 지하 식당의 경우 햇빛이 닿게 하는 선큰 가든(sunken garden)과 천장으로 일 소비전력 2.4kWh를 절약하고 있다. 맑은 외부 공기를 내부로 들여 환기시키는 선큰 가든은 일 소비전력 9%를 줄여준다. 화장실에 들어온 사람이 모두 나가면 자동으로 불을 끄는 센서 등을 통해 40%의 일 소비에너지가 절감되는 효과를 거두고 있으며 양치하면서 버린 물을 모아 대소변기에서 재사용할 수 있게 돕는 중수 시스템으로 연간 29.36% 수량을 절감하고 있다. 이외에도 단열 성능이 높은 '트리플' 로이복층유리, 바닥으로 실내 공기를 조절하는 공기 조화기, 빛 반사율이 높은 자재와

©NHN

위_NHN 치카룸. 양치하면서 버린 물을 모아 대소변기에서 재사용할 수 있게 돕는 중수 시스템을
갖췄다. | 아래_사옥 내부에 위치한 자전거 주차장

©NHN

편백나무로 만든 회의실 '힐링룸'

밝은 색상의 페인트로 마감한 옥상 등으로도 에너지 절약을 실현했다.

재미있는 점은 플레이뮤지엄은 북향 건물이라는 것이다. 오피스 건물은 난방보다는 냉방을 더 많이 한다. 컴퓨터, 조명, 각종 전자 기기 등 다양한 기기에서 발생하는 열에 사람들의 체온까지 더해져 겨울에는 난방을 덜 해도 되지만 여름에는 이런 열기 때문에 냉방을 더 해야 한다는 지적이다. 남향 건물은 햇빛이 잘 들어 나머지 다른 향의 건물보다 훨씬 따뜻해 냉방에 더 신경을 써야 한다. 오래 머무는 햇빛 역시 직원 대부분이 컴퓨터를 사용하는 환경에서는 반갑지 않은 요소다. 컴퓨터 화면을 비롯해 책상이나 벽에 반사된 눈부신 햇빛을 차단하기 위해 많은 오피스에서 낮에 커튼이나 블라인드를 치고 종일 조명을 켜고 생활하는 것만 봐도 햇빛으로 인한 불편함을 짐작할 수 있다.

결국 남쪽은 쾌적한 업무 공간을 만들기에 좋은 방향이 아니라는 게 NHN의 판단이었다. 업무에 좋은 방향을 선택한다면 오히려 북쪽 중심 광장을 향해 열린 건물이 적합했다는 설명이다. 이 결과 북쪽 중심 광장과 동쪽 금토천을 내려다볼 수 있는 탁 트인 환경을 확보할 수 있었다.

쾌적하고 일하기 좋은 환경을 만들기 위해서이기도 했지만 그보다 에너지를 적게 사용하면서 좋은 환경을 만드는 데 집중했다는 것이다. 공들여 지은 만큼 어떻게 하면 건물을 효과적으로 운영해 에너지를 절약하고 환경에 미치는 영향도 최소화할 수 있을지를 고민하며 즐겁게 에너지를 절약하며 플레이뮤지엄을 운영하고 있다.

NHN 인터뷰룸

외부인들이 들어오는 통로이기 때문에 해리포터에 나오는
기차역 플랫폼을 본 딴 인테리어를 차용했다.
입사 면접을 위해 회사에 처음 방문하는 면접자들이 찾는 공간으로
면접자 대기공간에는 응원 메시지가 담긴 포스터와 검색을 위한 태블릿PC 등을
두어 지원자들이 긴장을 풀면서 필요한 정보를 쉽게 얻을 수 있도록 했다.

스마일게이트 역삼 사옥 오렌지플래닛

스마일게이트는 2014년부터 오렌지플래닛을 운영하며 기존 판교 사옥은 그대로 사용하면서 역삼에도 사옥을 매입해
주요 사업들을 진행하고 있다.

9
창의력 공장
스마일게이트

**창의인재 꿈
실현 위한 공간**

모두가 다니고 싶은 선망의 대상이 되는 회사는 드라마를 통해 표현되기 마련이다. 드라마를 보면 당대 시대상을 파악할 수 있기 때문이다. 과거 드라마의 주 무대는 정체불명의 기획실이나 마케팅팀이었다. 몇 년 전부터 IT 회사들을 배경으로 한 장면들이 속속 나오고 있다. 그만큼 IT 기업 직종이 트렌디하다는 걸 의미한다.

드라마 〈밥 잘 사주는 예쁜 누나〉에 나오는 감각적인 인테리어의 회사, 스마일게이트가 현실 세계에서도 화제가 되기도 했다. 미국 지사에서 돌아온 정해인을 반기려고 직원들끼리 장난감 총으로 장난을 치는 모습이 드라마에서 그려진 것처럼 실제 스마일게이트는 수평적인 분위기를 지녔다. 사옥도 훌륭하지만 인센티브와 복리후생도 업계 최고 수준으로 알려졌다.

스마일게이트 퓨처랩

스마일게이트가 크로스파이어, 로스트아크, 에픽세븐 같은 흥행 게임을 만들 수 있었던 이유는 무엇보다 '창의성'을 중시하는 기업문화가 작용했기 때문이라는 분석이다. 실제 스마일게이트는 업무 외에 본인이 꿈꾸는 게임과 앱서비스를 제작하는 데 적극 지원을 아끼지 않고 있다. 지난 2019년 임직원 대상 창작지원 프로그램 크리에이티브 챌린저스 리그(CCL) 1기가 진행됐는데 약 100일간의 일정에 총 21팀이 참가해 18개의 결과물을 완성할 정도로 열기가 뜨거웠다. CCL은 개발자 본인의 개발욕을 마음껏 펼칠 수 있게 해 직원들의 자아실현을 고취시키고 있다는 평가다. CCL 1기를 통해 본인이 만든 게임을 시연에 그치지 않고 출시하기 위해 창업에 나선 경우도 있다. 2021년에도 이

행사는 지속됐다. CCL 2기에서는 스마일게이트 그룹 내 7개 법인에서 50여 명의 구성원이 참가, 임직원 대상으로 시연회를 가졌다.

스마일게이트는 직원들뿐만 아니라 우리나라 미래인재들의 창의성을 위해 뛰는 회사이기도 하다. 지난 2017년부터 스마일게이트 사회 공헌재단인 '희망스튜디오'에서 운영하는 청소년 창의환경 연구소 '퓨처랩'을 통해 초등학교 4학년부터 고등학생까지 학생들을 대상으로 창의 학습 경험을 제공하고 있다. 첨단 기술과 예술, 인문학이 결합된 다양한 프로젝트를 연구·개발하며 청소년 각자가 가진 창의성을 발견하고 개성 있는 아이디어를 가진 청년 창작자들의 잠재된 가능성이 실현되도록 돕는다.

IT, 건축, 음악 등 다양한 분야에서 활동하는 아티스트와 청소년이 협업하는 방식의 프로젝트를 진행하며, 미국 MIT 미디어 랩, 영국 BBC 교육재단 등 국내·외 유수한 창의환경 기관과 교류하며 협력하고 있다. 지난 수년간 퓨처랩은 세계 석학 및 저명한 예술가 등과 함께 연구한 교육 철학을 워크숍 교육 과정에 적용해 진행했다.

실제 사옥 내부에 퓨처랩이 진행되는 공간은 흡사 공장을 방불케 하는 모습이었다. 전기차를 만들어보기 위한 각종 공구부터 전기 설비가 완비됐다. 학생들이 만든 한옥은 사옥 내에서 위용을 뽐내고 있었다.

이외에도 창작 생태계 활성화를 위한 대표 사업인 스마일게이트멤버십을 진행해 자신만의 게임·서비스 완성을 꿈꾸는 팀을 위한 성장을 지원하고 있다. 건강한 창작 문화를 경험하며 서로 공유할 수 있는 창작자 커뮤니티는 12년간 이어지고 있다. 멘토링·유저 피드백 등 다양한 프로그램과 연계해 게임 제작의 시작부터 완성까지의 경험을 지원한다. 올해는 특히 인공지능(AI) 창작자들을 지원하는 AI부문을 신설하기도 했다.

때로는 '창작'이라는 단어가 부담으로 다가올 때가 있다. 이에 청소년부터 개인 창작자까지 손쉽게 창작 문화를 경험할 수 있도록 창작의 진입장벽을 낮춘 프로그램 '스마일게이트 챌린지'를 진행 중이다. 연구공간 지원, 멘토링 등이 포함된 챌린지를 통해 팀을 구성하고 함께 프로젝트를 진행하며 게임 개발에 대한 전반적인 프로세스에 참여할 수 있다.

동호회만 60개!
직원 똘똘 뭉쳐 능률 up

스마일게이트는 2018년 3월부터 전 그룹 임직원들이 참여할 수 있는 동호회 '스마일樂(락)'을 공식 출범했다. 해당 활동을 회사에서 지원하고 법인이 다른 직원들 간의 소통을 활성화하기 위한 목적이었다. 구성원들의 반응은 폭발적이었다. 지난 3년여간 약 60개의 동호회가 운영돼 왔고 1000여 명이 참여했다. 동호회 종류도 다양해 일반적으로 떠오르는 축구, 농구, 야구 등 스포츠 동호회는 물론, 방탈출, 인디게임, 보드게임연구, 줌바댄스, 커피연구, 관상어 사육, 원예 등 개성 넘치는 동호회도 즐비하다.

스마일게이트는 동호회 활동을 적극적으로 지원하는 것으로 이미 유명하다. 코로나19로 인해 2년째 열리지 못했지만 매년 6월에 열렸던 '전사 워크숍'에서는 동호회 활동에 일반 임직원이 참여할 수 있도

ⓒ스마일게이트

위_ 스마일게이트 판교 사옥 | 아래_ 실내 골프장

록 부스를 마련했고, 본사 사옥인 스마일게이트 캠퍼스 로비는 동호회 활동의 장으로, 때로는 콘서트 홀로, 때로는 예술작품이 전시되는 전시장으로 변하기도 했다.

또 임직원들이 관심을 보이는 동호회 활동은 전사 행사로 탈바꿈되기도 했다. 실제 탁구 대회, 다트 대회 등을 개최해 스마일게이트 구성원이면 누구나 참여할 수 있는 축제의 장을 마련하기도 했고, 코로나19로 인해 오프라인 활동이 불가한 상황에서는 '방구석 올림픽'이라는 타이틀로 실내 운동 이벤트를 펼치기도 했다.

회사 밖에서 진행되는 동호회가 있기도 하지만 회사 내부에서도 이를 실현할 수 있는 내부 공간을 갖추고 있어 출근 전후 자투리 시간을 활용해 직원들이 여가를 좀 더 알차게 보내고 '소확행'을 이룰 수 있다. 스크린골프, 탁구, 다트, 미술, 오케스트라, 보드게임 및 각종 게임 동호회를 불편 없이 누릴 수 있는 공간이 모두 사내에 갖춰져 있다.

직원들은 스마일락을 같은 공감대를 가진 동료들을 만날 수 있는 기회라고 입을 모아 추켜세우고 있다. 함께 동호회 활동을 하면 소속감과 유대감을 느낄 수 있어 생활의 활력소가 될 뿐만 아니라 사람과의 만남으로 얻을 수 있는 값진 가치를 통해 실제 업무 능률 상승으로 이어진다는 평가다.

스마일게이트 사옥은 동호회뿐만 아니라 가족과 함께하는 행사의 장으로 탈바꿈하기도 했다. 2020년 4월 스마일게이트는 평소 임직원들이 담배를 피우고 버려진 공간이었던 사옥 옥상을 텃밭으로 리모델링해 '스마일팜(농장)'을 탄생시켰다. 사내에서 직원들이 함께 어울릴 수 있는 조직문화를 만들면 좋겠다는 취지의 의견들이 나오면서 스마일팜이 추진됐고 시범운영을 시작했다.

옥상에 텃밭이 생기면서 일상에 지친 스마일게이트 직원들에게는 '힐링 장소'가 됐다는 후문이다. 기존 흡연 구역 맞은편에 텃밭이 만들어졌고 자동으로 급수되는 관수시설, 물품 보관함, 공용 농기구 등 텃밭 조성에 필요한 모든 편의시설이 설치됐다. 스마일팜을 감상하며 휴식을 취하는 휴게공간도 조성됐다. 특히 비흡연자들은 옥상에 갈 일이 없어서 바람을 쐬기 어려웠는데, 텃밭을 운영하면서 좋은 반응을 얻었다. 사내 화훼 동아리나 고양이 동아리 등도 참여해 적극적으로 작물을 가꾸고 기부도 했다. 특히 주말에 가족과 함께 텃밭을 가꾸는 직원들도 생겨나면서 '주말농장' 역할도 톡톡히 했다.

**강남에도
사옥 구매한 이유는?**

다른 기업들이 원대한 꿈을 가지고 영토 확장을 위해 사옥을 사들이는 동안 스마일게이트는 조금 다른 행보를 보였다.

스마일게이트가 2021년 3월 서울 강남 역삼동에 있는 대형 오피스 건물 동궁리치웰타워를 2000억 원에 인수했다는 소식이 전해졌다. 인수가는 3.3m²당 3500만 원을 넘어 역대 최고가를 경신했다. 다른 기업들처럼 회사의 팽창과 함께 좀 더 멋있는 장소에서 '강남스타일'을 누리기 위해 본사 이전을 하려는 것이었을까?

전혀 다른 목적이었다. 현재 본사로 사용 중인 판교사옥은 그대로 두고 역삼동은 청년창업 거점공간으로 활용한다는 계획을 내놨다. 스마일게이트 그룹의 지주사 역할을 담당하고 있는 스마일게이트홀딩스가 지분 100%를 보유하고 있는 에스피엠씨는 동궁종합건설과 서울 강남구 역삼동 677-23에 있는 동궁리치웰타워를 매입하는 계약을 체결하고 소유권 등기 이전을 완료했다. 에스피엠씨는 과거 반도체 팹리스 업체인 엠텍비젼이 보유한 판교 사옥(엠텍IT타워)과 부지를 분할해 설립한 업체다. 이후 엠텍비젼이 상장폐지를 앞두고 엠텍IT타워를 스마일게이트홀딩스에 1000억 원에 매각하면서 현재의 사명으로 변경했다. 스마일게이트는 현재 이곳을 본사 사옥으로 사용 중이다.

역삼동 동궁리치웰타워는 2018년 6월 착공해 2020년 8월 준공한 오피스 건물이다. 지하 7층~지상 19층 규모다. 대지면적은 $1398.2m^2$, 연면적은 1만 $8167.22m^2$다. 건폐율은 53.9%, 용적률은 799.28%다. 지난 2020년 하반기 매물로 나올 당시 가격이 높아 매각이 지지부진했지만 정부의 부동산 규제로 강남 일대 부동산 값이 천정부지로 치솟으면서 상황이 달라졌다. 특히 서울 강남구 테헤란로 대로변 입지로 인수 경쟁이 치열해졌다는 후문이다.

스마일게이트 관계자는 "청년 창업자들이 업무에 집중할 수 있도록 인프라가 잘 갖춰진 건물을 매입했다"며 "청년창업 거점공간 '오렌지플래닛'과 스마일게이트 관계사들이 동궁리치웰타워에 입주할 예정"이라고 했다.

실제 스마일게이트인베스트먼트와 스마일게이트자산운용사가 2021년 7월 판교를 떠나 역삼동에 새 둥지를 텄다. 스마일게이트가 진행하고 있는 초기기업 복합 지원 프로그램 '오렌지플래닛' 사업과 시너지 효과를 극대화하기 위한 전략으로 풀이된다. 대부분의 벤처캐

ⓒ오렌지플래닛

역삼 오렌지플래닛 내부

역삼 오렌지플래닛 내부

피탈이 서울 강남구 주변에 위치해 업무 효율화를 위해서도 사옥 이전이 필요했던 것으로 분석된다. 새로 옮긴 건물에서 오렌지플래닛 프로그램을 이수하고 있는 초기기업을 입주시켜 협업 관계를 강화한다는 계획이다.

스마일게이트는 2014년부터 오렌지플래닛을 만들어 운영하고 있다. 오렌지플래닛에서는 예비 창업자와 초기기업에 창업가와 투자사를 연결해주는 다양한 프로그램을 제공한다. 스마일게이트홀딩스 지분 100%를 보유한 권혁빈 스마일게이트희망스튜디오 이사장의 의지가 담긴 사업으로 창업기획자(액셀러레이팅) 성격이 강하다.

오렌지플래닛은 현재 서울 강남, 신촌 지역과 부산 및 전주 지역에 센터를 두고 있다. 이곳에 입주해 있는 초기기업 일부가 역삼동에 위치한 오렌지플래닛 건물로 이주했다. 스마일게이트인베스트먼트를 비롯한 투자 회사와 같은 건물을 사용해 소통하며 시너지 효과를 누린다는 전략이다.

스마일게이트인베스트먼트는 초기기업을 발굴하는 노력을 지속하고 있다. 2020년 중소벤처기업부에 창업기획자 등록을 한 스마일게이트인베스트먼트는 내부에 초기투자팀을 따로 꾸려 액셀러레이터 사업을 확대하고 있다. 송현인베스트먼트와 지온인베스트먼트를 거친 김영민 이사를 비롯해 서울대학교 기계항공분야 학사, 석사, 박사를 수료하고 변리사 자격을 보유한 손지원 이사가 팀을 담당하고 있다. 추가로 심사 역을 영입해 투자 역량을 강화한다는 계획이다. 스마일게이트인베스트먼트가 오렌지플래닛 프로그램과 협업해 유망한 초기기업을 발굴하고 육성하는 구조를 만들며 대한민국 창업 생태계에도 한 축으로 자리매김하겠다는 것이다.

실제 오렌지플래닛은 창업 생태계에 지속 가능한 선순환 성장 사다리를 구축하고 있다는 평가다. 지난 7년여간 총 270개의 스타트업 지원을 통해 4708억 원의 투자 유치, 1조 8000억 원의 기업가치 창출, 4070여 개의 일자리 창출에 기여했다. 특히 수도권에 편중된 창업 지원 프로그램을 부산, 전주 등의 지역으로 수혜 범위를 확대해 큰 주목을 받았다. 또 국내 대표 데이터 금융 플랫폼 기업인 '뱅크샐러드'를 비롯해 '클라썸', '빅픽처인터랙티브', '두브레인', '딥브레인 AI' 등 유수의 스타트업을 배출한 바 있다.

펄어비스 신사옥 조감도

과천에 준비 중인 신사옥은 지하 5층, 지상 15층 규모로 설계되었다.
식당, 카페는 물론 어린이집, 피트니스, 병원 등 임직원의 편의를 위한 시설들이 입점할 예정이다.

10
개발자 천국
펄어비스

**펄어비스,
과천의 '포스트 판교화' 이끈다**

펄어비스는 〈릴 온라인〉, 〈R2〉, 〈C9〉를 연달아 성공시킨 김대일 의장
이 2010년 9월 10일 경기도 안양의 평촌에 설립한 개발사다. 당시 김
대일 의장은 게임 개발과 출시 후에 이르기까지 개발자의 발언권이 차
츰 줄어드는 것에 실망해 '자신이 꿈꾸는 이상적인 게임 개발과 서비
스를 자유롭게 할 수 있는 회사'를 목표로 펄어비스를 세웠다. 7명이
평촌의 원룸에 모여 시작했다. 판교, 구로, 강남에 주로 위치해 있던 다
른 게임 개발사들과 달리 안양에서 시작한 이유는 단순했다. 원년 멤
버들이 평촌에 살거나 모두 가까운 곳에 거주하고 있어서다. 당시 밤
새워 게임 개발에 골몰하는 날이 많았기 때문에 집과 가까운 위치가
최선이었다. 펄어비스는 몇 개의 사무실을 거쳤고 〈검은사막〉 공개 당
시인 2014년 말 직원이 94명으로 늘어났다. 〈검은사막〉의 글로벌 성

공 이후 2016년 말 193명, 2017년 말 333명, 〈검은사막 모바일〉 출시 당시인 2018년 2월 말에는 400여 명으로 직원 수가 급격하게 늘었다. 2021년 12월은 822명으로 3년 전과 비교해 두 배로 인력이 늘어났다. 짧은 기간 동안 채용인력이 많다 보니 고용노동부가 주최하는 '일자리창출 유공 정부포상'에서 최고상인 '대통령 표창'까지 받았을 정도다.

본격적인 인원 충원을 시작한 지난 2016년 경기도 안양시에 위치한 아리온 테크놀러지 빌딩을 임차했다. 이후에도 계속해서 회사는 발전했고 인력은 기하급수적으로 늘어났다. 아리온 테크놀러지 빌딩을 포함, 인근 4개 건물을 임대해 근무하게 됐다. 사옥의 필요성이 점점 대두됐고 인근 과천에서 지식정보타운을 분양받기에 이른다. 회사가 성장하면서 규모에 맞춰 대응할 수 있는 사옥이 필요해진 것이다. 현재 본사인 안양과 과천은 지리적으로도 매우 인접해 있어 시너지를 낼 수 있다.

펄어비스는 2022년 과천지식정보타운의 신사옥 입주를 계획하고 있다. 신사옥은 지하 5층 지상 15층 규모로 지어 게임 개발 고도화 및 업무 효율성을 높일 방침이다. 특히 기존 사옥 및 임대 건물은 펄어비스가 추구하는 목표인 '세계 최고의 게임을 개발'하고 서비스하는 데에는 너무나 좁고 계획돼 있던 공간이 아니었기에 직접 설계하고 계획된 건물에서 신작 게임 개발에 열심을 다할 계획이다.

펄어비스는 2020년 기존에 임차해서 쓰고 있던 아리온 테크놀로지 건물도 매입한다. 회사는 직원들이 꾸준히 증가하는 추세 속에서 개발 공간과 근무 환경 개선 등을 위해 공간을 확보할 필요성이 있었기 때문이라고 설명했다. 펄어비스 과천 신사옥은 약 1600여 명을 수용할 수 있는 규모로, 아리온 빌딩까지 합하면 총 2250여 명의 임직원을 수용 가능해졌다.

실제 직원들의 통근시간을 줄이기 위해 펄어비스는 안양에 거주하는 직원들에게 매달 거주비 50만 원을 지원하고 있다. 펄어비스에서 거주비 지원을 받는 임직원이 절반이 넘을 정도로 직주근접을 누리고 있다. 과천 신사옥으로 옮겨도 이 같은 추세는 계속될 전망이다.

과천에 펄어비스가 입주하면 '포스트 판교'로 자리 잡을 수 있다는 평가다. 과천은 테크 기업의 또 다른 선호 입지로 평가받고 있어 수요가 분산될 여지가 있다. 과천은 판교처럼 국가의 계획 하에 설립되고 있다. 과천은 서초구와 맞닿아 있는 최고의 교통요충지이기 때문에 이 장점을 최대한 살려 국가 경쟁력을 높일 수 있는 연구개발(R&D) 산업을 적극 지원한다는 계획이다.

과천지식정보타운 단지 내에 4호선 지하철역이 신설될 예정이며 GTX 철도교통망이 건립되면 삼성역과 양재역이 불과 1~2 정거장 거리에 위치하게 되는 최고의 입지를 확보하게 된다. 제2경인고속도로, 서울외곽순환고속도로 등 광역교통망도 갖춰져 있어 서울은 물론 인천공항을 비롯, 전국 각지로의 이동이 편리하다.

과천지식정보타운은 첨단산업을 기반으로 하는 글로벌 정보통신기술(ICT) 허브로 조성하는 것이 목표다. ICT 산업단지로 주목받고 판교보다 서울 접근성이 뛰어나다. 강남(양재 R&D특구), 판교와도 매우 가까워 첨단산업단지의 허브 역할의 적임자라는 평가다. 특히 현재 과천 정부청사에는 ICT 기업들을 관장하는 방송통신위원회가 입주해 있기 때문에 기업들의 정부기관과 연계도 더욱 밀접해질 수 있다는 장점이 있다.

판교 때와 마찬가지로 대규모 주거단지인 공공택지지구와 함께 들어서 생활까지 편리한 첨단산업단지로 조성된다. 또 과천지식정보타운은 단지 내에 25% 이상을 공원과 녹지공간으로 만들 예정으로 친환경단지로 구성돼 교통망부터 생활환경까지 갖춘 최적의 입지조건을 누릴 수 있다.

실제 분양받은 기업들의 면모를 살펴보면 4차 산업 핵심 분야인 ICT 및 의약분야 우수기업과 이와 연계한 대학 산학협력단으로 구성됐다. 펄어비스 외에도 넷마블 R&D 센터도 입주하는데 국내 굴지의 게임사인 두 회사가 모두 과천으로 속속 모이는 현상을 두고 과천이 '제2의 판교'가 될 것이라는 전망에 더욱 힘을 실어주고 있다. 기존에 엔씨소프트, 넥슨이 판교시대를 열고 훨훨 날았던 것처럼 과천에서의 도약이 기대된다는 것이다.

펄어비스와 넷마블 외에도 대림산업 컨소시엄, 케이티앤지 컨소시엄, 국가 공인 시험연구기관인 코티티(KOTITI) 시험연구원, JW홀딩스 컨소시엄, 비상교육, 다원녹화건설, 광동제약 등 기업 115곳과 대학 2곳의 산학협력단이 입주한다. 과천은 지식정보타운 외에도 3기 신도시 지구가 또 다른 산업 클러스터로 탈바꿈될 전망이다. LG화학 자회사인 LG에너지 솔루션은 2021년 4월 김종천 과천 시장을 만나 과천 3기 신도시지구에 전기차 배터리 연구소 설치 계획을 설명하고 연구소 부지가 마련된다면 입주를 희망한다는 입장을 밝힌 것으로 전해진다. LG에너지 솔루션이 요구한 연구소 연면적은 13만m² 규모로 연구소에는 직원 3000여 명이 근무하는 것으로 파악됐다. 과천 3기 신도시 지구는 서울 강남과 인접해 있으며 바이오 헬스와 AI산업 거점도시 개발을 추진하는 만큼 관련 기업들이 대거 입주할 것으로 전망된다. 과천시는 과천 3기 신도시지구에 정부가 차세대 주력사업으로 선정, 육성 중인 바이오 헬스사업을 추진키로 하고 R&D 중심의 바이오 헬스 클러스터를 조성하는 등 본격적인 사업 추진에 나선다는 계획이다.

최고의 노력을 추구하고,
최고의 보상을 준다

게임 업계에서 펄어비스는 '복지 끝판왕'으로 불린다. 이 같은 직원 복지를 새로 건설 중인 신사옥 공간에도 녹일 예정이다. 다양한 직원 복지를 위한 공간들을 구성해 직원들에게 더 많은 혜택을 제공한다는 계획이다. 펄어비스 신사옥의 구상은 3층 전체를 구내식당으로 사용할 예정이며 100명이 함께할 수 있는 피트니스 센터와 농구장, 어린이집 (1~2층)을 갖추는 등 직원 복지에 공을 들였다. 기존 사옥에도 구비돼 있던 마사지룸은 신사옥에도 역시 갖춰진다. 특히 피트니스 센터 안에는 필라테스, 요가 센터를 구축할 계획이며 지하 1층에 사내 병원과 약국, 물리치료실까지 준비하고 있다.

기존에도 복지와 관련해 펄어비스는 게임업계 최고 수준을 지향하며 직원의 삶을 케어하는 것을 목표로 했다. 펄어비스가 내세우는 복지 모토는 '일에만 집중할 수 있도록 나머지는 회사가 다 해준다'이다. 실제 집에서 할 수 있는 대부분의 것들을 모든 구성원이 직장에서도 편하게 할 수 있도록 최대한 지원하고 있다.

주택자금 대출 이자 지원, 매월 자녀 1명당 50만 원씩 양육비 지급 (인원 제한 없음), 자녀의 학자금 지원(최대 연 700만 원 지급), 난임 부부 의료 비용 지원, 부모 요양비 지원, 가족 상해보험 지원, 복지카드 제공, 장기근속 포상, 피트니스 센터 지원, 사내 카페테리아, 경조금 및 상조 서비스, 제휴 헤어숍 지원, 무료 주차 지원, 치과 진료비 지원, 도서 구입비 지원 및 스터디 장려, 전문 마사지 서비스, 온라인 코딩 교육 지원, 자전거 정비 지원, 24시간 무인 세탁함, 가사 청소 지원, 반려동물 보험 지원, 건강한 문화 공간 구비 등 외국계 대기업 부럽지 않은 다양한 복지를 갖추고 있다.

펄어비스는 이색복지로도 유명하다. 2019년 미혼 임직원을 위해 결혼정보회사 가입 비용을 지원하는 '시집장가 보내기 프로젝트' 사내 이벤트를 마련해 눈길을 끌었다. 펄어비스가 이런 이벤트를 계속 내놓는 것은 게임 개발과 자신의 업무 분야에서 열정적으로 일하는 직원들에게 보상을 주기 위해서다. '시집장가 보내기 프로젝트'를 통해 미혼 임직원을 대상으로 인당 300만 원 한도 내에서 결혼정보회사 가입비를 지원했다.

개인과 사회의 공동 과제를 회사가 함께 책임지겠다는 기업 철학이 돋보이는 대목이다. 펄어비스의 복지는 임직원과 가족들에게 더 나은 근로환경을 제공하는 게 핵심이다. 주로 가족 친화 복지제도인 '육아', '교육', '부모부양'에 방점을 뒀다면 상대적으로 소외돼 있던 미혼 임직원을 위해 '결혼' 이벤트까지 진행하게 됐다는 설명이다. 결혼 이벤트는 직원 만족도 확인을 거쳐 향후 정식 복지 제도 도입을 검토하기로

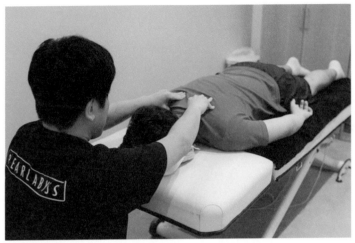

©펄어비스

펄어비스 임직원을 위한 전문 마사지 서비스

했지만 별다른 성과를 거두지 못한 이유에서인지(?) 결국에는 일회성 이벤트로 그쳤다는 후문이다.

펄어비스가 복지에 신경을 쓰는 이유는 따로 있다. 신규 기술들을 적용·확장하기 위해서 지난 10년간 외부에서 인재들을 급격하게 채용하다 보니 내부에서는 기업문화를 확립해서 알릴 필요가 있다는 것을 깨달은 것이다. 또 외부의 인재 영입을 위해서도 펄어비스가 가지고 있는 환경을 알려야 한다는 목적이었다.

또 사내에 다양한 편의 시설을 갖춘 것은 타임 로스를 막기 위해서다. 예를 들어 출장 은행 서비스를 통해 사내에서도 대출과 같은 은행 서비스를 받을 수 있도록 지원해서 은행 갈 시간을 줄여준다는 것이다. 이렇게 사내에서 거의 모든 활동을 할 수 있도록 계획한 이유는 '개발자들이 집중하는 것이 좋은 품질의 게임을 만드는 데 도움이 된다'는 판단을 했기 때문이다. 여기서 나오는 좋은 결과물로 거둔 이익을 개발자들에게 보상으로 줄 수 있다는 생각이기도 하다.

세계 최고 게임 위해 필요한 '꿈의 공간'

펄어비스는 국내 게임사 중 유일하게 자체 게임 엔진 개발 기술력을 보유한 회사다. 게임 개발의 토대를 이루는 게임 엔진을 자체적으로 보유해 대한민국 게임 산업의 기술독립 사례로 평가되고 있다. 펄어비스 창업자 김대일 의장을 필두로 엔진개발과 툴개발을 포함하는 50여 명의 엔진팀이 구성돼 있다. 특히 자체 게임엔진 '검은사막 엔진'으로 PC, 모바일, 콘솔 게임을 만들었고, 현재 차세대 게임엔진을 신작과 함께 병행하며 개발하고 있다.

　펄어비스는 회사 설립 초기부터 역량과 구현하는 바를 잘 보여줄 자체 게임엔진에 주목했다. 자체 엔진으로 게임의 퀄리티를 높이고 개발 일정을 앞당기고 다양한 시도를 할 수 있다는 게 큰 장점이다. 대부분의 게임사가 유니티, 언리얼 등 외산 상용 엔진을 이용하는 이유는 '가성비'의 영향이 크다. 게임 산업은 새로운 기술들이 계속해 등장하는 산업으로 기술적 우위 확보가 매우 중요하기 때문에 펄어비스는 자체 게임 엔진을 통해 보다 더 효율적인 개발 프로세스와 파이프라인을 구축하고 있다. 특히 차세대 엔진은 새롭게 제작했다. 〈검은사막〉 이후의 새로운 프로젝트를 구상할 때 최신 기술과 더 뛰어난 퀄리티, 퍼포먼스를 담고 있는 새로운 엔진이 필요했고 이를 위해 새로운 엔진을 개발하게 됐다.

펄어비스는 자체 엔진과 함께 2014년부터 대작 게임 제작을 위한 모션캡처 스튜디오를 구축해 게임을 개발해왔다. 당시 타사들이 외주 스튜디오나 사옥 공간에서 임시 운영했던 것과 다르게 기술 투자에 적극적이었다. 이에 국내 최고 수준의 모션 캡처 스튜디오를 보유하고 해외 탑티어 개발사들과 견줄 규모와 최신 장비를 갖췄다.

모션 캡처는 사물이나 사람의 움직임을 센서를 이용해 디지털로 옮기는 기술을 말한다. 영화뿐 아니라 게임·군대·예능·스포츠·의료·로봇공학까지 많은 분야에서 적용되고 있다. 게임에서는 〈고스트 오브 쓰시마〉, 〈갓 오브 워〉, 〈검은사막〉, 〈위쳐3〉 등 대작으로 손꼽히는 글로벌 콘솔 PC 게임들이 모션 캡처 기술을 활용했다.

펄어비스 모션 캡처 스튜디는 '실제보다 더 진짜 같은 게임'을 만들기 위해 구축했다. 보다 사실적이고 영화 같은 게임을 만들려고 노력하다 보니 이러한 방향으로 고민을 더 하게 됐다. 〈검은사막〉의 자연스러운 움직임은 모션 캡처 기술로 탄생한 것이다. 70개의 마커가 달린 수트를 입고 사람이 움직이는 모든 동작을 모션 캡처로 구현해 실제 전투 동작을 게임에 반영한다.

펄어비스 모션 캡처 스튜디오는 총 180평 규모로 3개실로 구분해 운영 중이다. 신사옥과 아트센터가 구축되면 더욱 커진 공간에 적용될 예정이다. 현재 모션 캡처 전용 카메라만 120여 대를 운용 중이며 자이로, 글러브, 페이셜 캡처 등이 가능하다. 모션 캡처 스튜디오에는 담당 전문 인력도 상주해 있고, 태권도, 레슬링, 검술 등 전문성을 요하는 모션 캡처는 필요시 해당 분야의 전문가를 초빙해 촬영하고 있다.

펄어비스는 3차원(3D) 스캔 스튜디오도 갖췄다. 스튜디오에서는 사람, 갑옷, 무기 등 대상물을 180여 대의 카메라가 동시에 촬영한다. 덕분에 실존하는 물체를 정확하고 빠르게 데이터화해 실제와 가까운 모습을 게임에 담아낼 수 있다. 사물을 그대로 게임 속으로 담을 수 있는 스캔 스튜디오를 통해 펄어비스는 게임 그래픽 퀄리티를 압도적으로 향상시켰다. 이와 함께 개발자들의 반복적인 작업 시간을 단축시켜 더 창의적인 작업에 몰두할 수 있는 여유를 제공한다.

펄어비스는 더욱 사실적인 게임 개발을 위해 '펄어비스 아트센터' (가칭)까지 설립해 기술력을 끌어올릴 계획이다. 사업비 300억 원을 투자해 경기도 안양시 평촌 부근 연면적 약 1500여 평(대지면적 500평)의 5층 건물을 짓고 있다. 국내 게임업계 아트센터 중 최대 규모다.

아트센터에 들어설 신규 모션 캡처 스튜디오는 300평 규모로 150대 모션 캡처 카메라, 9m 이상의 층고 및 기둥이 없는 대공간으로 지어진다. 높은 층고와 넓은 공간을 확보해 와이어 액션부터 부피가 큰 물건이나 동물 등 공간의 제약없이 다채롭고 효율적인 모션 캡처 촬영이 가능해 더욱 사실감 넘치는 게임을 제작할 수 있다.

게임에는 그래픽과 함께 오디오 역시 매우 중요한 요소로 꼽힌다. 사실감 있는 그래픽에 웅장한 오디오를 입혀 더욱 몰입도를 높이고 긴장감까지 줄 수 있다. 펄어비스는 게임의 모든 요소를 최고의 퀄리티로 만들어내고자 노력하고 있다.

대부분의 게임회사가 오디오실은 운영하지 않고 외주처에 작업을

©펄어비스

펄어비스 모션 캡처 스튜디오 내부

맡기고 있으나 펄어비스는 자체 오디오실을 구비하고 있다. 오디오실을 이끄는 류휘만 감독은 국내 게임 오디오를 대표하는 작곡가로도 유명하다. 닉네임 CROOVE로도 잘 알려져 있으며, 'EZ2DJ'와 'DJMAX'의 음악을 제작했다.

펄어비스는 새로운 오디오 제작을 위한 지원을 아끼지 않고 있다. 오디오실 업무 공간은 다양한 악기와 전문 스튜디오급 음향 관련 장비를 보유하고 있다. 사실적이고 더 효율적인 사운드 디자인 작업을 할 수 있는 'Foley(폴리) 레코딩 스튜디오'도 구축했다. 폴리 레코딩 스튜디오는 게임에 음향적인 오리지널리티를 부여해 제작하고 있다.

넷마블 G타워 전경

구로에 위치한 G타워는 지상 39층, 지하 7층 규모로 지어졌으며 부지의 70%는 공원으로 조성돼
지역민들의 친화적 쉼터로 제공되고 캐릭터 공원, 컨벤션 센터 등 다양한 문화 시설도 들어섰다.

11

신사옥에서 비상하는
넷마블

넷마블 사옥에
구내식당 없는 사연

넷마블은 과거 구로공단이 있던 자리에 둥지를 틀었다. 2000년 자본금 1억 원, 직원 8명을 데리고 지금의 넷마블을 일궈낸 방준혁 이사회 의장이 2004년 CJ그룹에 지분을 매각하고 이후 최악의 위기를 겪자 2011년 다시 돌아와 모바일 게임으로 위기를 돌파했다. CJ인터넷 당시 상암으로 이전했다가 2013년 CJ그룹에서 다시 회사를 독립시켰고 2014년 구로로 돌아왔다.

구로로 돌아온 넷마블은 파죽지세로 성장했다. 당시 구로 롯데시티 호텔 근처 빌딩 '지밸리비즈플라자'를 임대해 쓰던 넷마블은 직원들을 모두 수용하지 못해 구로구 일대에 나눠서 근무하게 됐다. 결국 넷마블도 사옥의 필요성을 절감하게 됐다. 다른 게임사들은 모두 판교로 떠나며 사옥을 올릴 때 넷마블은 구로에 남기로 한다.

판교로 사옥을 이전하는 대신 구로에 새로운 랜드마크를 세우기로 했다. 넷마블은 한국 산업단지공단과 함께 복합빌딩 'G타워'를 건설할 계획을 2016년 밝혔다. G타워는 옛 구로공단 일대에 생활·공업용수를 공급했던 구로정수장 부지에 본사 및 대형 오피스빌딩을 지어 게임산업을 활성화하겠다는 넷마블의 민간사업 제안을 산업단지공단이 받아들이면서 시작됐다. 5년 후 2021년 3월, 지상 41층, 지하 5층 규모의 G타워 완공과 함께 넷마블과 넷마블이 인수한 코웨이, 자회사뿐 아니라 게임 산업 관련 시설, 스타트업 지원센터, 의료시설, 공원 등 다양한 시설이 입주했다.

방 의장은 당시 신사옥 건립 업무 협약식에서 "28년간 구로구에서 살았고, 떠나면서 다시 오고 싶지 않을 정도로 가난한 기억이 많았다"며 "2005년 이후 11년 동안 넷마블은 이곳(구로)에서 성장했다. 이젠 글로벌로 나아가려 한다"고 말했다. 구로를 넷마블 터전으로 삼겠다는 뜻을 밝힌 셈이다.

방 의장의 남다른 구로 사랑의 사연은 이렇다. 그는 1968년 서울 가리봉동에서 태어나 가난하게 자랐다. 벌집촌과 쪽방촌이 즐비한 동네였다. 방 의장은 초등학생 때 학원에 다니고 싶어 신문 배달까지 했지만 사정은 나아지지 않았고 결국 고2 때 자퇴를 했다. 중소기업에 취직했지만 중졸자가 할 일은 뻔했다. 사업도 해봤지만 실패했다. 그래도 포기하지 않았다. '꿈을 꿔야 성공한다'고 생각했다. 창업이었다.

결국 넷마블이 잭팟을 터뜨렸다. 이른바 가리봉동 소년의 '기적'이다. 이 가리봉동 소년의 구로사랑은 남다르다. 신사옥 G타워에는 구내식당이 없다. 신사옥에 입주하는 7000여 명의 임직원이 주변 식당에서 식사를 해결하도록 해 구로 상권에 활기를 불어넣겠다는 취지다. 구내식당을 제공하지 않는 대신 회사가 직원들에게 포인트를 선지급하고 주변 식당에서 식사를 해결하는 방식을 도입했다.

임직원 절반인 3500명이 저렴한 6000원의 백반을 먹는다고 가정해도 하루 점심에만 2100만 원의 경제효과가 발생한다. 저녁 회식과 향후 유동 인구 쏠림을 고려하면 어림잡아도 한 달 사이 주변 상권에 수십억 원의 돈이 풀린다는 계산이다.

넷마블 신사옥의 핵심 키는 '지역주민과 상생'이다. 신사옥 부지의 70%는 공원으로 조성돼 지역민들의 자연친화적 쉼터로 제공되고 캐릭터 공원, 컨벤션센터 등 다양한 문화시설도 들어섰다. 사내 카페 'ㅋㅋ다방' 역시 모든 방문객에게 개방되고 있다. 문화 교류의 장이자 게임산업의 문화적 가치를 알리기 위한 게임박물관도 개관 예정이다.

넷마블은 G타워 준공을 기념해 지역사회에 쌀(백미 10kg) 2200포를 기부했다. 2021년 3월 신사옥 G타워로 보금자리를 이전한 넷마블은 준공식을 개최하는 대신 해당 비용으로 지역사회 어려운 이웃과 나눔을 실천하기 위해 넷마블문화재단을 통해 쌀 기부를 결정한 것이다. 기부한 쌀은 G타워 인근 구로구, 금천구, 관악구 지역 2200가구에 전달됐다.

넷마블의 지역을 위한 상생 행보는 이제 시작이다. 넷마블의 신사옥은 첨단 IT산업의 메카가 되는 것에 더해 지역주민과 상생할 수 있는 시설로도 부족함이 없게 계속 정진할 것이다.

©넷마블

위_넷마블 신사옥 부지의 70%는 주민들의 휴식공간으로 제공되고 있다. | 아래_ㅋㅋ다방

다양성 꽃 피우다

넷마블은 기업의 사회적 책임을 넘어서, 장기적인 관점에서 미래 사회에 기여하기 위해 다방면으로 노력하고 있다. 이를 위해 넷마블은 '넷마블 윤리강령'을 제정해 다양한 배경과 사고를 가진 사람들이 동등한 기회를 얻을 수 있도록 했다. '다양성 지향 및 부당한 차별 금지'에 대한 조항을 구체적으로 규정했는데 넷마블이 추구하는 진정한 혁신과 성장을 위해서는 다양성과 포용을 존중하는 문화가 우선돼야 한다고 믿기 때문이다.

실제 이 같은 넷마블이 추구하는 문화는 신사옥에도 그대로 녹아 있다. 2020년 8월, 넷마블은 장애인 일자리 창출을 위해 한국장애인고용공단과 '자회사형 장애인표준사업장' 설립을 위한 협약(MOU)을 체결했다. 2021년 1월 주요 계열사들과 공동 출자를 통해 '조인핸즈 네트워크'를 설립했다. '조인핸즈 네트워크'는 사옥 내 위치한 카페 'ㅋㅋ다방'을 위탁 받아 운영하고 있으며 현재 약 20여 명의 장애인 바리스타가 근무하고 있다. 넷마블은 앞으로도 장애인들이 수행 가능한 직무를 추가 발굴하고 고용을 확대해 나가는 등 사회적 가치 실현에 최선을 다할 방침이다.

2009년부터는 '전국 장애 학생 e-페스티벌'을 10년 넘게 꾸준히 개최하며 이제는 장애 학생들 사이에서 명실상부 최고 축제의 장으로 자리매김했다. 장애 학생들의 e스포츠 올림픽 '전국 장애 학생 e-페스티벌'은 봄부터 여름까지 전국 230여 개 특수학교(학급)의 지역예선을 거쳐 가을에 '경기를 넘어 신체적 제약과 편견 없는 페스티벌'을 모토로 선의의 경쟁을 펼치는 행사다. 2020년에 코로나19로 아쉽게 중단

됐던 이 행사는 2021년 전면 온라인으로 이어갔다. 가장 최근에 오프라인으로 개최된 2019년 행사에 취재차 참가했었는데 아직도 그때 본장면이 잊히지 않는다. 참가한 학생들의 목소리는 모두 들떠 있었다. 인솔교사들은 학생들보다 더욱 상기된 표정으로 분주하게 움직였다. e스포츠 경기와 정보경진대회가 진행되는 곳곳에서 "힘내, 파이팅" 독려하는 목소리가 울려 퍼졌다. 학생들이 진지한 자세로 꿈을 향한 대장정의 첫발을 떼는 모습이 매우 인상적이었다.

넷마블문화재단 이나영 사무국장은 전국 장애 학생 e-스포츠 대회를 시작한 계기를 이렇게 설명한다.

장애 학생들의 경우 신체적인 장애로 인해 외부 활동에 어려움이 있지만 게임이 그런 학생들에게 단순한 놀이가 아니라 세상에 나가게 해주는 도구라는 걸 알게 됐어요. 게임 내에서는 장애가 있든 없든 함께 즐길 수 있고 신체적 장애를 느낄 수 없으니까요. 일선 학교와는 다른 분위기였어요. 10년 전이라고 하면 일선 학교에서는 게임 포털 사이트도 들어갈 수 없었는데 특수학교에서는 교사들도 그렇고 학생들도 '게임'에 대한 긍정적인 부분을 좀 더 봤던 것 같아요. 그걸 보다가 이 아이들을 위해서 우리가 대회를 여는 건 어떨까 하는 생각이 들었어요. 대회에서 잘하는 아이들에게는 상을 줘서 자긍심을 주고 성취감을 느끼게 하면 좋지 않을까 싶었죠. 그러한 이유로 전국 장애 학생 e-스포츠 대회를 시작하게 됐습니다.

전국 장애 학생 e-페스티벌에 학생으로 참가했던 참가자가 나중에 특수교사가 되어서 지도학생들을 이끌고 대회에 참가한 감동적인 사례도 생겼다. 넷마블은 신체적·사회적 제약에 구애받지 않고 자유롭게 꿈꿀 수 있는 문화가 만들어질 수 있도록 문화적 가치 확장을 위해 계속해서 고민을 이어갈 예정이다.

이와 함께 넷마블문화재단은 장애인 체육 진흥 및 장기적 자립 지원과 함께 장애인들의 사회 참여와 권익 보호를 위한 활동을 보다 확대 진행하기 위해 2019년 3월 게임업계 최초로 장애인선수단을 창단한 바 있다.

넷마블장애인선수단은 '2019전국장애인체육대회'에서 조정 종목 단일팀으로 가장 많은 총 13개의 메달을 획득한 데 이어 '2019아시아조정선수권대회', '2019충주탄금호전국장애인조정대회', '2019서울특별시장배전국장애인조정대회', '2020전국장애인조정선수권대회' 등에서도 좋은 성적을 거뒀다. '2021전국장애인체육대회'에서는 총 12개 메달을 획득했다.

MNA 위한
새 둥지 입성

넷마블은 미래로 뻗어나가기 위해 메타버스·NFT·AI(M·N·A)의 세 가지 기술에 집중할 전망이다. 이를 위해 광명과 과천에 새둥지를 마련한다.

넷마블은 신사옥에 입성한 지 몇 달 지나지 않아 개발 자회사 넷마블에프앤씨가 광명역 인근에 메타버스 VFX 연구소를 설립한다는 소식을 전했다. 메타버스 VFX 연구소는 넷마블에프앤씨가 야심차게 추진하고 있는 메타버스 사업의 일환으로, 광명역 도보 5분 거리에 위치하며 2021년 10월 말 건축허가접수를 완료하고 2022년 상반기 준공 예정이다.

메타버스 신기술의 요람이 될 VFX 연구소는 단일 모션 캡처시설로는 국내 최대 규모이며 모션 캡처와 크로마키, 전신 스캐닝 등 메타휴먼 제작 및 메타버스 구현이 가능한 제작 공간 및 최신 장비 시설들로 채워진다.

넷마블에프앤씨 서우원 공동대표는 "메타버스 VFX 연구소는 메타버스 월드 구현에 요구되는 공간, 장비, 인력을 한 장소에 모두 갖춘 최신, 최대 규모의 연구소"라며 "향후 글로벌 메타버스 세계의 새로운 메카가 될 것으로 기대한다"고 밝혔다.

앞서 넷마블에프앤씨는 자회사 '메타버스엔터테인먼트'를 설립, 가상현실 플랫폼 개발과 버추얼 아이돌 매니지먼트 등 게임과 연계된 메타버스 콘텐츠 제작과 서비스 사업 계획을 알렸으며 카카오엔터테인먼트와 함께 메타버스 사업 공동 진출을 위한 파트너십을 체결한 바 있다.

'메타버스엔터테인먼트'는 서울특별시 강남구 테헤란로에 위치한 위워크타워 2층과 16층을 각각 임차할 예정으로 강남 시대를 연다. 2023년 12월 19일까지이며, 16층의 경우 2022년 2월 7일부터 2024년 1월 31일까지 임대차 계약을 진행한 것으로 전해졌다. 당초 넷마블 컴퍼니가 한데 모인 본사 건물 'G타워'에 상주했지만 메타버스를 비롯한 대다수의 신사업을 진행하면서 개발 인력 증가 및 이동 편의성을 개선하기 위해 강남구에 전진기지를 추가 확보한 것이다. 파트너십을 체결한 카카오엔터테인먼트와의 커뮤니케이션도 사무실 확장에 영향

©넷마블

넷마블 메타버스 VFX 연구소

을 끼쳤다. 메타버스 개발 인력이 강남 쪽에 다수 포진돼 있는 데다 카카오엔터와의 협업에도 유리한 점 등을 고려해 새로운 공간을 마련하게 됐다는 설명이다.

향후 메타버스엔터테인먼트는 새로 입주하는 강남 사무실에서 모션캡처 장비를 활용한 신사업을 전개할 계획이다. 이를 위해 비솔과

계약을 맺고 1억 2500만 원 상당의 모션캡처 시스템(시설 장비 외)을 구매한 것으로 알려졌다. 비솔의 모션캡처 시스템을 활용해 사람 및 물체의 세부적인 움직임을 기록하고 3D 형태로 구현할 예정이다.

메타버스엔터테인먼트는 2022년 상반기 준공 예정인 넷마블에프앤씨의 VFX 연구소에서 활용할 '3D 스캔 장비'도 구입하며 신사업 분야에 속도를 내고 있다. 3D 스캔 장비를 구입하고 부스 구축을 위해 약 6억 1300만 원을 투자한 것으로 알려졌다. 해당 스캔 장비의 경우 메타버스엔터테인먼트가 준비 중인 메타 휴먼 및 가상 아이돌 프로젝트에 활용될 전망이다.

이와 함께 넷마블은 대체불가토큰(NFT) 등 신기술을 전담 연구·개발(R&D)하는 조직을 신설한다고 밝혔다. 초대 수장은 설창환 넷마블 부사장 겸 최고기술경영자(CTO)가 맡을 것으로 전해졌다. 넷마블의 새로운 R&D 조직 역시 VFX 연구소에 입주할 것이라는 관측이다.

과천에는 인공지능(AI) 분야 대외협력 조직이 들어선다. 넷마블은 과천지식정보타운 내 지식 9블록(1만 3838m²)에 입주가 예정돼 있다. 지식 9블록은 지하철 4호선 신설역사 인근으로 분양 당시 6대 1이라는 가장 높은 경쟁률을 보였지만 코오롱글로벌과 컨소시엄을 구성한 넷마블이 최종 공급대상자로 선정됐다. 2023년 2월 준공되는 지하 6층~지상 15층, 연면적 12만 9000m² 규모로 건설되는 넷마블 '과천 G-TOWN'은 AI 기반 핵심 R&D 센터로 구축할 예정이다. 넷마블은 이곳에 AI 연구소 인력을 집중해 빅데이터 분석 및 인프라 개발 등을 위한 기술 연구 및 콜럼버스 프로젝트 고도화에 박차를 가한다는 방침이다. 또 자회사와 투자 개발사들의 근무 공간을 제공해 효율적인 퍼블리싱 사업을 전개할 계획이다. 구글, 아마존웹서비스(AWS)와의 협력을 통해 AI 기술 구현과 이를 위한 인프라를 확대해 나간다는 계획이다.

GOOD COMPANY

잡코리아 조사 결과 직장인 중 91.3%는 근무 공간이 업무 효율성에
영향을 미친다고 생각하는 것으로 나타났다. 이어 '근무 공간이
현재보다 나아지면 회사 만족도에 변화가 있을지' 묻는 질문에 84.7%가
그럴 것이라 답해 눈길을 끌기도 했다. 직장인들은 가장 필요한 사무실
관련 복지로 '휴식을 취할 수 있는 휴게실·수면실(62.5%)'을 꼽았다.

PART
5

지금 구인·구직 중인
당신에게

1

업무 환경이
중요한 이유

직원들한테 돌아가면서 화장실 청소를 시켜요. 청소업체를 쓰기 싫대요. 화장실 뿐만 아니라 분리수거까지 시켜요. 겉으로는 잘 포장된 벤처스타트업입니다. 되게 복지 좋고 선진적인 척해서 너무 환멸이 느껴지네요.

회사가 이전을 하고 나서 청소업체 불러서 청소하는 비용이 비싸다고 부르지 않기 시작했어요. 어쩔 수 없이 쓰레기통은 계속 차고 그대로 둘 수 없어 매번 제가 볼 때마다 화장실 쓰레기통을 치우기 시작했더니 저 말고는 아무도 치우는 사람이 없더군요. 언제까지 이 짓거리를 해야 할까요. 진짜 화가 치미네요.

직장 근무실이 햇볕도 안 들고 웃풍도 심한데 영하의 날씨에 난방기가 고장 나서 반나절 동안 추운 곳에서 일하는데 짜증나서 눈물이 났어요. 고치는 데 실패해서 당분간 개인난방기를 써야 하는데 그동안 개인난방기를 너무 많이 써서 콘센트 부분이 검게 그을었어요. 위험해 보여서 업무에 집중이 안 되네요.

회사가 건물 관리에 소홀하면 그만큼 직원에게 영향을 미친다. 직원들은 제대로 된 대우를 받지 못하고 회사 운영을 위한 소모품 취급을 받는다는 자괴감을 느끼게 된다. 이처럼 분노를 느끼며 하루하루 그만둘 날만 꼽으며 회사를 다니는 직원들이 모여 있는 조직에서는 결코 의미 있는 결과물을 낼 수 없을 것이다.

업무만 해도 스트레스를 받는데 업무 외적인 것으로 스트레스를 받는다면 어떤 일이 발생할까. 도서 《일잘러의 무기가 되는 심리학》(원자오양, 현대지성)에 따르면 감정이나 의지, 좌절을 견디는 능력 등에서 보이는 성품인 정서지능(EQ)이 인생을 좌우한다는 말이 존재할 만큼 직장에서도 큰 영향력을 발휘한다. 오늘날 직장은 거대한 압력밥솥과도 같다. 직장인이라면 누구나 스트레스를 느낀다. 불편한 인간관계, 과도한 업무량, 잦은 직위 변동, 감원, 감봉, 복잡한 인사 정책 등이 우리를 압박한다. 감정 컨트롤을 잘 하지 못하면 심적으로 견디기 힘들고 심각하면 정신적인 문제로까지 번진다.

따라서 직장에서 감정 컨트롤은 대단히 중요하다. 개인의 정신력 강화뿐 아니라 대인관계 향상에도 도움이 된다. 감정을 잘 컨트롤해야 적극적이고 낙관적인 태도를 유지하며 어려움에 처했을 때도 쉽게 극복할 수 있다.

안 그래도 부담스러운 업무에 항상 마음이 놓이지 않고 상사의 까다로운 요구에 어떻게 해야 할지 갈피를 못 잡는 상황과 눈치 없는 동료 때문에 짜증나는 일이 펼쳐지는 게 직장생활이다. 여기에 군이 신경 쓰지 않아도 될 근무환경 스트레스까지 받게 된다면 불만은 더 커질 것이다. 불만스러운 감정은 퇴근 후 집에서까지 이어지면서 가족과도 사이가 나빠진다. 부정적 감정을 해소하지 못하면 삶은 점점 내리막길을 걷게 된다. 부정적 감정은 폐해가 크다.

미래가 있는 기업은 직원들이 집중해서 업무에만 몰입할 수 있도록 노력을 기울인다.

건물주나 경비 아저씨가 아무 때나 불쑥불쑥 사무실로 들어와서 주차 공간이나 분리수거를 이야기하며 업무를 방해했습니다. 총무 직원이 이를 감당하기 벅찰 때가 허다했어요.

데이원컴퍼니 이강민 대표는 회사를 운영하면서 근무 환경의 중요성을 절감했다고 한다. 안정적인 근무환경을 경험한 뒤 그 효과도 체감했다.

좋은 건물로 오니까 확실히 인재를 채용할 때 고사율이 줄었어요. 좋은 오피스에 대해 기본적으로 '채용 비용'이라고 생각하게 됐죠. 소개팅 나갔을 때 첫인상을 보고 판단할 수밖에 없지 않나요. 채용도 똑같아요. 이 회사가 어떤 회사인지는 건물 이미지로 결정하게 됩니다. 사무실 외에도 로비, 엘리베이터 등 공용 공간마저도 면접자들은 회사가 한 거라고 생각하죠. 이 같은 것들이 모두 회사 이미지에 기여한다고 생각해요.

좋은 오피스를 바탕으로 인재 확보에 성공한 데이원컴퍼니는 매년 매출이 2배씩 늘며 성장하는 기업의 아이콘으로 자리 잡게 됐다.
취업 플랫폼 잡코리아가 직장인 550명을 대상으로 진행한 '사무실

만족도' 조사에 따르면 설문에 참여한 직장인 중 50.5%가 재직 중인 회사 사무실 환경에 불만족하는 것으로 나타났다. 이들 직장인들이 사무실 환경에 불만족하는 가장 큰 이유는 '파티션, 통화룸 등 개인공간이 없어서(32.4%)'였다. 이어 '특별히 사무실 관련 복지라고 할 만한 것이 없어서(31.7%)', '휴게실·사내 카페테리아 등 휴게공간이 부족해서(23.7%)', '공간이 너무 좁고 낡아서(23%)', '지하철역·버스정거장 등에서 너무 멀어서(교통이 불편해서)(18.7%)' 등이 사무실 환경에 불만족하는 이유였다.

반면 사무실 환경에 만족한다고 답한 직장인들은 그 이유로 '교통이 편리한 곳에 위치해서(45.6%)', '공간이 넓고 비교적 신축 건물이어서(28.7%)', '냉·난방이 잘돼서(23.5)' 등을 꼽았다.

잡코리아 조사 결과 직장인 중 91.3%는 근무 공간이 업무 효율성에 영향을 미친다고 생각하는 것으로 나타났다. 이어 '근무 공간이 현재보다 나아지면 회사 만족도에 변화가 있을지' 묻는 질문에 84.7%가 그럴 것이라 답해 눈길을 끌기도 했다. 직장인들은 가장 필요한 사무실 관련 복지로 '휴식을 취할 수 있는 휴게실·수면실(62.5%)'을 꼽았다. '자유롭게 대화를 나눌 수 있는 사내 카페테리아'는 41.8%의 응답률로 2위에 올랐고, 3위는 '사생활이 보장되는 폰룸(27.6%)'이 차지했다.

왜 직장인들은 이렇게 사무실에 대해 바라는 점이 많을까? 건축가 유현준 교수는 저서《공간의 미래》(을유문화사)를 통해 인간이 자기 자리를 가질 때 심리적 안정감이 생기는 것은 당연한 본능이라고 설명한다. 새도 둥지를 만들고 곤충도 집을 짓는 것을 보면 움직이는 동물이 움직이지 않는 자기 공간을 확보하려는 것은 동물의 본능이라는 것이다. 내가 어느 자리를 차지할 수 있다는 것은 시간과 공간 중에서 공간을 확보하는 일이다. 우리는 시간은 지배할 수 없지만 공간은 소유함으로써 컨트롤이 가능하다. 삶이라는 것은 항상 불안하고 변화의 요소가 많다. 힘을 가진 사람들은 이 불안 요소를 줄이는 쪽으로 시스템을 구축해 간다. 내일 생길 일에 대한 불안감을 조금이라도 없애기 위해 보험을 드는 것이 한 예일 것이다. 인간은 언제나 불안한 세상에서 안정감을 추구하는데 불안정한 세상에서 공간을 소유함으로써 일정 부분 안정감을 확보할 수 있다.

일반적으로 천장고가 높으면 창의력은 커지고, 좁은 공간에서는 집중력이 높아진다. 그래서 창의적 생각을 많이 해야 하는 철학자는 하늘을 보며 산책을 하고 당일치기 시험공부는 칸막이가 있는 독서실 책상의 집중 조명 불빛 아래에서 하는 것이다. 따라서 업종마다 회사 출근과 재택근무의 비율, 사무실 내에서는 개인 공간과 공공 공간, 창의적인 공간과 집중력을 높이는 공간의 황금비율을 찾는 것이 중요한 것이다.

근무 환경은 우리가 자신의 직업을 어떻게 느끼는지에도 매우 큰 영향을 미친다. 도서 《리더 디퍼런트》(사이먼 사이넥, 세계사)는 조직문화의 책임은 리더에게 있는 것으로 분석했다. 사람들은 자신이 일하는 환경에 영향을 받는데 어떤 환경을 만들지는 리더가 결정한다는 것이다. 나쁜 환경에서 직원들이 옳은 일을 해주기를 바라는 것은 도박이나 다름없다고까지 정의했다.

즉 훌륭한 업무 환경은 리더의 자질을 평가할 수 있는 지표가 될 수 있다는 결론이다. 훌륭한 리더를 만나고 싶다면 그 회사의 공간들과 조직문화를 보고 판단하라.

실제 인재를 모으기 위해 인사평가와 중간관리자를 없애버린 회사도 있다. AI 반도체 팹리스(설계) 스타트업 기업 '리벨리온' 이야기다. 리벨리온에는 국가대표급 반도체 개발자가 모여 있다. 2020년 9월 창업해 이제 설립된 지 1년이 조금 넘은 이 회사 직원의 절반 정도가 삼성전자와 SK하이닉스에서 왔다. 박상현 리벨리온 대표는 인텔, 삼성, 스페이스X, 모건스탠리를 거친 스타 엔지니어이고 오진욱 CTO도 IBM 왓슨연구소의 AI 반도체 수석설계자였다. 직원 42명 중 40명이 개발자며 시니어다. 평균 나이는 36세로, 일은 자연스럽게 알아서 한다.

박 대표가 스페이스X 인공위성팀에서 일할 때 인사평가를 제외해준 것이 정말 좋았던 경험으로 남았고, 곧 자신이 창업한 회사에도 적용했다. 리벨리온 직원 모두는 각 분야의 전문가이고 오너십을 가지고 일하고 있어서 인사평가는 필요 없다는 것이 박 대표의 판단이다. 직원을 그만큼 존중한다.

오피스 공간에도 공을 들였다. 업무 몰입도를 높이고 회의, 토론을 자주 할 수 있도록 ㄱ자 모양으로 책상을 배치했다. 책상 사이에는 칸막이가 없고 책상 뒤에는 빈백을 뒀다. 일을 하다가 언제든지 몸을 돌려 자유롭게 회의하자는 취지에서다. 박 대표는 "일에 몰입할 수 있는 환경이 무엇보다 중요하다"면서 "오래 일하기 위해 앉았다 일어설 수 있는 무빙 데스크와 누울 수 있는 빈백을 들여놨다"고 설명했다.

리벨리온 오피스는 경기도 분당 정자동 카페거리에 있다. 창업 첫해 리벨리온은 판교의 한 공유 오피스에서 출발했지만 오피스가 밀집한 빌딩숲보다 생활 속 공간에서 산책도 하고 맛있는 커피를 마실 수 있는 정자동으로 옮겼다. 리벨리온 관계자는 "대표와 CTO 모두 뉴욕 출신인데 정자동이 '로우 맨해튼' 같은 인상을 받아 좋았다고 한다"고 말했다.

리벨리온이 인재를 끌어오기 위해 이 같은 노력을 기울였고 그 결과 놀랍게도 회사를 설립한 지 약 1년 만에 첫 제품인 파이낸스 AI 반도체 '아이온'을 출시하게 됐다. 출시되자마자 삼성전자, 아마존, TSMC 등에서 '러브콜'을 받고 있는 아이온은 이 분야의 1인자 인텔의 '고야'보다 처리 속도가 30% 빠르다. 리벨리온의 가치를 알아본 아마존은 벌써 다음 AI 반도체 '아톰'을 협업하자고 먼저 제안하기도 했다. 근무환경에 아낌없이 투자해야 인재가 모이고 곧 세계적인 성과물로 이어진다는 당연한 명제를 리벨리온은 오늘도 증명해 내고 있다.

2

인재를 만드는
공간은 따로 있다

급격하게 성장하는 회사는 외부 인재들을 빠른 속도로 영입해서 회사를 키워나

가는데 이 회사, 저 회사에서 몰려들어온 각각의 사람들 때문에 조직의 정체성이

흔들릴 때가 많습니다. 몇 십 년간 공채 제도를 운영하며 인재들을 키우는 시스템

을 갖춘 기존 레거시 기업들에 비해 스타트업으로 시작해 규모가 커진 회사들이

성장통을 겪는 이유이기도 합니다. 이를 확고한 기업문화가 커버할 수 있다고 봐

요. 기업문화와 사옥 등이 그 회사의 직원들을 하나로 통합하고 결속시키는 역할

을 할 수 있죠.

최근 10년 동안 급성장한 한 중견 게임사 홍보실장은 사옥을 통해

기업문화를 세워야 하는 이유에 대해 이같이 분석했다.

워크 스페이스를 통해 독특한 기업문화를 구현한 성공사례로는 단

연코 현대카드를 꼽을 수 있을 것이다. 현대카드는 사옥의 모든 공간

에 의도한 행위가 있었다. 이에 부합하지 않으면 과감하게 새로운 변

화를 주며 진화시켰다.

현대카드가 지난 20여 년 동안 이어온 건축·공간 프로젝트를 총망라한 책《The Way We Build》(현대카드, 중앙북스)에서 정태영 부회장은 "기업문화와 아이덴티티를 부합시키기 위해 이렇게 노력하는 회사는 현대카드밖에 없다. 기업문화에 별 관심이 없다면 우리 사옥에서 특별한 점을 발견하기 힘들 것이다. 어떤 점 때문에 직원들이 더 편할까, 어떤 부분이 분위기를 바꿀까, 어떤 디테일이 새로운 생각을 가능하게 할까에 포커스를 뒀다"라고 설명한다.

예를 들어 계단 하나를 만들 때도 연구를 무척 많이 했다. 현대카드 여의도 사옥은 3층과 4층을 연결해 직원들의 소통을 유도하려고 했다. 일반 계단은 면적을 많이 차지하니 원형 계단으로, 나선형으로 올라가는 방식을 고안했다. 그렇게 하면 같은 본부라도 한 층 이상을 쓸 수 있고 다른 본부와도 서로 자유롭게 교류할 수 있기 때문이다. 엘리베이터는 출퇴근 때 타는 것이지 평상시 업무 볼 때 엘리베이터를 타는 건 번거롭기 마련이다. 특히 한 층 올라가려고 엘리베이터를 기다리는 게 가장 성가시다. 무엇보다 층과 층을 격리시키지 않겠다는 의지의 표현이다. 현대카드의 DNA인 교류와 소통에 대한 욕구가 발현된 것이다.

또 회사의 인테리어만을 강조하기 위해 사옥을 세우는 것도 기피해야 한다. 직원들의 불편함을 캐치해서 바로바로 고쳐주고 발전적인 방향으로 이끌어 주는 것이 회사의 역할이다.

현대캐피탈 아메리카와 프랑크푸르트 사옥은 데스크와 조명, 창문의 라인을 일치시켜 하나의 라인이 되도록 무척 애를 썼다. 정 부회장은 데스크가 하나라도 어긋나면 라인이 하나 더 생기는 것이라 라인을 줄이는 데 상당히 강박적이었다고 고백했다. 그러다 베이징 사옥을 만들고 나서 깨달았다고 한다. 현대캐피탈 아메리카, 프랑크푸르트 사옥에 비해 규모가 더 크고 커브까지 있어서 사무실이 휑해 보이는데 라인까지 맞춰버리니 직원들 간의 대화가 줄고 활기도 떨어지는 느낌이었다는 것이다. 이후 라인에 대한 강박을 털어냈다. 그는 '라인에 집착하다가 직원들을 힘들게 했구나'라고 반성했다. 이후 런던 사옥은 훨씬 더 자유롭게 작업했고 여의도 사옥도 그런 맥락으로 바꿔 나가는 중이다. 정태영 부회장은 자신의 저서에서 이렇게 말한 바 있다.

앞으로 100년을 내다보는 완벽성이 가능할까? 우리는 계속해서 후회도 하지만 그만큼 발전하고 있다. 융통성 있게 필요한 것을 조금씩 바꿔 나가는 것도 답일 것이다.

이 책에서 다룬 모든 기업이 이 같은 직원들의 회사 생활과 기업의 내부 전략을 일치시키려고 끊임없이 고민하며 노력하고 있는 좋은 사례들이다. 2019년부터 유튜브 촬영을 하면서 이들 기업을 방문했고 2020년 해당 유튜브 채널의 마무리를 위해 다시 판교에 가서 리뷰를 진행했었다. 놀랍게도 모든 회사가 1년 전에 비해 더 성장해 있었다. 해당 유튜브 방송에서 필자들은 "역시 우리가 촬영하니까 기업이 잘됐다. 우리 덕분이다"라며 너스레를 떨었지만 비법은 그 공간에 있었다. 직원들이 업무에 몰입하고 성장하는 일잘러로 거듭나게 만들어준 기업문화와 그 철학이 잘 녹아 있는 오피스 공간을 통해 회사들은 더욱 발전해 나갈 것이다. 공간에 투자하는 기업에 미래가 있다.

에필로그 #1

추억을 남기기 위해 시작한 작업이 확신으로 변해갔습니다. 처음 책을 쓰겠다고 다짐했을 때는 '이 좋은 사무실들을 나만 알고 넘길 순 없다'라는 마음이었다면 책을 쓰다 보니 좋은 사무실에서 일하는 것이 능률을 올린다는 단순한 생각에서 구체적인 사실로 자리잡게 됐습니다.

편집장님과 처음 미팅을 할 때 제가 받은 질문이 있었습니다. "이 좋은 기업들이 돈을 많이 벌어서 사옥에 공을 들일 수 있는 것이지, 사옥이 좋아서 기업이 성공한 건 아니지 않나?"라는 물음이었습니다. 당시만 해도 저는 제대로 답변하지 못한 채 횡설수설했던 기억이 납니다. 어떻게든 책은 내야 겠는데 제 자신조차도 그에 대한 명확한 답을 내지 못하고 있었던 것입니다.

이제는 그 기업들의 공간 때문에 성공한 것이라고 단언할 수 있습니다. 먼저 근무 환경에는 대표의 신념이 담겨 있습니다. 직원들의 복지와 근무 환경의 개선을 단순히 비용으로 치부하고 있는 대표인지 미래를 위한 투자로 생각하는 대표인지 그 마인드가 중요합니다. 직원들을 위해 기꺼이 내어주는 마인드를 가진 대표라면 그 기업은 미래가 있습니다.

두 번째로 업무하기 좋은 공간을 가진 기업으로 인재가 몰리게 됩니다. 이들은 회사에서 복지를 누리며 유연한 사고와 효율성으로 똘똘 뭉쳐 더욱 회사를 발전시키고 있었습니다. 특히 MZ세대에게는 업무 환경이 매우 중요합니다. 불편한 업무

환경을 참아내는 게 미덕인 시대는 이제 멀리 지나왔습니다.

세 번째로 공간은 기업의 차별화를 위해 역할을 하게 될 것입니다. 제2사옥으로 대규모 테크 컨버전스 빌딩을 짓고 있는 네이버의 경우 사옥을 로봇, AI 기술의 테스트베드로 활용할 전망입니다. 이미 아마존, 애플, 구글, 마이크로소프트, 테슬라 등 글로벌 기업들은 천문학적인 금액을 투입해 신사옥을 건설하며 머신러닝과 AI, 소프트웨어 개발 등 다양한 부문에 집중할 것을 천명했습니다. 혁신적으로 변모하는 공간을 갖추고 글로벌 기술 전쟁에서 전투 태세에 돌입한 이들 기업들과 그렇지 못한 기업들의 격차는 점차 벌어질 것입니다.

남들이 모두 재택근무니 메타버스 사옥이니 외칠 때 역설적이게도 우리는 사옥을 파고 또 팠습니다. 2022년 3월, 우리가 한 작업이 헛된 것이 아님이 증명되는 한 설문조사 결과가 나왔습니다. 상업용 부동산 데이터 업체 알스퀘어와 커리어테크 플랫폼 사람인이 20~50대 직장인 2625명을 대상으로 '직장인 근무환경 인식' 설문조사를 진행한 결과 응답자의 37.1%가 가장 선호하는 업무형태로 '오피스에 출근해 지정 좌석에서 근무'하는 것을 꼽았습니다. 특히 눈에 띄는 점은 MZ세대가 선호하는 근무 형태였는데 20대 직장인 응답자 중 선호하는 근무형태로 '지정 좌석 오피스 출근'을 선택한 사람은 전체 응답자의 36.9%로 가장 많았습니다. 팬데믹에도 직장인들은 오피스 출근을 오히려 선호하고 있다는 것이 통계 수치로 나타난 것입니다. 이들은 미래에도 오피스 근무가 사라지지 않을 것이라고 전망했습니다. 결국 오프라인 중심의 근무환경을 다른 것들이 완전히 대체할 수 없으며 팬데믹을 겪으며 오피스 환경의 중요성이 더욱 두드러지게 된 것입니다.

우리는 이 책에서 당연하지만 분명한 성공의 열쇠가 사옥에 있음을 계속 강조하고 있습니다. 오피스 환경을 개선하는 데 이 책이 조금이나마 인사이트를 드릴 수 있었으면 좋겠습니다.

책을 쓰는 동안 도움을 주신 이 책에 등장하는 모든 기업의 홍보실 관계자분들께 진심으로 감사의 말씀을 전합니다. 더불어 2022년에도 IT 업계에는 2021년 못지않게 크고 작은 일들이 매일매일 불어 닥치고 있네요. 모두 힘내시길 바랍니다.

김아름

에필로그 #2

왜 오프라인 사옥인가.

책을 쓰기로 결심한 뒤 저는 이 물음에 대한 답을 찾아야 했습니다. 코로나19 팬데믹이 기업이 일하는 환경을 원격으로 바꿔놨기 때문입니다. 직장인들은 재택근무에 익숙해졌고, 기업은 원격근무에 맞는 일하는 방법과 성과모델을 개발해 적용 중이었습니다. 휴가지에서 일하는 워케이션도 등장했고 집 근처 공유오피스를 거점 오피스로 제공하고 사옥은 일종의 헤드오피스로 운영하는 하이브리드형도 나왔습니다. 심지어 오프라인 사옥을 접고 가상 공간, 메타버스에서 일하는 기업도 탄생했습니다. 모두 코로나19가 바꿔놓은 풍경이었지요.

하지만 사옥, 오프라인 업무 공간은 그 이상의 의미가 있었습니다. 업무 공간은 기업의 조직문화를 담고 있고 나아가 아이덴티티와 맞닿아 있기 때문입니다. 이 책에 담은 기업들은 업무 공간을 어떻게 만들 것인가를 오랫동안 고민했습니다. 구성원들이 바라는 'OO회사스러움'을 업무 공간에 담아내기 위해 설문조사는 기본이었고, 책상 길이와 배치의 디테일 속에도 창업자의 치열한 고민이 담겨 있었습니다. 공간 디자인은 실무자만의 몫일 것이라는 제 막연한 편견은 손쉽게 깨졌습니다.

당초 '어느 IT기업 구내식당이 더 맛있을까, 복지시설은 왜 이렇게 좋을까'에서 출발한 우리의 여정이 'IT기업의 일하는 공간은 왜 이렇게 진심인가'로 바뀌었던 이유입니다. 원점부터 다시 취재를 하고 책을 쓰면서 사옥에 업무 공간에 대한 대표의 철학부터 기업의 조직문화, 기업이 추구하는 서비스 지향점과 아이덴티티를 어떻게 구현했는지를 분석하고 재조명하는 과정은 시종일관 놀랍고 흥미진진했습니다. 2019년 배달의민족 큰 집에 처음 구경가서 18층에 올랐을 때 한눈에 들어오던 올림픽공원 뷰에 반했던 기억이 있습니다. 뒤늦게 알고보니 '뷰 맛집' 배달의민족은 김봉진 우아한형제들 의장의 뷰에 대한 확고한 철학이 담긴 사옥이었습니다. 독일의 한 동물원에서 공간에 대한 영감을 받은 김성준 렌딧 대표의 업무 공간에 대한 철학은 우리가 책을 쓰는 방향에 확신을 더해 주었습니다.

책을 쓰는 동안 사옥, 오프라인 업무 공간의 가치는 엔데믹 이후에도 변함이 없다는 사실을 깨달았습니다. IT업계의 뜨거운 키워드인 메타버스를 우리의 여정에서 고심 끝에 제외한 이유기도 합니다.

각 기업의 업무 공간과 그 공간에 담긴 대표님의 철학을 분석할 수 있도록 도움 주신 분들께 감사의 인사를 전합니다. 초창기 스타트업이, 또 앞으로 탄생할 기업이 어떻게 업무 공간을 구성하고 우리 기업의 정체성을 어떻게 만들어갈지 이 책이 조금이라도 도움이 된다면 기쁠 것 같습니다. 또 IT기업이나 스타트업에서 일하고 싶은 학생들이 어떤 기업에 취직해야 하냐고 묻는다면 감히 그 기업의 업무 공간을 보라고 대답하고 싶습니다. 구성원이 일하는 공간에 투자하는 회사에는 미래가 있다는 사실을 알아버렸으니까요.

박소현

참고 자료

단행본

곽나래 저 《90년대생 소비트렌드 2020》 더퀘스트, 2019

박지호·전은경·배윤경 공저 《더 웨이 위 빌드》 현대카드, 2021

박치동·이은재·이재현·허성하·최정훈·임승규·김성택 공저 《사람을 생각한 친환경 오피스 플레 이뮤지엄》 NHN, 2014

사이먼시넥 저 《리더 디퍼런트》 세계사, 2021

손성현 저 《프롬 빅 투 스몰》 넥서스BIZ, 2020

에릭 슈미트·조너선 로젠버그·앨런 이글 공저·박병화 역 《구글은 어떻게 일하는가》 김영사, 2014

완자오양 저 《일잘러의 무기가 되는 심리학》 현대지성, 2021

유현준 저 《공간의 미래》 을유문화사, 2021

이기문 저 《크래프톤 웨이》 김영사, 2021

장윤희 저 《커넥트 에브리띵 카카오 이야기》 넥서스BIZ, 2016

조수용 저 《NHN이 일하는 27층 빌딩 그린팩토리》 시드페이퍼, 2010

한근태·백진기·유재경·조지용 공저 《면접관을 위한 면접의 기술》 미래의 창, 2021

홍성태 저 《배민다움》 북스톤, 2016

논문

글로벌 상업용 부동산 서비스기업 CBRE가 발간한 '유연한 미래 - 업무 환경 변화 및 오피스 시 장 수요 전망' 보고서

세빌스코리아 '한국 공유오피스' 보고서

'코로나19 사태로 인한 재택근무 확산: 쟁점과 평가' 보고서 - 한국은행

언론보도

고용준, 네오플의 제주 라이프, 눈길 가는 파격 복지 〈OSEN〉, 2020.06.30.

김미경, 경영外人에게 경영을 배우다-건축가 유현준 인터뷰 〈기업나라〉, 2021.06월호

김민지, 스마일게이트인베스트, 강남에 새둥지 튼다 〈팍스넷 뉴스〉, 2021.06.01.

김서원·김아름, 기업 재택근무 앞당긴 코로나… "코로나 끝나도 재택은 계속" [전환기 맞는 언택트 문화] 〈파이낸셜뉴스〉, 2021.01.10.

김아름, "게임은 내가 1등" 장애학생 꿈 향한 첫발 〈파이낸셜 뉴스〉, 2019.09.03.

김아름, 깃랩 "원격근무, 전 세계 인재발굴 전략" 〈파이낸셜뉴스〉, 2020.10.16.

김아름, 사내 복지 끝판왕 '펄어비스', 결혼정보회사 가입비 300만원 지원 〈파이낸셜 뉴스〉, 2019.09.19.

김아름, 직원 복지가 좋으면 게임도 잘 만든다는 사이언스? 〈파이낸셜 뉴스〉, 2020.03.07.

김아름, 펄어비스, '일자리창출 유공' 대통령 표창 수상 〈파이낸셜 뉴스〉, 2019.12.24.

김인경, 카카오게임즈 남궁훈, '카카오 시즌2' 맡는다 〈블로터〉, 2021.11.30.

김정록, 재택근무의 역설…직장과도 거리두기? 2030 "이직 여유 생겼다" 〈노컷뉴스〉, 2021.09.18.

김주완, [라이징 AI 스타트업 (19)] 보이저엑스, 시리즈A 300억원 투자 유치 〈한국경제〉, 2021.8.26.

김주완, 세계 최고속 'AI 반도체' 개발…2년차 리벨리온, 인텔 꺾었다 〈한국경제〉, 2021.12.06.

김주완, "판교 마지막 금싸라기 땅 잡아라" 카카오-엔씨소프트 격돌 〈한국경제〉, 2019.11.01.

김호준, [줌인] 83년생 공대 출신 CEO 공유오피스 실험 "이젠 스벅과 경쟁" 〈이데일리〉, 2021.10.27.

노현섭, 재택근무에 허술해진 보안…노트북·줌도 '해커 먹잇감' 〈서울경제〉, 2021.04.25.

디지털기획, [혁신성장의 전사] B급 감성으로 청춘을 파고들다 〈세계일보〉, 2018.07.08

박건영, 2022년 최고 기대작 '던파 모바일', 영광 재현 '관심집중' 〈경향게임스〉, 2021.12.29.

박소현, 글로벌 아이돌 방탄소년단 빅히트 사옥, 11월에 대치동 이사 〈파이낸셜뉴스〉, 2018.09.25.

박소현, 김종윤 야놀자 부대표 "우리가 인수한 젠룸스 3년 뒤 야놀자 매출낼 것" 〈파이낸셜뉴스〉, 2018.08.14.

박소현, 스무살 된 네이버, 기술 플랫폼 기업으로 글로벌 누빈다 〈파이낸셜뉴스〉, 2019.06.02.

박소현, 야놀자가 15년째 성장하는 이유? 잘나갈 때마다 '변화 DNA' 심었다 〈파이낸셜뉴스〉, 2020.06.29.

박의명, 김진성, SK바사 17억·하이브 7.8억…단숨에 '주식부자' 된 2030 샐러리맨 〈한국경제〉, 2021.08.15.

백봉삼, 글로벌에서 "Let's Play" 외치다...데카콘 '야놀자' 성장 스토리 〈지디넷코리아〉, 2021.07.12.

부애리, '주말농장' 된 스마일게이트 사옥 〈아시아경제〉, 2020.05.23.

안상희, '위드 코로나 뉴노멀 경영'…사옥 없애고, 방역 로봇까지 등장 〈이코노미조선〉, 2021.11.01.

양영유, Boy miracle of Garibong-dong 〈코리아중앙데일리〉, 2017.05.15.

오대석, 이수진 야놀자 총괄대표 "야놀자, 우버·그랩 같은 여행업계 '글로벌 슈퍼 앱' 될 것" 〈매일경제〉, 2019.11.22.

윤홍만·김수진, [인터뷰] 넷마블문화재단의 키워드 : 문화 만들기, 인재 키우기, 마음 나누기 〈인벤〉, 2021.12.21.

이대호, [줌인] 'G타워 오픈' 앞둔 방준혁 넷마블 의장의 상생 실험 〈이데일리〉, 2021.01.28.

이시은, 넷마블 게임 서비스에 AI 기술 접목…구글·아마존과도 손 잡았다 〈한국경제〉, 2021.03.03.

인사팀이 말하는 네오플 입사를 준비 중인 분들에게 주고 싶은 팁 〈디스이즈게임〉, 2021.10.05.

임나리, NHN의 첫 사옥, 그린팩토리 〈디자인하우스〉, 2010년 8월호

임영신, 오대석 기자, 네이버 제2사옥에 200평 AI병원 들어선다 〈매일경제〉, 2021.12.22.

임종우, [JOB현장에선] '배그신화' 장병규 크래프톤 의장의 1조원 베팅, 성수동에 '미디어제국' 세우나 〈뉴스투데이〉, 2021.10.20.

전현희, 스마일게이트, 역삼 '동궁리치웰타워' 2000억원에 인수 〈땅집고〉, 2021.03.08.

정필권, [기업탐방] 노력한 만큼, 최고의 보상을 주는 개발사 '펄어비스' 〈인벤〉, 2017.04.07.

조영준, '던파 IP' 경쟁력 높이는 네오플, 제주 지역 상생에도 나선다 〈동아닷컴〉, 2021.09.28.

지민구, "네이버 2번째 데이터센터, 로봇이 서버·시설 관리" 〈동아일보〉, 2021.12.01.

채성오, [오~컬처] 넷마블 신사업 주도하는 메타버스엔터, 강남에 전진기지 확보 〈블로터〉, 2022.02.04.

최은정, 줌 화상회의, 원격코드 실행 취약점 또 나왔다 〈아이뉴스24〉, 2021.04.19.

추가영, 김봉진 우아한형제들 대표가 '지적자본론' 읽는 이유 〈한국경제〉, 2016.05.01

홍지인, 위워크, 작년 코로나에도 한국 매출 20% 성장…전 세계 유일 〈연합뉴스〉, 2021.4.14.

사이트

넷마블 블로그

도그냥, 드라마속 IT회사들의 업무 이야기 〈브런치〉 2018.07.26.

배달의민족 홈페이지

보이저엑스 홈페이지

스마일게이트 뉴스룸

야놀자 홈페이지

엔씨소프트 블로그

카카오 홈페이지

크래프톤 블로그

패스트파이브 블로그